― 예
　수
　님
　과

　그
　나
　라 ―

향기설교
시리즈 02

마태복음 진수 2

예수님과 그 나라

1쇄 인쇄   2022년 3월 30일
1쇄 발행   2022년 3월 30일

지은이 | 변성규
펴낸이 | 이은수

편 집 | 이은수 문지환
교 정 | 차은자
디자인 | 디자인 향기

펴낸곳 | 도서출판 향기
등 록 | 제 325-2020-000007호
주 소 | 부산광역시 중구 대청로 69-12
전 화 | 051-256-4788
팩 스 | 051-256-4688
이메일 | onearoma@hanmail.net

ISBN 979-11-973080-3-1

향 기 설 교
시리즈 02

변성규 지음

마태복음 진수 2

예수님과 그 나라

도서출판

변성규 목사님의 마태복음 두 번째 설교집 "예수님과 그 나라" 발간을 크게 기뻐하며 진심으로 축하드립니다.

변 목사님의 설교집 발간이 무척 반갑고 기대되는 것은 고신대학교 경건회 시간에 설교하실 때 마다 제가 큰 은혜를 받았기 때문입니다. 좀 더 솔직히 말씀드린다면 경건회에 참석한 학생들의 반응이 예상보다 훨씬 좋았기 때문이기도 합니다. 대학 경건회 설교가 교회와는 달라 만만치 않은 것이 사실입니다. 집중해서 말씀을 사모하는 학생도 있지만 무관심하거나 아예 눈을 감고 있는 학생도 있습니다. 그런데 목사님께서 설교하실 때는 많은 학생들이 감았던 눈을 뜨고 강단을 향해 집중하며 좀처럼 하지 않던 반응을 보이기까지 했습니다. 그것은 설교가 자신들에게 들려지고 마음을 터치했기 때문이겠지요. 설교 내용과 함께 커뮤니케이션의 탁월하심을 느끼곤 했습니다. 다음 세대와의 소통에 있어 또 하나의 중요한 요인은 논리적이어야 한다는 것입니다. 일반적 강의도 그런데 하물며 초 논리와 신비를 가득 담고 있는 성경을 논리적으로 그것도 다음 세대에게 들리게 설교하는 것은 결코 쉬운 일이 아닐 것입니다. 다음 세대에게 들리는 설교를 하려면 다음 세대의 언어 즉,

그들이 무엇을 고민하고 무엇으로 흥분하고 어떤 것에 관심이 있는지, 어떻게 말해야 마음을 여는지를 아는 것이 중요합니다. 변 목사님의 설교에는 그 젊음을 움직이는 힘이 있었습니다. 그들에게로 내려가 그들을 이해하고 그들의 언어로 격려하시는 따뜻한 소통을 하셨습니다. 그리고 논리를 넘어 닫혔던 은혜의 문이 열렸습니다. 저는 그것이 사랑이라고 믿습니다.

하나님의 사람으로 오신, 설명할 길이 없는 예수님의 사랑을 가득 담은 변성규 목사님의 설교집 "예수님과 그 나라"를 통해 식었던 가슴이 다시 뜨거워지며 닫혔던 복음의 문이 열리는 놀라운 역사를 큰 설렘으로 기대합니다.

고신대학교 믿음의 동산에서 다음 세대의 마음을 마음껏 흔드시던 그 뜨거운 감격이 곳곳에서 되살아 날 것을 확신하며 기쁨으로 자랑스럽게 추천합니다.

고신대학교 총장 **안 민**

변성규목사님은 2017년에 중견 교회의 안정적인 담임 목사직에서 내려와 교회를 새로이 개척했습니다. 이것은 30, 40대 젊은 목회자들이 교회를 개척하는 것과는 차원이 다른 대단한 용기가 필요한 일이었는데 변 목사님은 믿음의 용기로써 은혜와 평강교회를 개척했고 교회당을 건축하고 3년 만에 자립하는 노익장을 보여주셨습니다. 이는 이제는 교회 개척은 불가능하다는 우리 안에 만연한 패배의식에 경종을 울리는 선한 모범으로 생각합니다. 하나님은 조국의 복음화를 위해 생명의 말씀이 바르게 전해지는 교회가 세워지길 원하시고, 또 그 일에 변 목사님을 사용하고 계심을 목도하며 기뻐합니다.

이 책은 변 목사님이 은혜와 평강교회에서 지난 3년 동안 매 주일 설교하신 마태복음 설교를 모아 책으로 만든 강해 설교집입니다. 담임 목사가 한 권의 성경책을 매주일 연속으로 설교한다는 것은 쉬운 일이 아닙니다. 특히 개척교회는 예상하지 못한 상황들이 매주 발생하고, 목사는 성도들의 필요와 상황에 더욱 민감하게 반응할 수밖에 없습니다. 그러나 변 목사님은 뚝심 있게 마태복음에 흐르는 복음의 큰 줄기를 찾아서 그 의미를 드러내며 강해하는 일에 집중하여서 마침내 큰 역사를 이루어 내었습니다. 이 책은 마태복음 안에 담겨 있는 예수님의 천국 복음의 내용과 그 나라의 가치관대로 살아내신 예수님의 사역과 죽음, 그리고 부활에 대해 강해하면서 특히 용서와 화해의 메시지를 잘 부각하고 있습니다. 변목사님이 마태복음을 강해하려 했던 것은 은혜와평강교회를 목회하는 본인의 목회철학인 용서와 화해의 메시지를 강조하려고 했기 때문이 아니었는가 하는 판단이 듭니다.

복음의 핵심이 죄 용서함 받고 하나님과 화목하게 된 사람이 자신의 이웃을 용서하고 서로에게 막힌 담을 헐고 사랑하며 살아가는 것이라고 생각하면, 이 설교집은 복음의 핵심을 잘 보여주는 강해집이라고 판단합니다. 오늘날 대한민국에서 예수님이 말씀하신 그 나라의 가치관으로 살아내고 전하는 삶을 살기를 원하는 목회자와 성도들에게 이 책을 흔쾌히 추천합니다.

고려신학대학원 원장 **신 원 하**

마태복음의 진수 1권 '천국시민헌장'이 2쇄가 출판된 것은 독자 여러분들의 크신 사랑 때문입니다. 2권 '예수님과 그 나라'를 출판하면서 여러분들에게 깊은 감사를 드립니다. 목회하면서 설교집을 내기는 세 번째입니다. '십계명'과 '주기도문' 설교집을 오래전에 내었습니다. 제 자신이 생각해도 부끄러운 설교들인데 동역자들과 성도님들께 이렇게 설교했다고 보고하는 심정으로 이 책을 출판합니다. 이 설교집이 성도님들께는 조금이나마 은혜가 되었으면 하고, 동역자들에게는 조금이나마 설교하는 데 도움이 되었으면 하는 바람입니다.

설교하는 목사로서 마태복음은 대단히 매력적인 책입니다. 신약성경의 첫 번째 책이기도 하고, 예수님의 말씀과 행적이 풍부하고 생생하게 기록되어 있기 때문입니다. 무엇보다도 예수님이 사역의 현장에 등장하는 모습이 너무 겸손하고 소박한 것이 멋져 보였습니다. '세례요한이 잡혔다 함을 들으시고' 예수님은 갈릴리로 가셨습니다. 뛰어난 사람일수록 서울로 가지 않습니까? 전하시는 말씀들이 이 세상의 가치관과는 너무나 다른 말씀들입니다. 우리에게 예수님의 정신, 가치관을 말씀해 주십니다. 산상수훈은 우리에게 주시는 '천국시민헌장'입니다. 오늘날 교회 안에 자본주의와 시장경제주의 같은 세상적 가치관이 너무 깊숙이 들어와 있지 않습니까? 예수님께서 말씀하시는 '하나님 나라와 그 의'를 읽으면 읽을수록 더 많은 것을 깨닫게 됩니다. 예수님은 말씀하신 '그 나라'의 가치관대로 좁은 길을 걸으시고 죽으셨습니다.

창원신촌교회에서 오랜 기간 설교를 하였습니다. 제게는 소중한 훈련과 성장의 기회였습니다. 고신대학교 경건회에서 학기마다 대학생들에게 설교한 것은 젊은 세대를 이해하는 좋은 기회였습니다. 선린복지재단 직원경건회는 불신자가 섞여 있는 독특한 예배였는데 또 다른 훈련의 기회였습니다. 그 훈련은 창원남중고 채플에서 엎드려 자는 학생들에게 설교한 경험이 앞서 있었기에 가능했습니다. 경남노회 100주년 기념교회인 은혜와평강교회를 개척하여 설교를 시작하면서 마태복음을 다시 택했습니다. 앞서 했던 설교들을 다시 손질하며 보완하여 기도하며 전했습니다. 마태복음을 설교하는 데 3년이 걸렸습니다. 제게는 큰 은혜가 넘치는 감동의 시간들이었습니다.

고신대학교에 같이 입학했던 오랜 친구 진신덕목사, 헬라어 제자인 문지환목사가 교정을 봐주었습니다. 출판을 기꺼이 허락해 주신 향기출판사 이은수 목사님께 감사를 드립니다. 추천사를 써주신 고신대학교 안 민 총장님, 고려신학대학원 신원하 원장님께 감사를 드립니다. 이 책 출판의 기쁨을 은혜와평강교회 개척에 함께 참여한 성도들과 나누고 싶습니다.

2021년 7월
변 성 규 목사

신자의 삶에 있어 설교의 중요성은 아무리 강조해도 지나치지 않습니다. 말씀이 육신이 되어 이 땅을 찾아오셨던 하나님은 지금도 사람의 말, 설교를 통해 우리를 심방하십니다. 오셔서 은혜와 위로를 주십니다. 믿음의 선배들은 이런 설교를 하나님이 은혜를 주시는 통로라고까지 표현했습니다(은혜의 방편, the Means of Grace). 하나님은 설교를 통해 은혜를 주십니다.

안타깝게도 이 소중한 설교가 몸살을 앓고 있습니다. 성경에 나타난 하나님의 의도를 전하기보다 설교자의 세련된 관점과 사상을 자랑하는 경연이 돼버렸습니다. 유튜브를 비롯한 SNS의 발달은 이런 분위기를 더욱 가속화합니다. 볼거리들과 넘쳐나는 정보 미디어 세계에서 사장되지 않으려면 인트로 1분 안에 흥미를 유발하고 남들과는 차별된 독특한 관점, 수사, 전달 등으로 사람들의 눈길을 끌어야만 합니다. 이런 설교는 결국 하나님 없이 사람만 존재합니다. 설교의 몰락입니다.

이런 교회 현장에서 '예수님과 그 나라'는 단비같은 책입니다. 모든 자극적인 양념을 거두고 재료 본연의 맛, 말씀 그 자체를 음미할 수 있도록 풀어낸 설교집입니다. 하나님께서 담아두신 의도를 있는 그대로 드러내는 데 주저함이 없습니다. 진득한 연구를 통해 우려낸 사골같은 구수함이 이 책에는 한 껏 담겨 있습니다.

그렇다고 사람이 무시되는 것도 아닙니다. 저자는 지역교회를 직접 섬기는 목사로서 현장의 성도를 사랑하고 위하는 분입니다. 하나님 말씀의 능력이 목양하는 성도들에게 흘러 들어가기를 누구보다 고대합니다. 따라서 잘 캐낸 말씀의 보화를 아름답게 세공해 제공하는 데 큰 공을 들였습니다. 성경의 명료성을 따라 설교 역시 남녀노소, 지위고하를 막론하고 누구나 듣고 이해하고 공감할 수 있어야 하는데, 이 설교집이 바로 그렇습니다. 고귀한 하나님의 말씀을 쉬운 시장말로, 그러나 품위있게 전하는 조화가 묻어있습니다.

현장에서 하나님 말씀의 진의를 전하기 위해 몸부림치는 설교자, 또 말씀의 은혜를 받고자 갈급해하는 성도 모두에게 유익한 책이라 믿어 의심치 않습니다. 좋은 설교집을 다시 한 번 편집하며 은혜의 바다에서 유영할 수 있도록 기회를 주신 선생님께 감사합니다. 저도 선생님의 뒷모습을 닮은 설교자가 되겠습니다.

편집인 / 선생님의 제자 **문지환** 목사

목 차

VI. 천국의 운명 / 다섯 번째 내러티브(19:1-23:39)

다섯 번째 강화(24:1-25:46)

VII. 결론 / 고난 내러티브(26:1-28:20)

V

천국의 가족

네 번째 내러티브(13:53-17:27)

헤롯의 욕심

마 14:1-12

미국 농무부(USDA)의 2008~2009년도 곡물류 생산 세계전망에 따르면 쌀 4억3천만 톤, 대두 2억3천7백만 톤, 밀 6억7천만 톤, 옥수수 7억9천만 톤 등 4대 곡물만 21억3천만 톤에 이릅니다 (2013~2014년도 세계 곡물 생산량은 25억만 톤). 이 정도 생산은 지구촌 인구의 약 2배가 먹고 살 수 있는 양이라고 합니다. 유엔식량농업기구(FAO)는 현재 만성적인 영양실조로 시각장애나 뇌기능장애 같은 중증에 시달리는 세계의 기아 인구는 8억5천만 명 이상이라고 밝히고 있습니다(2012~2014년). 물론 지금은 수가 많이 줄기는 했습니다만 단순 기아 인구까지 합치면 기아인구는 세계 인구의 절반에 해당합니다. 식량은 남아도는데 굶어 죽는 사람이 많은 근본적인 이유가 무엇일까요? 시장주의의 폐해로 인한 극단적 양극화 현상에서 찾을 수 있습니다. 시장주의에서 양곡은 시카고 곡물 거래소를 움직이는 욕심 많은 소수 금융자본이 장악하고 있습니다. 세계화한 금융자본은 새로운 금융 수단 개발에 주력하며 폭발적으로 증가하고 있지만, 결코 유익한 가치는 창조하지 못합니다. 자본의 흐름이 자유로워지고 그 유동성이 완전히 용인되는 신자유주의는 이윤이 극대화된 방향으로 자본을 집중하는 카지노게임과 같습니다. 결국 언제 어디서든 돈벌이를 쉽게 할 수 있는 이런 체제 이면에는 인구 절반의 절망과 배고픔이 있는 것입니다.

지난 3월 1일은 〈3.1만세운동 100주년 기념일〉이었습니다. 1910년 일본은 제국주의의 욕심으로 우리나라를 침략해 강제로 병합했습니다. 그 이전에 일본과 미국이 의논하여 미국은 필리핀을 식민지로 삼고, 일본은 조선을 식민지로 삼는다고 했습니다. 일본이 세계대전을 일으켰지만, 패색이 짙어갈 즈음 미국과 소련 그리고 영국의 지도자들이 모여 포츠담 회담에서 종전 이후 패전국들을 어떻게 할 것인가를 의논했습니다. 그 때 일본은 패전하더라도 대한민국을 계속 지배하게 해 달라고 했습니다. 그리고 미국이 핵폭탄을 떨어뜨리자 '무조건 항복' 했습니다. 일본은 정말 욕심이 많은 나라입니다.

마태는 예수님과 제자들의 활동에 관한 헤롯의 심정을 말하며 자연스럽게 세례자 요한의 죽음 이야기를 거론합니다. 세례자 요한은 일 년 반 정도 옥에 갇혀 있었으면서(4:12) 예수님에 대한 소문을 듣곤 하다가(11:2, 3) 이후 목 베어 죽임을 당했습니다. 아마 14장의 사건이 있기 몇 달 전에 처형당한 것 같습니다. 본문의 헤롯 안티파스는 갈릴리와 베뢰아 지역을 다스리는 분봉왕이었습니다.

헤롯은 육욕에 사로잡힌 사람이었습니다. 자기의 처를 버렸습니다. 그리고는 자기 동생의 부인(제수)을 취하였습니다. 그 당시의 선지자 세례 요한은 이런 일이 부정하다고 헤롯을 향해 지적했습니다. 4절에서 요한이 헤롯에게 "말했다"라는 단어(ἔλεγεν, 엘레겐)는 여러 번 말했다는 뜻의 단어입니다. 요한의 용기 있는 신앙을 볼 수 있습니다. 계속해서 반대하는 세례 요한을 헤롯이 잡아다가 옥에 가두고 죽여 버리겠다고 생각하였습니다(5절). 헤롯은 이런 식으로 요한을 살해하는 쪽으로 이미 마음이 기울어졌고, 결국 범죄를 진행하고 있었습니다. 사람이 악을 품고 있으면 반드시 그 악을 행할 기회가 오기 마련입니다. 마음에 악을 품지 맙시다. 심지어 악은 모양이라도 버리라고 하지 않았습니까? 요즈음 여러분의 마음에는 어떤 내용을 품고 있습니까? 오히려 마음에 선을 품읍시다.

헤롯이 요한의 처형을 망설였던 건 '무리의 여론' 때문이었습니다(5절, 사람들은 모두 "그를 선지자로 여기므로"). 이처럼 여론의 지지를 받는 사람에게 손을 댄다는 것은 대단히 예민한 문제였습니다. 이스라엘 땅에는 오랫동안 선지자가 흔치 않았습니다. 그런 와중에 나타난 이 선지자를 처형한다는 건 매우 심각한 문제였습니다. 게다가 헤롯 자신도 요한이 진정한 선지자라고 생각하고 있었음이 분명합니다. 사실 여러 곳에서 "요한을 의롭고 거룩한 사람으로 알고 두려워하여 보호하였다"(막 6:20)는 진술을 봅니다. 헤롯 역시 세례 요한을 놀라운 기적을 행할 수 있는, 심지어는 죽었다가도 다시 살아날 수 있는 그런 종류의 인물로 생각했음이 분명합니다(2절). 그러므로 요한의 사형을 명령해 실행한다는 것은 헤롯에게도 대단히 두려운 일이었음이 틀림없습니다. 오늘날 한국교회가 불신 세상으로부터 요한처럼 존경받지 못한다는 사실이 안타깝습니다. 성도는 세상의 존경을 받을 정도로 믿음으로 고고하게, 거룩하게 살 필요가 있습니다.

헤롯의 악한 동반자인 헤로디아의 적의가 결국 세례 요한을 죽게 했습니다. 이것은 공동으로 저지른 죄악이었습니다. 헤로디아의 딸이 헤롯의 생일잔치에 들어와서 춤을 추었습니다. 헤롯이 기뻐하여 "그녀가 요구하는 것은 무엇이든지 맹세코 들어주겠노라." 라고 약속합니다. 딸은 어머니의 제안을 따라 세례 요한의 머리를 헤롯에게 요구하였습니다. 헤롯은 심히 근심하였고 그 요구를 피하고 싶었습니다. 그러나 그는 자기 "맹세"를 두려워했고, 자기 주변에 앉아있는 사람들의 눈치를 보았습니다. 그는 옳은 일을 행하기를 두려워하였습니다. 결국 그는 훗날 '세례 요한을 죽인 헤롯'으로 불리게 됩니다. 우리는 난감한 상황을 너무 두려워할 필요가 없습니다. 하나님이 아닌 사람을 너무 두려워해서도 안 됩니다. 눈치 보느라 옳은 일을 행하기를 주저해서는 안 되기 때문입니다.

우리에게 있는 욕심을 버립시다. 오히려 선한 마음을 품읍시다. 세례 요한처럼 거룩하고 정결하게 살고자 발버둥 칩시다. 그때 하나님께서는 우리에게 옳은 일을 행할 힘을 주실 것입니다. 〈3.1만세운동〉 당시 기독교인은 인구의 2%에 불과했지만, 민족대표 33인 중 기독교인이 무려 16명이며, 구속 수감된 사람 중에 기독교인 비율은 22%였습니다. 이 시대의 기독교인인 우리 역시 하나님

앞에서 욕심 없이 신실하게 살므로 사회에서 존경받는 사람들이
되기를 소원합니다.

빈들에 가신 예수님

마 14:13-21

　　예수님은 지금 숨고 싶으신 것처럼 보입니다. 하지만 예수님의 바람은 이루어지기 힘들 것 같습니다. 예수님이 목적지에 도착해 배에서 "내리셨을 때" 이미 대단히 많은 무리가 주님을 기다리고 있었기 때문입니다. 이 무리는 "걸어서", 즉 많은 수고를 들여(막 6:33), 주변 마을에서 왔습니다. 예수님은 "마을들"을 피해 왔으나 "빈들"에 형성된 '더 큰 마을'에 직면합니다. 이렇게 많은 사람들이 예수님을 따라오는 것은 이미 예수님의 사역이 많이 확장되었음을 의미합니다. 특히 세례 요한이 순교한 후에 사람들의 관심은 더욱 예수님께 집중되어 있었습니다. 백성들은 뭔가를 얻거나 깨우칠 수 있다는 기대를 갖고 예수님을 따랐을 것이 분명합니다. 이런 기대는 '연민의 이야기'(오병이어 사건) 때보다 더 큰 의미를 부여해 줍니다.

　　본문의 "큰 무리"라는 말에서 우리는 대부분의 사람들이 건강했고 단지 소수만이 "병이 들어 있었음"을 대하게 됩니다(14절). 예수님은 그 병자들을 고쳐주십니다. 그때 예수님의 마음은 "불쌍히 여기사"($\dot{\varepsilon}\sigma\pi\lambda\alpha\gamma\chi\nu\acute{\iota}\sigma\theta\eta$, 에스플랑크니스테) 입니다. 이 표현은

탕자가 돌아오기를 기다리던 아버지가 아들이 돌아왔을 때 목을 안고 입을 맞추던 측은한 마음을 묘사할 때도 사용된 단어입니다. 예수님이 우리를 불쌍히 여기시면 우리 문제는 해결됩니다. 그러므로 우리는 문제를 가지고 예수님께 더 가까이 나아가야 합니다. 예수님의 이름으로 하나님께 우리를 불쌍히 여겨달라고 간구해야 합니다.

본문에서 우리는 참석자 모두 하나의 결핍에 직면한 사실을 대하게 됩니다. 그 결핍은 모든 사람에게 필요한 것으로서 '목숨 유지'와 '일용할 양식'의 문제, 가장 연약한 자뿐 아니라 가장 강한 자도 피할 수 없는 결핍이었습니다. 이 결핍이 날이 저물고서야 무리에게 찾아왔습니다(15절). 그들은 예수님께 나아올 때 이미 많이 피곤한 상태였고, 배고픔과 결핍을 채워줄 것이 아무것도 없는 곳에(자연적 위치) 있었습니다. 그 많은 무리들의 허기를 채워줄 양식을 조금이라도 마련할 수 있는 그런 사정이 아니었습니다. 먼 곳 어딘가에 음식이 있을 것이라는 약간의 소망조차 보이지 않습니다. "먼저 이 굶주린 사람들을 마을로 보내어 먹을 것을 찾게 하소서."라고 한 것이 제자들이 생각할 수 있는 유일한 대안이었습니다. 그러나 예수님은 제자들에게 "갈 것 없다. 너희가 먹을 것을 주라."는 뜻밖의 말씀을 하십니다(16절). 예수님은 제자들에게 많은 사람을 먹일 만한 음식이 없다는 것을 잘 알고 계시면서도 이렇게 말씀하셨습니다. 이를 통해 예수님은 제자들을 시험코자 하셨습니다(요 6:6). 제자들은 예수님을 따라다니며 수많은 이적들을 목격했지만, 막상 빈 들에서 먹을 것이 없을 때 당황했습니다. 그들에게 담대한 믿음이 없었던 것입니다. 제자들의 이런 모습이 오늘 믿음 없는 우리의 모습이 아닌지 모르겠습니다. 우리 앞에 놓여 있는 여러 가지 일들을 놓고 믿음으로 기도하고 주님의 역사를 기대합시다.

제자들이 예수님께 무리를 조사한 결과를 다음과 같이 보고했을 때 상황은 아주 절박하게 보였습니다. "여기 우리에게 있는 것은 떡 다섯 개와 물고기 두 마리뿐입니다"(17절). 이건 겨우 한 사람이 먹을 정도의 양에 지나지 않습니다. 음식이 아예 없는 것보다 나을 것이 하나 없는 상황입니다. 그 많은 무리의 굶주림 앞에 이 정도 양식이 무슨 효과를 내겠습니까. 하지만 제자들에게는 오병이어 외에는 무리의 굶주림을 해결할 것이 아무것도 없었습니다.

예수님은 사람들을 앉히십니다. 오천 명이나 되는 사람들이 "무리를 지어", "푸른 잔디 위에"(막6:39) 앉습니다. 앉힌 다음에는 음식이 준비되었습니다(19절, "떡 다섯 개와 물고기 두 마리를 가지사"). 그러나 무리에게 음식은 소량뿐입니다. 결과가 뻔합니다. 예수님은 음식을 가져다가 축사하시고 떼어서 나눠 주십니다. 식사 전에 하늘을 우러러 축사하는 것은 당시 유대의 관습입니다. 그리고는 음식이 예수님으로부터 제자들의 손으로 전해집니다. 이어서 제자들의 손에서 잔디에 비스듬히 누운 무리의 손으로 전달되었습니다. 이것이 우리가 눈으로 볼 수 있는 전부입니다. 공급이 시작되고 진행됩니다. 겉으로 볼 때 거기에 첨가되는 것은 아무것도 없습니다. 그런데 결과는 완벽했습니다. 본래 적은 양의 음식에도 불구하고, 그 방법 자체의 완전한 단순성에도 불구하고 결국 모두에게 넉넉하게 공급되었습니다! 그뿐만이 아니었습니다. 모든 사람이 먹고도 남았습니다! 지금 예수님이 전능하신 하나님이란 사실이 드러났습니다!

예수님께서는 우리 중에 누구도 '주님에 대하여 무엇을 불가능하게 생각하거나,' 또는 그의 행함에 관하여 우리가 그에게 충고하는 무례를 범하지 않기를 원하십니다(15, 16절). 예수님은 제자들이 믿음을 갖기를 원하셨고, 오늘날 우리도 그러한 믿음을 갖기를 원하십니다. 어린아이가 아빠와 함께 물건을 사러 갔을 때 물건의 가격을 보고 놀랄 필요가 있습니까? 자기가 가진 돈이 오천 원밖에 없어서 이만 원 하는 물건을 살 수 없다고 고민하고 있을 필요가 있습니까? 아빠의 지갑에는 십만 원도 있고, 수표도 있고, 신용카드도 있으며, 직불카드도 있는데 말입니다.

또한 예수님은 우리가 세상 사람들에게 축복의 통로가 되길 원하십니다. 예수님이 떼어주시는 빵 조각을 믿음으로 무리에게 나눠준 제자들처럼, 우리도 예수님의 능력을 믿고 예수님의 충만함을 가지고 사람들에게 나아가야 하겠습니다. 예수님은 모든 사람들에게 자비를 베푸시는 분이십니다. 우리가 예수님에게 나아가기만 하면, 그분의 능력을 의지하기만 하면 풍성한 자비를 우리 베풀어 주시며 우리도 세상에 나눠줄 수 있을 것입니다.

바다 위로 걸으시는 예수님

마 14:22-33

　　예수님께서는 앞의 본문에서도 뒤로 물러나 지내기를 원하셨는데(13절), 오늘은 더욱 간절히 이를 원하셨습니다. 이유는 두 가지로 보입니다. 첫째는 무리가 기적을 베푸시고 놀라운 말씀을 전하시는 예수님을 자기들의 왕으로 삼으려 하기 때문이고(요 6:15), 둘째는 십자가를 지시기까지 헤롯의 심기를 건드리지 않으려는 것 같습니다. 그래서 예수님은 무리를 집으로 돌려보내기로 결심하셨습니다(22절). 이후 예수님은 제자들을 명하시어 어떤 곳으로 가게 하시고, 자신은 따로 기도하러 산 위에 올라가셨으며 저물 때까지 혼자 계셨습니다(23절). 예수님은 하나님께서 주신 사명을 완수하기 위해 사람들로부터 추앙받는 유혹을 뿌리치고 혼자 기도하러 가신 것입니다. 아마 기도 시간에 제자들의 영적 성장을 위해 간구하셨을 것 입니다.

　　제자들이 예수님의 말씀에 순종해 먼저 배를 타고 건너편으로 가는 중 큰 풍랑을 만나 사경을 헤매고 있었습니다(24절). 우리도 이 땅에 살면서 수많은 어려움을 만납니다. 그들은 큰 수고를 하였으나 배는 전혀 목적지를 향해 나아가지 못했습니다. 출발한 곳으로 돌아가는 것도 불가능했습니다. 그렇게 밤이 깊었습니다. 밤 4경(25절)이라고 했는데, 로마인들은 밤을 네 부분으로 나누었습니다. 저녁 6시부터 다음날 오전 6시까지 12시간을 밤으로 여기면서, 1경은 저녁 6-9시, 2경은 저녁 9-12시, 3경은 밤 12-3시, 그리고 4경은 새벽 3-6시로 구분하였습니다. 그렇게 새벽 동이 트기 전 제자들이 곤혹을 치르고 있을 때 예수님은 그들이 어떻게 하고 있는지 보러 바다 위로 걸어오십니다. 주님을 따르고 순종한 까닭에 고통을 당하는 자기 사람의 형편을 잘 아시고 그들을 도울 준비가 되신 주님의 모습을 깨달을 수 있습니다. 우리 자신이 게으르거나 잘못해서 당하는 어려움을 고난이라 생각할 때도 있는데 그것은 고난이 아닙니다. 예수님의 말씀을 따라 행하다가 어려운 일을 만났다면 그것이 고난이지요. 고난을 만날 때 놀라지 말고 담대합시다. 우리 예수님은 분명 우리에게 찾아오실 것입니다.

  어느 때고 물 위로 사람이 걸어오는 것을 본다면, 누구나 지금 자기 앞에 벌어진 초자연적인 일 때문에 놀랄 것이 분명합니다. 그것도 어두운 밤 물결치는 바다 위에서 이런 일이 일어났기 때문에 제자들의 두려움은 더욱 컸을 것입니다. 그러나 예수님은 제자들로 하여금 그의 목소리를 듣게 하십니다. "예수께서 즉시 일러 가라사대"(26절). 이 사실 자체만으로도 대단한 의미를 지닙니다. 그런 다음 예수님은 그의 음성을 사용해 그들을 격려하고 확신을 주십니다. "안심하라!" 그리고 예수님은 제자들에게 가장 확신을 주는 말씀을 그들에게 주십니다. 그것은 "나다!"입니다. 내가 여기 있다고 하십니다. 다른 무엇보다 "내가 너희가 두려워하는 이곳에 있다." 하십니다. 그러므로 "두려워 말라!" 하십니다. 자연을 다스리시는 하나님의 아들로서 할 수 있는 말씀입니다. 우리는 본문에서 예수님의 기쁨이 자기 백성들의 소원을 만족하게 해주는 것임을 알 수 있습니다. 하나님은 우리가 처한 상황에서 하나님의 도우심과 은혜를 간구하는 것을 좋아하십니다.

지금까지 물 위로 걷게 해 달라고 예수님께 애원한 사람은 없었습니다(28절). 베드로는 이전의 불신과 놀라움을 막 떨쳐버리려고 합니다. 자신이 바다 위를 걸으려고 합니다. 이제 그가 기다리는 것은 시도해 보라는 예수님의 허락입니다. 예수님께서는 이러한 요구에 응하셔서 "오라!"고 하십니다. 덕분에 베드로는 자신이 하고 싶었던 일을 행할 수 있음을 발견합니다. 예수님은 성도가 자기 소원을 능력 많으신 주님께 구하길 원하시고 구할 때 응답하길 좋아하십니다. 믿음으로 주님께 구하는 성도들이 됩시다.

예수님은 또한 그의 백성들의 오류를 시정해 주는 것을 기쁘게 여기십니다. 우리가 잘 알듯 베드로의 처음 용기는 끝까지 지속되지 못합니다. 베드로는 "오라" 하신 예수님 대신 "풍랑"을 바라보기 시작했습니다. 결국 그는 믿음의 힘을 상실하기 시작했습니다. 그는 자신이 가라앉기 시작하는 것을 깨달았습니다. 그러나 베드로에게는 예수님께 도움을 청할만한 믿음이 남아있었습니다(30절). 예수님은 우선 즉시 손을 내밀어 제자를 파멸과 두려움으로부터 구해 주십니다. 그러면서 책망하십니다. "믿음이 작은 자여, 왜 의심하였느냐?"(31절) 예수님이 구세주이심을 웅변적으로 입증해주는 놀라운 말씀입니다. 믿음으로 전진하면 계속 걸을 수 있다는 말씀 아닙니까? 이 말씀은 베드로와 함께 있던 모든 제자들에게도 효력을 나타낸 것으로 보입니다. 물론 베드로가 바다 위로

걸었다고 해서 우리도 무모하게 물 위로 걸으려 해서는 안 됩니다. 베드로는 예수님께서 바다 위로 오라고 하실 때 순종해서 걸었을 뿐입니다. 그것은 당시 사도들을 훈련시키신 예수님의 특별교육이었습니다.

제자들은 놀랄 뿐 아니라 '예배'를 드립니다(33절). 지금 제자들은 "하나님의 아들"과 함께 있다는 사실을 경건하게 인정하고 "진실로"라고 말합니다. 마태복음에서 제자들이 예수님을 "하나님의 아들"이라고 고백하는 것은 이곳이 처음인데, 이는 예수님에 대한 제자들의 인식이 점점 분명해지고 있다는 증거입니다. 물론 아직 제자들의 믿음은 연약하고 부족한 것이 사실입니다. 어쨌든 그들은 이러한 확신에 합당하게 겸손히 무릎을 꿇고 경배합니다. 그들은 "진실로 당신은 구세주십니다."라는 고백을 행동으로 표현했습니다.

만일 예수님이 그들에게 구세주라면 그들의 증언을 들은 우리에게도 그러합니다. 우리 역시 제자들처럼 믿음이 부족하고 연약합니다. 우리도 믿음이 작아서 실패한 경험이 많습니다. 믿음은 선물이니 주님께 강한 믿음을 달라고 기도합시다. 우리의 모든 상황에서 예수님을 구세주로 인정하고 그분에게 기도하고 믿음으로 전진합시다. 주님은 어려운 상황에 있는 우리에게 달려오실 것입니다. 자연을 지배하시는 하나님의 아들 예수님은 우리의 기도를 듣고 역사하시길 좋아하실 것이 분명합니다.

게네사렛의 예수님

마 14:34-36

　게네사렛이라는 동네는 갈릴리 호수 북서쪽에 있는데, 성경에서 본문과 마가복음 6장 53-56절에서만 언급되어 있습니다. 그곳 사람들이 처음에 예수님을 알아보지 못한 이유는 그 지역이 예수님의 일반적인 활동 장소가 아니기 때문인 것 같습니다. 예수님이 이곳을 택하신 이유는 아직 헤롯의 감시 영역으로 들어가지 않으려고 조심하고 계시기 때문입니다(1, 12절). 어떤 목적이 있을 때는 자기를 알리는 것도 중요하지만 자기를 나타내지 않는 것도 중요합니다. 그럼에도 불구하고 우리는 예수님이 이곳 게네사렛에서도 다른 모든 곳에서와 마찬가지로 한결같으신 모습을 발견하게 됩니다.

　사실 본문에서 우리는 예수님의 일반적인 자비와 능력의 특별한 증거를 대합니다. 요세푸스와 기타 역사가들의 기록을 보면 게네사렛은 비옥하고 풍부한 땅이었습니다. 주민들을 넉넉하게 먹여 살릴 수 있는 땅임에도 불구하고 그들 중에 많은 사람들에게 결핍이 있다는 사실은 충격적이고 연민을 느끼게 합니다. 또한 사람의 내면에 생긴 결핍은 외적인 조건이 아무런 도움이 될 수 없다는 사실이 연민을 느끼게 합니다. 지금 전 세계가 겪고 있는 위기들(전쟁, 지구온난화, 미세먼지 등)은 돈과 식량이 부족해서 생긴 것이 절대 아닙니다. 인간과 국가의 탐욕이 그렇게 만들었습니다. 세상에 물자와 재화가 많은데도 우리는 부족을 느끼지요. 우리 모두를 향하여 연민을 가지지 않을 수가 없습니다.

게네사렛 사람들은 환자를 예수님께서 데려와 치유하는 데 각별한 노력을 기했습니다. 일단 그들을 방문한 분이 누구신가를 알게 되자 그들은 힘을 합해 병자들을 그분께 데려왔습니다. 인접한 거라사 사람들은 예수님이 떠나시기를 간구했지만, 이 동네 사람들은 예수님을 필요로 했습니다. 그들은 병자를 데려와 주님의 도움을 간구하였습니다(36절). 예수님은 우리가 그분을 필요로 하는 것을 가장 큰 영예로 여기십니다. 예수님은 우리가 예수님의 이름으로 하나님께 기도하기를 가장 기다리고 계십니다. 우리의 부족한 부분을 가지고 예수님께 나아갑시다. 예수님이 환자를 치유하시도록 그들을 예수님 앞으로 데려오기만 하면 됩니다. 예수님으로 하여금 우리 자신과 가족, 교회, 이웃의 형편을 알게 하면, 그래서 주님이 그들을 유의하시게 하면 그것으로 되었습니다. 예수님의 연민을 일으키고, 그분의 능력에 호소하면 되었습니다. 그러니까 믿음의 행동만 있으면 됩니다. 복음서에서 예수님이 책망하시는 내용이 대부분 "믿음이 작은 자여"란 점이 시사하는 바가 큽니다.

조지 W. 부시 대통령 시절에 미국의 3대 자동차회사(GM, 포드, 크라이슬러)가 어려운 지경에 처했습니다. 회사의 회장들이 대통령과 의회를 찾아 도움을 요청했습니다. 조지 W. 부시 대통령이나 오바마 대통령 당선인이 자비를 베풀지 않으면 회사가 무너질 상황이었기에 간절하게 대통령과 당선자의 도움을 바랄 수밖에 없었습니다. 어떤 사람들은 예수님 앞에 줄을 서서 치유받기를 기다리는 것이 힘들어 보이니 그분이 입고 있는 옷의 한 부분, 심지어 '그분의 옷 가'에라도 손을 대고 그의 영에 근접하기만 하면 그것으로 족하다고 여겼습니다. 예수님의 옷이 특별한 것은 아닙니다. 그 정도로 그들은 예수님의 자비를 구했던 것입니다. 믿음으로 구하고 만지자 그들의 소원이 이루어졌습니다. 그것도 완전하게 이루어졌습니다. 한 번도 치료에 있어 실패한 경우가 없었습니다. 모든 병의 원인이 원천적으로 즉시 추방되었습니다(36절). 이 사실은 삶과 영혼의 큰 결핍을 늘 겪는 우리에게 대단한 위로와 힘이 됩니다.

육체에 이렇게 많은 은혜를 거저 베풀어 주신 예수님은 더욱 중요한 그들의 영혼으로 주의를 환기시킵니다. 우리는 최소한 예수님이 영혼과 관련해 우리를 도우시는 분임을 의심할 필요가 없습니다. 우리는 예수님이 육체의 고통으로 인해 예수님을 만지는 사람들까지 완전하게 치료해 주신 것이 예수님의 무한한 연민 때문임을 생각할 때, 영혼을 구하는 일은 더욱 기쁨으로 하시리라 추정할 수 있습니다. 물론 육체의 질병도 도움을 받을 수 있음을 확신합니다. 예수님께 우리의 질병을 가지고 나아갑시다. 또한 우리의 영적인 문제도 가지고 나아갑시다. 예수 그리스도께서는 우리의 최악의 결핍, 즉 죄의 문제조차 충분히 해결하실 수 있는 능력을 소유하셨습니다(고후 5:21). 우리에게는 죄가 많은 것이 오히려 최악의 결핍이지 않습니까? 회개하는 것만이 이 최악의 결핍을 해결하는 길입니다. 우리가 회개하면 예수님은 용서해 주십니다. 회개하는 우리를 예수님은 천국으로 인도하실 것입니다.

우리도 믿음만 있으면 바로 그 믿음의 역사를 따라 예수님의 능력이 오늘날 역사하는 모습을 볼 수 있습니다. 가장 소박하면서도 가장 소중한 이 선물을 대체할 수 있는 것은 아무것도 없습니다. 믿음은 화려한 것이 아닙니다. 주님의 능력을 얻기를 간절히 구하며 그분의 자비와 긍휼하심만 바라는 것이기에 화려하거나 자랑할 수 있는 것이 아닙니다. 그러나 그분을 움직여 능력을 발휘하게 하는 것이기에 소중합니다. 그렇게 우리의 질병과 영혼을 고칩시다. 또한 우리의 형제자매들의 병 낫기를 위해 우리가 함께 기도하면 하나님은 우리에게 능력을 덧입혀 주실 것입니다.

장로들의 전통에 대한 대답

마 15:1-20

예수님의 명성이 점점 더 높아가고 있습니다. 멀리 우뚝 솟은 예루살렘에 거하는 자들 가운데 가장 박식하고 열심 있는 자들이 (1절) 예수님의 가르침을 들었고, 이제 논쟁할 목적으로 나와 주님 앞에 섰습니다. 논쟁의 주제는 이들의 가르침이 어떤 성격을 갖고 있는지 여실히 보여주었습니다. 그들은 의례와 전승을 중요하게 여기므로 그것에 대해 묻고 있습니다(2절). 그들이 말하는 '장로들의 전통'은 율법에 대한 보조지침이었고 구전으로 내려오던 것입니다. 그것이 점점 권위를 가지게 되었고 주후 3세기를 지나며 책으로 만들어졌습니다. 그 책들 중의 하나가 '탈무드'입니다. 예수님 당시 유대인들은 장로들의 전통에 근거하여 음식을 먹기 전에 반드시 손을 씻었습니다. 그것은 위생적인 목적을 가질 뿐만 아니라 또한 공식적이고 종교적인 의례였습니다. 예수님은 그들에게 대답하시면서 먼저 그 동기 자체를 다루시고, 그다음 그것이 안겨줄 특정한 어려움을 다룹니다.

예수님은 묻는(1-2절) 자들에게 그들의 불성실을 지적하며 대답을 시작하십니다. "왜 너희들은 하나님이 말씀하신 부모 공경에 관해 다른 말들을 하여 사람들이 부모에 대한 의무를 이행하지 못하도록 하는가?"(4-6절) 당시 유대인들은 자기 재산을 '하나님께 드려진 것'(고르반)이라고 선언하면, 이것은 하나님께 바친 것이기 때문에 부모에게는 드리지 않아도 된다는 관습을 가지고 있었습니다. 그리하여 당시 많은 유대인들이 이러한 관습을 핑계로 제5계명을 제대로 지키지 않았습니다. 하나님의 말씀은 부모 공경에 대한 문제에 대하여 아주 명백합니다(4절, "반드시 죽으리라"). 그런데 그들은 하나님의 말씀, 명령을 일축하고 있다는 것입니다. 그들은 사람들에게 부모 공경을 행하지 못하도록 속임수로 미혹하고 있었습니다(5-6절). 예수님은 장로들의 전통(사람의 말)과 하나님의 계명(하나님의 말씀)을 분명히 구분하십니다.

예수님은 바리새인과 서기관들의 위선을 명백하게 지적합니다. 피부의 청결함에 대한 그들의 지나친 열심은 표면적인 것에 지나지 않았습니다. 그 속에 정신은 전혀 없었고 오히려 하나님의 정신, 뜻에 반대되는 것이 대단히 많았습니다. 이사야는 이것을 오래전에 예견하여 8절에서 이와 같이 이야기했습니다. 어디서든 사람들의 가르침을 하나님의 가르침과 같은 수준에 둘 때, 특별히 사람들의 가르침이 하나님의 예배와 관련 있고(9절) 그를 섬기는 열심의 표시가 될 때, 그것들은 헛된 일이 됩니다.

예수님은 그들의 이러한 잘못과 무지를 지적합니다. 이 무지함이 너무나 커서 예수님은 선생들을 무지함으로부터 구하고자 그들을 가르치셨습니다. 무리들을 불러 모으시고 예수님은 그들에게 이 사항에 대한 진리를 들으라고 하십니다. 이제껏 선생들이 늘 가르쳤던 모든 것이 원래 진리에 얼마나 반대되는 것인가를 들어보라고 하십니다. 먼저 생각해야 할 것은 사람 안으로 들어가는 것이 아니라 그에게서 나오는 것이라고 하십니다. 그들은 이 기본적인 진리를 모르고 있었습니다.

여러모로 예수님은 적대자들을 상대하는 것이 아니라 그분의 친구들을 대하고 있는 것으로 나타납니다. 제자들의 마음속에는 그들이 배웠던 것에 대해서 곤란한 문제들이 발생했을 것입니다. 권위의 문제였습니다. 그래서 제자들은 예수님께 질문합니다. "더럽히는 것에 관한 당신의 결론적인 이야기는 바리새인들을 크게 거스르고 있다는 사실을 아십니까? 실제로 그들은 그 말로 인하여 크게 실족하게 하지 않습니까? 따라서 이러한 현실을 보면서도 주님은 그런 주장을 계속하실 것입니까?" 예수님의 대답은 그가 그렇게 할 것임을 분명하고도 강력하게 보여 주고 있습니다. "심은 것마다 내 천부께서 심으시지 않은 것은 뽑힐 것이니(13절), 나는 그 검증을 따른다. 나는 그 증거에 호소한다. 따라서 너희는 이 바리새인들이 말하는 것에 대해서 염려하지 말라. 오히려 그들을 따르는 자는 그들과 똑같이 악하게 되리라는 것을 이해하라"(14절). 이해의 문제였습니다. 여기서 베드로는 중요한 한 가지 사실을 이해하지 못하는 것 같은 말을 합니다. "더럽히는 것에 관한 이 말은 현재 우리에게는 비유일 뿐입니다. 당신은 그 의미와 진리를 우리에게 선언하지 않으시렵니까?"(15절) 이 어려움은 약간의 책망과 함께(16절) 그들에게 두 가지를 호소하며 해결됩니다. 하나는 그들이 음식의 본질에 관하여 알고 있는 것에 호소합니다. "음식을 먹을 때 어떤 일이 일어나는지를 생각해 보라. 그것이 어디를 지나며 어떻게 지나가며 따라서 그것이 몸에만 영향을 미친다는 것을 알지 못하는가?" 다음은 그들이 인간의 마음에 관하여 알고 있는 것에 호소합니다. 그들의 마음으로부터 나오는 것들이 어떤 종류의 것들인지를 알지 못하는지 물으시고, 다른 한편으로 그들이 만들어낸 모든 악한 말과 행동들을 보라고 하십니다. 따라서 이것에 의하여 그 모든 내적인 악이 증거되며 동시에 많아진다고 하십니다. 외면적인 악은 다양한 더러움으로 시작하여 더 많은 악으로 끝나며 그것이 지나갈 때 모든 것을 더럽힙니다. 씻지 않은 손으로 음식을 먹는 것의 해악은 도덕적인 측면에서는 이야기될 수 없는 것입니다(18-20절).

따라서 어떤 사람이 개혁되어야 한다고 할 경우 외면보다 본성의 개혁이 더 철저하고 급진적인 것이 될 수밖에 없습니다. 그리고 만일 그것이 실현되려고 하면, 대단히 강한 손에 의해서 실현되어야 합니다(시 51:6 "보소서, 주께서는 중심이 진실함을 원하시오니 내게 지혜를 은밀히 가르치시리이다"). 따라서 내면의 개혁을 위해 합당한 유일한 기도는 시편 51편 10절입니다. "하나님이여 내 속에 정한 마음을 창조하시고 내 안에 정직한 영을 새롭게 하소서."

유대의 종교 지도자들은 하나님의 말씀을 잘못 해석해 성경 외에 '장로들의 전통'을 만들었습니다. 우리는 성경의 절대적인 권위를 믿으며 성경 외에는 다른 표준이 없다고 고백합니다. 사람의 말 때문에 하나님의 계명을 어기지 않아야 합니다. 예수님은 바리새인들은 다른 사람들을 인도할 수 없는 '맹인'이라고 책망하십니다. 우리도 맹인이 아닌지 돌아봐야 하겠습니다. 또한 불성실과 위선과 무지가 우리에게는 없는지 돌아봅시다. 예수님이 말씀하신 참된 정결의 개념을 알고, 마음을 선하게 하고 입에서 나오는 말을 조심합시다. 그렇게 되도록 성령님께서 내 마음을 새롭게 하시도록 기도합시다. 하나님의 말씀대로 순종하여 하나님이 받으심직한 마음으로 하나님께 예배를 드립시다.

가나안 여자의 믿음

마 15:21-28

여러분 가운데 자기 상황을 매우 불리하다고 여기는 분이 있습니까? 예수님이 유대 지역을 떠나 두로와 시돈 지방으로 가셨습니다. 이곳은 갈릴리 북서쪽에 있으며, 오늘날의 레바논 지역입니다. 본문에 등장하는 가나안 여자가 바로 그 이방 지역의 사람입니다. 이 여자는 나면서부터 유대인들에게 사람 취급을 못 받는 가나안 사람이었습니다. 생래적으로 너무나 불리한 위치에 있었습니다. 게다가 딸이 흉악하게 귀신 들린 너무 깊은 곤경 가운데 있었습니다. 또한 딸을 고쳐 달라고 예수님께 간청했지만 계속해서 거절되는 절망적 상황에 있었습니다. 그러나 여인은 절망하지 않고 끝까지 예수님께 간청했습니다. 하지만 결국 그녀에게 "네 소원대로 되리라"(28절)고 말씀하시는 주님을 보며 우리는 이 여인으로부터 믿음을 배우며, 아무도 절망할 필요가 없음을 깨닫습니다.

그녀는 예수님을 "주 다윗의 자손"이라고 부르고 불쌍히 여겨 주실 것을 호소했습니다. 예수님의 신분이 이방지역에도 알려졌음을 알 수 있습니다. 그런데 예수님은 그녀에게 대답하지 않으셨습니다. 심지어 예수님은 "한 말씀도"(23절) 응답하지 않으셨습니다. 그러나 동시에 예수님은 그녀를 내보내지도 않으셨습니다. 직접적인 격려의 말은 없었지만 절망의 말도 없었습니다. '안 돼'라는 대답이 전혀 대답하지 않은 것은 아닙니다. 이것만 봐도 그녀는 최소한 손해는 아니며, 첫 번째 단계인 탄원을 위한 권리가 부인되지는 않았습니다. 우리는 하나님께 기도할 때 이 사실을 명심해야 하겠습니다. 하나님의 응답이 즉각 없다고 하더라도 그것이 우리 기도를 하나님께서 물리치신 것은 아닙니다.

제자들은 그녀가 말하는 것이 귀찮았기에 예수님께 그녀를 보내실 것을 간청하기까지 했습니다(23절). 예수님과 제자들이 그녀의 탄원과 상황을 함께 의논했다는 것은 주목해볼 만한 일입니다. 확실히 그녀의 외침이 전혀 효과가 없었던 것은 아닙니다. 물론 이것이 대단히 고무적인 모습은 아니었고, 단지 간접적인 방식으로 허용된 것뿐이지만 말입니다. 예수님의 대답을 언뜻 보면 그녀를 위한 어떠한 행위도 다 거절하는 늬앙스가 담긴 것 같지만, 그녀와 같이 극한 상황에 있는 자에게는 그 안에도 어떤 격려의 요소가 있었습니다. "나는 이스라엘 집의 잃어버린 양 외에는 다른 데로 보내심을 받지 아니하였노라"(24절). 이방지역에 계시면서 이 말씀을 하시는 것은 결국 복음 전파의 확장을 암시하시는 말씀입니다. 어쨌든 이스라엘 말고 다른 집을 언급하시기 때문입니다. 무엇보다 그 말은 묵묵히 제자들이 쫓아내자는 요청을 받아들이지 않겠다는 뜻입니다. 주님은 그녀에게 '떠나가라'고 공개적으로 명령하지 않았습니다. 오히려 주님의 말씀은 만일 그녀가 원한다면 계속 외치도록 허용하는 것입니다. 그리고 더 나아가서 그녀의 외침의 정확한 내용과 취지는 주님께 전달되고 인식되었습니다.

그래서 그녀는 예수님께 절하며 도와달라고 간청합니다(25절). "절하며"는 계속하여 엎드려 있다는 미 완료형($\pi\rho\sigma\epsilon\kappa\acute{u}\nu\epsilon\iota$, 프로세퀴네이)입니다. 그녀에게 전달된 예수님의 대답은 냉혹한 것처럼 보이지만 최소한의 희망적 암시가 담겨 있습니다. "자녀의 떡을 취하여 개들에게 던짐이 마땅치 아니 하니라"(26절). '개'는 일반적인 개가 아니라 강아지($\kappa\upsilon\nu\alpha\rho\acute{\iota}o\iota\varsigma$, 퀴나리오이스) 입니다. 여인에게 모멸감을 주려는 것이 아니라 시험하는 말씀입니다. 이 대답은 실제로 다른 사람들이 먼저 왔다고 이야기하는 것이 아니겠습니까? 따라서 이 대답은 두 번째로 왔던 자들에게도 많은 것은 아니지만 줄 만한 어떤 것이 있음을 의미했습니다. 따라서 이러한 무언의 허락으로부터 공개적인 행동에 이르기까지 긴 궤도가 있던 것은 아닙니다. 자비를 위한 여지가 있다는 것을 용인하는 것에서부터 실제로 그것을 보이기까지는 그가 보기에는 짧은 단계들이었습니다. 그래서 여인은 예수님의 경멸적인 언어를 그대로 사용해 자신의 간절한 기대를 더욱 적극적으로 나타냅니다(27절). 시험을 통과하는 믿음이어야 합니다. 예수님은 즉각 칭찬하십니다. "보라, 나는 네 간구를 들었다. 보라, 여기에 너의 대답이 있다. 보라, 이것이 네가 구하는 모든 것이다"(28절). 예수님께서 이렇게 말씀하시는 것은 얼마나 왕다운 일입니까?

가나안 여자가 예수님께 내뱉은 이 독특한 믿음의 고백(22절)은 훗날 어떤 제자도 같은 말로 고백함으로써 예수님께 얼마나 깊은 감동을 선사했는지 모릅니다(마 16:17). 예수님을 모든 사람들의 구주라고 공개적으로 고백하는 자를 어떻게 주님이 거절할 수 있겠습니까? 우리도 누군가 나를 칭찬하면 기분이 좋지 않습니까? 혹시 우리는 찬송이나 기도 중에 하나님을 향한 이런 고백이 너무 인색하지 않습니까? 더 나아가 공개적인 장소에서도 주를 향한 믿음의 고백을 할 수 있어야 하지 않겠습니까.

우리는 이 연인의 지극히 각별한 기도에서 인내를 배웁시다. 제자들이 보내려고 하면 할수록 그녀는 더욱 떠나지 않으려 애썼습니다. 예수님께서 그녀와 말씀하지 않으려 하면 할수록 그녀는 더욱 가까이 다가와 말을 붙였습니다. 예수님의 대답에서 희망적인 약간의 냄새만 맡았어도 그녀는 모든 것을 제쳐두고 그것을 붙들었을 것입니다.

그녀가 절망할 상황에서 예수님의 능력을 체험할 수 있었던 최고의 이유는 그녀의 각별한 믿음 때문이었습니다. 이 믿음은 겸손함으로 잘 나타납니다. 예수님께서 그녀를 개라 불러도 그녀는 주님을 인정하며 겸손했습니다(27절). 또한, 그녀의 분별력에서도 믿음이 도드라집니다. 언급된 '개들'은 사람의 집에 들어오는 것이 허용되었던 그나마 존중받는 종류의 개를 의미하는 것으로 보입니다. 그런 개가 지닌 희망적 요소를 그녀의 믿음이 분별하고 인식했다는 점이 놀랍습니다. 마지막으로 그녀의 믿음은 예수님의 능력을 압도적으로 의식하는 부분에서 분명히 드러났습니다. 그녀가 간구한 위대한 복도(22절) 예수님에게는 부스러기에 불과하다고 인식합니다. 최종적으로 예수님은 그녀의 응답이 위대하다고 선언하십니다(28절).

만약 절망적인 상황에 있다 하더라도 예수님을 바라보길 축복합니다. 가나안 여자의 믿음처럼 그분께 끈기 있게 그리고 겸손하게 간구합시다. 그분은 위대한 능력을 가진 하나님의 아들이십니다. 우리에게 큰일도 그분에게는 부스러기 정도입니다. 우리 능력이신 주님을 더욱 신뢰합시다.

예수님의 풍성한 은혜

마 15:29-31

    미국 최초의 흑인 대통령 버락 오바마가 입성한 〈백악관〉은 공교롭게도 흑인 노예들이 강제 노역해 지은 건물입니다. 백악관 용지는 축구장의 10배 크기이고, 132개의 방, 35개의 화장실, 16개의 침실, 3개의 부엌이 있으며, 부동산 가격으로는 3억 8천만 달러입니다. 백악관은 1800년 2대 대통령 존 애덤스 때 완공됐는데 흑인 노예는 1850년 12대 대통령 재커리 테일러 시절까지 백악관 내 노동력의 상당 부분을 차지했습니다. 오바마는 링컨 대통령이 손을 얹고 취임 선서를 했던 성경 위에 손을 얹고 선서한 44번째 미국 대통령이 되었습니다. 오바마의 감격이 어떻겠습니까?

    예수님이 베푸시는 기적들이 앞서 예수님이 쫓겨났던 장소의 인접 지역, 갈릴리 호숫가에서 행해졌습니다. 이곳은 반쯤 이방인 지역인 데가볼리에 가까운 곳이었습니다. 본문은 간단히 "예수께서 거기서 떠나사 갈릴리 호숫가에 이르러"(29절)로 되어 있지만 마가복음의 병행 구(7:31)를 보면 예수님은 두로에서 나와 시돈을 지나 데가볼리 지방을 통과하여 갈릴리 호수에 이르셨다고 되어 있습니다. 그러므로 여기에서 말하는 갈릴리 호숫가는 갈릴리 북

동쪽 해변으로 이방인들이 거주하는 지역입니다.

거기서 그 지방에 큰 위협이 되어왔던 귀신들을 쫓아내셨습니다. 그 일로 재산을 잃게 된 돼지 치는 자들이 그 인접 지역에 많이 있었고, 때문에 그들은 예수님을 볼 때마다 그들에게서 떠나주기를 간청하였습니다. 그들의 요구는 더 이상 예수님을 안 보는 것입니다(8:34). 이런 취급에도 불구하고 예수님은 그 사람들이 예수님에 관한 어떤 증거를 가질 수 있도록 세심하게 배려하셨습니다. 떠나가시면서 그들에게 많은 사랑을 보이셨던 것입니다. 즉 예수님은 악마의 군대를 쫓아내신 바로 그 사람(그가 예수님과 함께 가겠노라고 간절히 원했음에도 불구하고)을 그의 옛 이웃들이나 친구들에게 돌려보내서 하나님이 그를 위해 행하신 일을 스스로 선포하도록 하셨습니다.

따라서 예수님의 이런 은혜는 그들에게 어느 정도 효과를 미쳤으리라 생각됩니다. 이제 그들은 이전과 달리 예수님을 만나려고 열심을 내었고, 그렇게 많은 사람들이 몰려들었을 것이며, 여러 환자들을 데려와서 예수님의 발 앞에 두었던 것입니다. 그것은 엄청난 여론, 혹은 태도의 변화였습니다. 예수님 편에서도 놀라운 능력으로 응답하셨습니다(30절 하). 예수님은 그들이 어떤 자들이든지 그들을 모두 고쳐주셨습니다. 그들의 마음의 변화가 아무리 더딜지라도 예수님은 그것을 환영하셨습니다. 예수님은 현재의 요구 가운데서 과거의 배은망덕을 잊으셨습니다. 우리는 다른 사람에게 조그만 은혜를 베풀고도 상대방에게 얼마나 많은 요구를 하며 따지는지 모릅니다. 그 사람이 조금이라도 나의 은혜를 기억하지 못하면 얼마나 섭섭해하는지 모릅니다. 오바마가 백악관에 입성하며 가진 감격이 큰 것처럼 예수님을 쫓아내었던 그들이 예수님의 풍성한 은혜를 이제 맛보면서 가질 감동도 얼마나 크겠습니까?

　갈릴리 호수의 다른 쪽 사람들, 즉 북서쪽인 가버나움과 그 주변에 거하던 자들에게는 이러한 기적들이 거의 평범한 일들이었습니다. 따라서 그들은 (물론 전혀 놀라지 않은 것은 아니지만) 거의 주목하지 않았습니다. 그러나 이전에 예수님을 쫓아내었던 호수의 이편 사람들에게는 그 기적들이 이제서야 섬광처럼 생생하게 대두되었습니다. "우리가 이렇게 오랫동안 배척해왔던 것이 무엇인가를 보라!"(31절 참조) 기적들은 대단히 열렬하고 독특하고 분별 있는 찬양의 효과를 빚어냈습니다. 그들이 이러한 기적들로 인하여 하나님께 영광을 돌렸다고 언급됩니다. 그들은 기적들이 무엇을 의미하는가, 그리고 특별히 그러한 기적의 사랑이 수반될 때 그것이 무엇을 의미하는가를 알았습니다. 그 모든 기적들 뒤에 하나님의 권능이 있었고 그것 이외에 아무것도 아니었음을 말입니다. 또한 이러한 일들을 겪으며 그들은 데가볼리에 사는 반(半)유대화 된 거주자들에게 많은 권능이 임했고 만일 임하지 않았다면, 고통이 있었을 것을 알았습니다. 결국 구원은 유대인에게서 나는 것이었습니다. 따라서 그들은 단지 하나님께 찬양을 돌린 것이 아니라 이스라엘의 하나님께 영광을 돌렸습니다(31절). 이것은 대단한 영적 안목입니다. 시간이 지나며 그들의 믿음이 자랐고 예수님에 대한 사랑이 커졌으며, 전체를 보는 눈이 밝아진 것입니다.

오늘 말씀을 통하여 예수님에게서 멀어진 모든 사람들은 돌아오기를 배워야 합니다. 예수님을 떠나보냄으로 얻은 것이 무엇입니까? 돌아오는 자를 예수님보다 더 기꺼이 받으시는 분이 있습니까? 또 예수님에게 돌아오는 것처럼 풍성한 은혜를 가져다주는 일이 있습니까? 예수님께 나아가기만 하면 우리는 풍성한 은혜를 받을 수 있습니다. 지금 여러분의 삶에 혹시라도 예수님의 풍성한 은혜가 요원합니까? 그렇다면 지금 내 삶이 예수님에게서 멀어진 건 아닐까를 점검하십시오.

또한 의심하는 사람들은 믿음을 배워야 합니다. 우리가 믿는 이유가 예수님의 기적 때문만은 아닙니다. 물론 그런 기적들이 다른 곳에서는 없지만 말입니다. 또한 우리가 믿는 이유가 예수님의 성품 때문만도 아닙니다. 그분의 성품과 같은 성품이 다른 사람에게는 없지만 말입니다. 우리는 예수님의 기적과 자비가 결합해 있기 때문에 믿습니다. 그것은 오로지 하나님만이 행하실 수 있는 일입니다. 예수님은 하나님이십니다. 우리보다 조금 나은 성자가 아닙니다. 우리가 예수님을 믿을 때 하나님으로 믿는 것입니다. 그렇게 믿을 때 예수님은 우리에게 풍성한 은혜를 베푸십니다.

되풀이되는 오병이어 기적

마 15:32-39

버락 오바마 미국 대통령 취임을 기념하는 시계를 국내 중소기업인 〈케이엘피 코리아〉가 제작하여 〈미국 대통령취임 준비위원회〉에 납품했답니다(1999년 클린턴 대통령, 2004년 조지 W.부시 대통령 때도). 정말 놀라운 일입니다. 저 같은 사람은 상상도 못 할 일이지만 그 회사 사장님이 일찍 영어를 공부하고 미국대사관 측과 교류하며 이루어낸 성과라고 생각합니다. 사람들 가운데서도 이렇게 능력 발휘가 서로 차이가 나는데 하물며 우리 예수님이 행하시는 능력의 범위가 어떻겠습니까?

본문에서 우리는 오병이어의 원래 기적을 예수님이 되풀이하는 것을 보게 됩니다. 이 두 번째 기적이 백성을 먹이시는 두 사건에 보다 큰 확실성과 중요성을 부여해 준다고 생각합니다. 우리가 첫 번째 기적만을 생각한다면, 그 지나친 기이함 때문에 그것을 환상이나 꿈으로 생각하려는 시험에 빠질 수도 있지만, 이와 같은 종류의 두 번째 기적은 그러한 시험을 막아주는 것이었을 것입니다. 2008년 12월 29일 한 신문기자가 한국의 모 추기경과 인터뷰를 했습니다. 오병이어의 기적에 대해 그의 견해를 솔직하게 물어봤습니다. 그는 "예수님의 기도에 감동한 사람들이 품속에 숨겨둔 도시락을 꺼냈던 것입니다. 낯선 사람들을 향해 마음을 연 것이 기적입니다."라고 대답했습니다. 믿음이 없는 보통 사람들의 생각일 수 있습니다. 그러나 그것은 예수님의 능력을 모르기 때문에 하는 말입니다. 예수님은 자기를 따르는 사람들에게 믿음을 심어주기 위해 두 번째 기적을 베풀어 주신 것입니다.

첫 번째 기적과 이 두 번째 기적의 구체적인 차이점은 사람들의 마음에 더 확실성을 심어줄 것입니다. 이 두 경우의 필요와 공급에서 숫자의 차이(이러한 차이들은 떡 일곱 개로 4천 명을 먹인 두 번째 기적이 떡 다섯 개로 5천 명을 먹인 첫 번째 기적보다 덜 놀라운 것으로 만들지는 않는다는 사실), 그리고 두 기사에 나오는 '광주리'와 '바구니'의 이름으로 구별되었다는 사실은 모두 두 이야기가 꾸며내거나 또는 부정확한 실수가 있다는 생각을 깨뜨리고 정확한 사실을 기록한 것임을 알게 합니다.

예수님은 이 두 번째 기적을 통하여 예수님 자신에 관한 더 큰 중요성을 우리에게 부여해 줍니다. 예수님의 무궁무진한 충만함을 드러내 줍니다. 그 분의 풍성하심은 호수의 한 편에만 제한되지 않았습니다. 인간에게 필요한 음식 이상인 그 입의 말씀은 갈릴리에만 있었던 것이 아닙니다. "내가 그의 입술의 명령을 어기지 아니하고, 정한 음식보다 그의 입의 말씀을 귀히 여겼도다"(욥 23:12). 제자들의 꿈을 넘어선 그 이상의 것을 예수님은 저쪽에서만 행할 수 있었던 것이 아닙니다. 은혜가 필요한 곳이라면 어디든지, 그 양이 얼마나 크든지 간에, 예수님은 충만하게 공급하실 수 있었습니다. 그런 일들을 두 번씩이나 행하신 예수님이 무엇인들 못하시겠습니까? 이런 기적을 두 번씩이나 목격하고도 예수님의 능력의 무궁함을 의심할 사람이 누가 있겠습니까? 주 예수 그리스도의 구주로서의 거룩한 일관성을 보여줍니다. 예수님이 계신 곳이면 어디든지 동일한 자비의 깊이와 자발성이 있고, 동일한 애정의 분별과 배려가 있습니다. 14장의 첫 번째 오병이어 기적을 행하실 때는 유대인들을 먹이셨는데, 본문의 기적을 행하신 곳에서는 이방인들을 먹이십니다. 유대인들을 불쌍히 여기신 구주께서 이번에는 이방인들을 불쌍히 여기셨던 것입니다(32절). 그리고 청중들의 영적인 필요들뿐만 아니라 현세적인 필요들에 대한 동일한 회상이 있으며(그의 충만함에 대한), 낭비를 꾸짖는 것도 있고, 무리들의 요구가 충만하게 채워졌을 때 무익한 놀라움과 명성에 대한 단호한 회피 역시 있습니다(39절). 예수님이 유대인들을 위해 충분히 기적을 행하신 것처럼 호수 이편에서도 사람들에게 온전한 기적을 행하였습니다.

제자들은 먹을 것이 없다는 사실을 알리는 예수님께 광야 어디에서 음식을 구하겠느냐고 푸념 섞인 질문을 합니다(33절). 그들은 이미 5천 명을 먹이신 기적을 경험했음에도 여전히 예수님의 능력을 믿지 못하고 있습니다. 우리도 "믿음이 약한 자여!"라는 평가를 받지 않도록 합시다.

이러한 일들을 목도하고서 예수님을 완전히 신뢰하고 모든 것을 그의 손에 맡기는 일에만 열심을 내는 자들은 복이 있습니다. 오병이어 기적의 반복되는 증거는 우리에게 예수님의 능력의 충만함과 깊이를 얼마나 감동적으로 가르쳐 주는지 모릅니다. 또한 그것은 예수님께서 우리의 필요를 알고 계신다는 것만으로도 얼마나 충분한 일인가를 보여줍니다. 예수님의 말씀을 온전하게 의지하는 자는 복됩니다. 우리가 구주 예수님에 대해 알고 있는 것은 무엇보다도 복음서 기자들이 우리에게 말해주는 것으로부터 압니다.

사람들이 먹고 남은 조각을 일곱 광주리에 차게 거두었다고 합니다. 일곱 개의 빵과 조화를 이루는 숫자입니다. 예수님께서 일곱 개의 빵을 가지고 사람들을 먹이신 후 일곱 광주리에 차게 거두었다는 것은 예수님의 잔치가 사람들에게 만족함을 주었다는 뜻입니다. 일곱이라는 완전수를 통해 하나님이 하시는 일의 완전함과 더불어 이방인의 충만함을 떠올리게 하는 것입니다. 이 기적이 이방인들을 위한 이적이었음을 다시 생각하게 합니다. 참고로 5천 명을 먹이신 사건에서 열두 바구니가 남았다는 것은 이스라엘의 열두 지파를 떠오르게 하며, 그것이 유대인들을 위한 기적이라는 사실을 잘 드러냅니다. 복음이 그러한 것입니다(롬 1:16).

예수님이 행하신 말씀을 읽읍시다. 그런데 예수님을 나와 같은 사람으로 봐서는 안 됩니다. 어떤 사람은 다른 사람들이 놀랄 만한 능력을 가졌음을 우리는 압니다. 그렇다면 우리 같은 사람과 전혀 다른, 이 땅에 오신 구세주 예수님의 능력을 인정하며 그분에 관한 말씀을 읽고 믿어야 합니다. 그러면 우리는 우리의 필요를 따라 베푸시는 예수님의 능력을 경험하게 될 것입니다. 또한, 그 분이 베푸시는 자비를 경험하게 될 것입니다.

하늘로부터 오는 표적

마 16:1-4

예수님은 지금까지 말씀과 이적을 통하여 자신의 신적인 정체성을 계시하셨습니다. 그러나 유대의 종교지도자들은 여전히 예수님의 정체를 깨닫지 못합니다. 그들은 영적으로는 맹인입니다. 이재서 박사가 제7대 총신대학교 총장으로 취임을 했습니다. 시각장애인으로서는 국내 첫 대학 총장입니다. 취임식에서 합동 총회장 이승희 목사는 "총장님은 하나님의 소리를 들으라."고 설교했습니다.

예수님께 나아온 바리새인들과 사두개인들은 평소 사이가 좋지 않았고 교리적인 문제로 자주 대립했는데, 여기서는 자신들의 지위를 위협한다고 여겨지는 예수님을 대적하기 위해 힘을 합칩니다. 마태는 이들을 한 개의 정관사(οἱ, 외)로 묶어서 지칭함으로 이들이 공동의 목표를 위하여 하나가 되었음을 드러냅니다(1절). 바리새인들과 사두개인들은 12장에서도 예수님께 '하늘로부터 오는 표적' 즉 '사인'(sign)을 보여 달라고 했었습니다. 그런데 본문에서 또다시 그들이 예수님께 하늘로부터 오는 표적을 청하고 있습니다. 그것은 표적 자체가 아니라 기적을 통해 하늘로부터 오는 권위를 보여 달라는 것입니다. 예수님은 이 두 번째 요청이 악하고 반역적인 성격을 지닌 것임을 충분히 알고(4절) 두 가지로 대답하십니다.

1. 그들이 이미 소유하고 있다고 말씀하십니다.

그들에게는 이미 표적이 있었습니다. 그 표적은 쉽게 인식할 수 있는 것이었습니다. 그들은 '하늘'을 이야기하고 있습니다. 그래서 예수님은 그들에게 '하늘'을 보게 하십니다. 하늘을 보면 그들이 관습적으로 확실하게 시기를 판단하는 흔한 형상들을 볼 수 있습니다. 그들은 그러한 표적들을 가까운 장래의 날씨를 예측하는 방법으로 보았다는 것을 계속 주장하지 않았습니까(2, 3절)?

그리고 당시에 영적인 하늘에도 유사한 표적들이 있었습니다. 특정한 현상들은 그들 가운데 지각이 지극히 없는 자라도 단지 보기만 한다면 틀림없이 분별해낼 수 있는 것들이었습니다. 아마도 예수님은 그렇게 말씀하시면서 세례자 요한의 사역이나 메시지, 그리고 세례자 요한이 예언한 바 예수님의 등장과 사역들과 같은 당시의 사건들을 언급했을 것입니다. 따라서 그들은 이러한 표적들을 이용하여야 할 것입니다. 바꾸어 말하면 더 많은 것을 구하기에 앞서서 그들이 이미 가지고 있는 것을 해독하여야 한다는 것입니다.

우리는 무엇을 가지고 있습니까? 성경을 가지고 있으며, 교회를 가지고 있고, 성도들이 있습니다. 우리는 성경을 가지고 읽고, 들으면서 정작 성경의 주인공이신 예수님을 잘 모른다면 문제입니다. 우리는 성경을 바로 알아야 하며, 성경에 계시된 메시아에 대해서 바로 알아야 합니다.

2. 예수님이 이미 약속한 것을 말씀하십니다.

현재의 표적들 이외에도 그가 앞서서 이야기한 미래의 표적이 있습니다(12:39, 40). 여기서 이 표적들과 관련하여 관찰할 수 있는 것은 세 가지입니다. 앞에서와(마 12:39-40) 같이 지금 예수님은 무리가 요구하는 표적을 허용하지 않으셨습니다. 표적을 예수님의 손에서 구하는 것은 악하고 음란한 세대입니다(4절). 그들은 표적을 신실한 마음으로 구하지 않습니다. 그들은 표적을 올바르게 사용하지 않을 것입니다. 그들은 표적을 합당할 때 합당한 방식으로 만나야 할 것입니다. 물론 이러한 부당한 요청조차도 완전히 거절되어서는 안 됩니다. 예수님께서 이번 경우에 단순히 그 사실만을 언급하신다는 사실입니다. 앞의 언급(마 12:39-40)에 대해서는 사건 그 자체가 주님이 뜻하시는 바를 충분히 설명하시도록 내버려 두시지만, 그럼에도 주님은 요나의 표적이 지닌 모종의 암시를 제시하셨습니다(12:40). 지금 예수님은 그 말들을 소급해서 언급하는 것 이외에 다른 어떤 일도 하지 않는 것으로 나타납니다. "그것이 일어날 때까지는 너희는 결코 그것이 무엇이며 무엇을 의미하는 가를 알지 못할 것이다." 예수님께서 그들에게 이 표적을 제시하실 때 그들이 물어야 할 모든 것을 그들에게 제시하셨다는 사실입니다. 장래에 그들은 예수님의 사명에 대하여 충분한 증거가 있었다는 것을 완전히 이해하게 될 것입니다. '하늘'이 예수님의 일을 증거했다는 것을 명백하게 선언해 줄 표적이 제시될 것입니다. 그러나 현재로서는 그들은 예수님이 그의 때에 묶여 있다는 것을 충분히 이해해야 하며, 그들이 소유하고 있는 표적들을 성실하게 이용해야 합니다. 예수님의 어조는 그러한 것이었습니다. 또한 예수님의 행위의 의미가 그러한 것이었던 것으로 나타납니다.

따라서 여기에 말씀을 듣는 일에 관한 한 교훈이 있습니다. 예수님께서 이 표적을 요구하는 자들에게 그때 그들을 위하여 충분한 것을 제시하셨을 때, 주님은 그들로 하여금 보다 많은 것이 사건 안에서 그들에 의해 기대될 수 있다는 것을 알게 하셨을 때, 예수님은 더 이상 표적을 추가하지 않으셨습니다. 예수님은 그들이 그것과 관련하여 잘 생각하도록 남겨두셨습니다.

그것은 우리에게 모든 분야에서 빛을 비춰주기 위한 것이 아니었습니다. 그것은 우리가 진리를 믿을 수밖에 없도록 만들기 위한 것도 아니었습니다. 그것은 자유로운 이성적 존재인 우리에게 호소합니다. 그리고 그것은 더 많은 빛을 기다리면서, 그것이 제시하는 빛을 이용하라고 우리에게 요구합니다(벧후 1:19). 만일 우리가 우리에게 비친 것들을 올바르게 사용하기만 한다면, 그것이 우리의 발걸음을 인도하기에 충분한 빛이 될 것입니다. 오늘 우리는 영적 맹인이 되지 말고 오히려 우리에게 주신 빛을 따라 더 밝고 활기차고 능력 있는 곳으로 전진합시다. 우리에게 비추어진 빛이 무엇입니까?

바리새인과 사두개인들의 누룩

마 16:5-12

예수님이 활동하시던 시대에 예수님을 대적하는 자들은 누구였습니까? 바리새인과 사두개인들이었습니다. 그들이 예수님을 향해 악한 마음으로 하늘로부터 오는 표적을 보여 달라고 하다가 떠난 뒤에 예수님은 그들을 많이 생각하셨나 봅니다. 예수님은 제자들이 호수 건너편에 도착했을 때, 바리새인과 사두개인들에 관해 제자들에게 말해두는 것이 중요하다고 생각하셨던 것 같습니다(6절).

예수님이 제자들에게 "바리새인과 사두개인들의 누룩을 주의하라."고 하신 것은 고통의 언어였습니다. 바리새인이 누구입니까? 그들은 인간의 의로움이 소망의 근거가 된다고 생각하는 사람들입니다. 사두개인들은 누구입니까? 그들은 영혼도 없고 내세도 없다고 하는 물질주의자들입니다. 예수님은 그들의 행위가 은밀한 위선으로 가득 차 있다는 인상을 받았습니다. 그래서 고통스러운 마음으로 제자들에게 그들을 이야기하고 있습니다.

그것은 또한 두려움의 언어였습니다. 누룩과 같은 그들의 비신실성은 대단히 경계하여야 할 일이었습니다. 그 자체로 부패해 있는 누룩은 필연적으로 다른 물질까지 부패시키는 영향력이 있습니다. 그것은 특별히 위험하고 교활한 방식으로 아무도 눈치채지 못하는 사이 부패작용을 합니다. 예수님 자신은 그것을 견디어 왔고 폭로해 왔습니다. 예수님이 선택한 그의 제자들에게도 마찬가지로 누룩의 공격이 있을 것이기에 예수님은 제자들에게 두려움으로 이야기하고 있습니다.

그리고 마지막으로 그것은 예수님의 진지한 간청과 경고의 언어였습니다. 예수님은 바리새인과 사두개인들의 교훈의 위험성을 잘 알기에 제자들에게 간청하고 경고하고 있습니다. 예수님은 "내가 그들의 누룩이라고 부르는 것을 주의하고 경계하라! 인식하고 피하라!"라고 제자들에게 가르치고 있습니다.

제자들은 예수님의 말씀을 오해하고 있습니다(7절). 진짜 빵 이야기인 줄 알고 있습니다. 그들의 관점에서 볼 때 이런 오해는 도리어 지극히 자연스러운 것이었습니다. 제자들이 남은 빵을 가져오는 것을 잊어버린 것은 어느 정도는 그들이 호수 저편에서 갑자기 떠났던 결과인 것처럼 보입니다. 사실이 그러했기 때문에 그들이 누룩 얘기를 들었을 때, 그들이 빵 덩어리들을 생각한 것은 이상한 일이 아니었습니다.

앞서 예수님께서 씨 뿌리는 것을 얘기하셨을 때, 그분은 말씀을 전파하는 것을 의미했습니다(13장). 그분이 죽은 아이가 "잔다"라고 말씀하셨을 때, 그분은 그 아이가 죽음으로부터 회복될 수 있다는 것을 의미했습니다(9장). 그렇다면 이 누룩에 대한 스승의 언급에도 그와 유사한 유비가 있지 않겠습니까? 만일 우리가 제자들의 자리에 있었다면, 우리도 같은 행동을 했을 가능성이 대단히 높습니다. 우리도 제자들이 생각했던 것, 즉 진짜 빵을 선생님이 언급하고 있다고 생각했을 것이 틀림없습니다.

사람들 사이에 이런 식으로 오해가 많이 일어납니다. 내가 생각하고 있는 것을 저 사람도 생각하고 있다고 우리는 확신하는 것입니다. 그래서 다른 사람의 생각을 이해하려는 노력이 필요합니다. 우리는 예수님의 생각을 이해하려고 노력합시다. 우리가 믿는 도리의 사도이시며 대제사장이신 예수님을 깊이 생각합시다(히 3:1). 우리의 믿음의 주요 또 온전케 하시는 이인 예수님을 바라봅시다(히 12:2).

예수님은 두 가지로 제자들을 꾸짖습니다(8, 9절). 아마도 우둔한 이해의 원인은 믿음의 결핍 때문이었을 것입니다. 아마도 그들은 믿어야 함에도 믿지 않는 단순한 이유 때문에 깨닫지 못했을 것입니다. 그들이 어쩌다 이렇게 되었는가를 생각하기는 어렵지 않습니다. 분명히 그들에게 압박이 되었던 생각은 '공급 부족'이었습니다. 먹는 문제로 생각이 가득 찬 그들은 예수님께서 훨씬 많은 수요와 훨씬 적은 공급을 가지고 행하셨던 두 기적들을 생각할 겨를이 없었습니다. 그들은 당시에 예수님께서 그의 마음에 품고 있던 훨씬 큰 의미를 위해서는 전혀 마음의 준비가 없었던 것입니다. 예수님은 그들의 생각을 바로잡음에 있어서 두 기적의 상대적인 숫자와 사용된 그릇의 정확한 종류까지 말씀하시면서 문제의 두 상황을 상기시키고 있습니다. 배고프다고 조급하지 마십시오. 그러면 예수님의 큰 뜻을 이해할 수 없습니다. 8절의 말씀은 늘 세상의 풍파에 휩쓸려 '좌파 우파'하는 우리 인생을 향한 하나님의 음성입니다.

예수님은 이렇게 물었습니다. "어찌 내 말한 것이 빵에 관함이 아닌 줄을 깨닫지 못하느냐?"(11절) 예수님이 말씀하시는 것이 무엇인가를 그들이 스스로 찾아내도록 그들에게 맡기고 있습니다. 바꾸어 말하자면, 이렇게 꾸짖으며 잘못된 생각을 몰아낸 예수님은 바른 생각을 위한 여지를 남겨 놓습니다. 이보다 더 큰 결핍을 채우셨던 주님이 훨씬 더 작은 것 때문에 원망하듯 이야기 할 수 없다는 것을 보여 주셨을 때, 주님이 생각하고 있었던 것이 들어올 수 있는 돌파구가 즉시 생기게 된 것입니다(12절).

오늘날 우리가 성경을 연구하면서 편향적인 마음과 세속적인 마음을 갖지 않기 위해서 기도해야 합니다. 만일 그렇게 하지 않는다면 우리는 예수님의 말씀으로부터 얼마나 멀어지며 얼마나 못 배우게 되겠습니까? 만일 구원의 샘, 은혜의 샘, 복된 샘으로 가져가는 그릇에 다른 것들이 이미 가득 차 있다면 우리는 그 샘물을 담지도, 맛보지도 못할 것입니다.

적은 누룩이 반죽 전체를 발효시키는 것처럼, 세속적인 것에 근거를 둔 거짓 선지자들의 거짓 가르침이 퍼지고 스며들어 영적으로 무뎌진다면 결국 우리는 제자의 길을 걸을 수 없게 됩니다. 예수님이 걸어갔던 고난의 길도 이해하지 못합니다. 예수님의 제자들처럼 세상 풍파에 순응해 물질적인 빵만 걱정하는 우리가 될 수 있습니다. 예수님만 계시면 충분하다는 것을 잊지 말아야 합니다. 예수님의 말씀을 깨달으며 한 걸음씩 제자의 길을 걸어가는 우리가 되길 바랍니다.

너희는 나를 누구라 하느냐

마 16:13-20

예수님은 여전히 자신의 주 활동 무대를 떠나 계십니다. 지금 예수님은 그 땅의 북쪽, 요단강의 수원지 근처에 있는 빌립보 가이사랴 지방으로 가십니다. 빌립보 가이사랴는 분봉 왕 헤롯 빌립이 로마 황제 티베리우스를 기념하기 위해 재건한 이방 도시입니다. 하지만 예수님의 몸이 사역에 합당한 지역을 떠나 있다고 해서 마음마저 떠나 있었던 것은 아니었습니다. 예수님은 자신에게 곧 몰아닥칠 모든 일을 완전히 알고 계시기 때문에 제자들의 믿음을 먼저 견고하게 하고자 하십니다. 예수님은 이곳에서 고난 받기 위해 예루살렘을 향한(200km) 여행을 시작하려고 하십니다. 그런데 그 여행을 시작하기 전 제자들에게 자신의 정체성을 확증하시려 하십니다.

예수님은 제자들에게 "사람들이 인자를 누구라 하느냐?"(13절)라고 묻습니다. 제자들은 예수님이 통상적으로 일컫는 이름을 알고 있습니다. 예수님은 자신을 계속 '인자'라고 불렀습니다. 예수님께 주어진 대답의 형태는 다양했지만 내용은 하나였습니다. 어떤 사람들은 예수님을 그의 선구자 '세례 요한'과 동일시했습니다. 어떤 사람은 세례 요한의 선구자 '엘리야'라고 했습니다. 어떤 사람들은 유대인들이 선지자들 가운데 가장 위대한 인물로서 존경했던 '예레미야'라고 했습니다. 한편 어떤 사람들은 예수님을 어떤 인물과 구체적으로 동일시하지 않고 '옛 예언의 정신이 두드러지고 확실하게 부흥된 인물'로 간주했습니다. 모든 사람이 예수님을 실존한 과거의 어떤 인물과 동일시한다는 점에서 같았습니다. 그러나 그러한 사람들 가운데 예수님과 비교될 만한 사람은 없었습니다.

그들의 이러한 보고는 대단히 괄목할 만한 것이었지만, 당연히 이르러야 할 수준에는 미치지 못한 것이었습니다. 따라서 예수님은 그 이상을 질문하십니다. "너희는 나를 누구라 하느냐?"(15절) 그 대답은 그들 가운데 늘 대변인 노릇을 하던 자에 의해서 제시됩니다(16절). 베드로입니다. 베드로는 말하자면, 그들의 믿음의 깊이를 표현하는 방식으로 이야기합니다. 그것은 그들이 의심하지 않고 확실하게 인정하는 것, 간단히 말해서 그들이 사실과 다름없다고 간주하는 것입니다. 이 얼마나 간략하고, 강하고, 확고한 신앙의 고백입니까? 이것은 인류 역사상 가장 위대한 신앙고백입니다. 사람의 입으로서는 처음으로 예수님이 메시아로 고백되는 순간입니다. 그는 제자들의 신앙적 명석함과 구체성을 드러내는 방식으로 두 가지로 대답합니다. 첫째, 구주의 직책에 대한 그들의 믿음을 "주는 그리스도시요"라고 표현했습니다. 둘째, 예수님의 본성에 대한 그들의 믿음을 "살아계신 하나님의 아들입니다"라고 표현했습니다. 모든 생명들 가운데 가장 강렬하고 가장 고상한 하나님의 생명이 예수님 자신입니다.

예수님께서 베드로에게 "네가 복이 있다"(17절) 라고 말씀하십니다. 예수님은 비범한 열기로 그러한 고백을 할 수 있는 현재의 복됨이 얼마나 큰가를 선언하십니다. 그것은 진리의 길에 있어서 정점이었습니다. 그가 누구이든지 그러한 진리의 수준에 도달했다는 것은 복된 일입니다. 제 선배인 정모 목사님은 군복무 할 때 양구라는 최전방에 배치되었습니다. 그곳은 교회가 없는 곳이었는데, 소대장에게 주일에는 하나님께 예배드려야 한다고 담대하게 말했습니다. 소대장도 막 부임해 온 신임 소대장이었는데, 그렇게 하라고 하더랍니다. 그래서 혼자 나가서 참호를 파 놓은 곳에 가서 예배를 드렸습니다. 그곳은 혼자 다니면 안 되는 곳이고 다니더라도 두 사람이 무장하고 다녀야 하는 위험한 곳이었습니다. 마침 대대장이 순찰을 하는 중에 예배하는 정 목사님을 보았습니다. 소대가 난리가 났습니다. 전체 소대원이 기합을 받고 정 목사님은 혼자 더 큰 얼차려를 받았습니다. 그러나 다시 주일이 다가왔을 때 대대에서 전통이 내려왔습니다. 주일에 기독교인들이 모여서 공식적으로 예배를 드리라는 것이었습니다. 이불 속에서 그 전통 소리를 들은 정 목사님은 소리 내지 못하고 입을 막고 감사해서 울었답니다. 얼마나 복된 정 이등병의 모습입니까?

그 제자를 그러한 복된 상태로 끌어 올린 것은 단순히 어떤 인간적인 능력이 아닙니다. 그에게 이러한 진리를 가르친 것은 혈육이 아니요, 그들을 만든 하나님의 지혜였습니다. 베드로는 예수님을 하나님의 아들로 인정하였습니다. 그는 하나님 아버지 자신에 의해서 그렇게 하도록 가르침을 받았던 것입니다. 베드로는 하나님 아버지의 감동을 받았던 것입니다. 영적인 일들은 하나님의 감동을 받아야만 합니다. 영적인 일들을 행함에 있어서 하나님의 감동 없이 속단하면 안 됩니다.

예수님은 베드로에게 미래에 관해 말씀하십니다(18, 19절). 그렇게 많은 것을 받은 그는 다시 많은 것을 다른 사람에게 주어야 합니다. 모든 인간들 가운데 처음으로 이렇게 엄숙하게 고백했던 그는 다른 방식들에 있어서도 처음이 될 것입니다. 그는 자기 이름이 의미했듯이, 예수님이 자기 교회를 세울 때 사용될 첫 번째 돌이 되어야 했습니다(18절, "내 교회"). 또한 그러하기 때문에 베드로는 후에 이방인이든 유대인이든 인간들에게 하늘나라로 들어가는 조건을 선포하고 거기에 들어가기를 구하는 자들에게 요구되는 요구 사항들을 제의하는 권위를 부여받은 최초의 인물이 될 것입니다. 물론 그는 모든 사도들을 대표하는 인물이었기에 사도에게도 같은 권한이 주어질 것입니다(엡 2:20).

예수님께서 세우신 교회를 '음부의 권세'가 이기지 못할 것이라고 합니다(18절). 비록 세상이 교회를 극심하게 핍박한다고 하더라도 교회는 멸망하지 않고 영원히 존재할 것을 말씀한 것입니다. 또한 예수님은 베드로에게 '천국열쇠'를 주시겠다고 하십니다(19절). 결국 교회를 통하여 천국에 들어가는 것이 결정된다는 뜻입니다. 그래서 '교회 중심'입니다.

우리는 본문의 위대한 신앙고백을 보며, 세상에서 그리스도 교회의 시작을 봅니다. 입술에 의해서만이 아니라 삶으로 그러한 고백을 내뱉는 자들만이 참으로 그 교회에 속한다는 것을 분명하게 볼 수 있습니다. 그 교회는 하나님의 권위를 가진 복된 교회입니다. 우리는 하늘로부터 오는 도움으로만 참된 고백을 할 수 있습니다. 그 고백을 가진 여러분, 주님의 교회에서 귀한 영적인 일들을 행합시다.

아무에게도 이르지 말라!

마 16:20-28

　베드로가 예수님을 그리스도라고 고백했습니다. 그리고 공개적으로 칭찬을 받았습니다. 또한 예수님은 미래에 관한 많은 약속을 주시며 격려하셨습니다. 그럼에도 불구하고 이제 그들이 이러한 고백을 당분간은 더 이상 하지 말 것을 명령받았습니다(20절). 이 명령에 대한 몇 가지 이유가 본문에 나옵니다.

1. 예수님 자신 때문입니다.

　예수님은 고난을 당하고 죽어야 했습니다. 이전에 예수님은 여러 가지 방식으로 이것을 암시했습니다. 이제 예수님은 많은 말로 그들에게 그것을 분명하게 보여주셨습니다(21절). 처음으로 예수님이 자신의 죽음을 얘기한 것입니다. 여기서 예수님에 관해 예언된 모든 내용은 지극히 우울한 것들입니다. 제자들은 그때부터 예수님을 두드러지게 고난을 당하는 사람으로 생각하도록 스스로 준비해야 했습니다. 예수님은 스스로 완전히 이것을 받아들이기로 결단했습니다. 우리는 주님의 죽으심을 늘 묵상하면서 고난의 사역을 통하여 우리가 구원받았음을 늘 감사해야 합니다.

다른 제자들을 대신해 그리스도를 고백한 베드로에게서 지극히 예외적인 선언을 들었을 때(22절), 예수님은 그것을 전혀 받아들일 수 없었습니다. 베드로는 예수님의 죽음의 깊은 의미를 잘 모르고 있었습니다. 그는 자신의 출세와 야망에 사로잡혀 있었습니다. 베드로의 생각은 '혹시 좀 덜 고통스러운 다른 방식이 있지 않겠습니까?' 입니다. 언젠가 큰 적대자가 예수님에게 같은 방식으로 접근해 왔었습니다. 그때 적대자는 "나에게 절하기만 하라 너는 즉시 편안하게 모든 것을 얻을 것이다."(4:8, 9) 라고 말했습니다. 이에 대해 예수님은 "사탄아, 물러가라!"라고 명했습니다. 지금도 예수님은 베드로를 사탄이라고 하셨는데, 한때 하나님께서 증거를 주셨음에도 불구하고(17절) 그가 이제 사탄으로부터 가르침을 받고 있다고 선언하십니다(23절). 우리는 누구의 가르침을 받고 있는지에 대한 주님의 말씀을 잘 새겨들어야 합니다.

그렇게 예수님은 정해진 고난과 자신을 향한 하나님의 계획에 아무것도 개입하지 않도록 하는 일에 단호하셨습니다. 우리는 하나님과 그의 말씀에 감동을 해야지 베드로처럼 세상으로부터 감동을 받으면 안 됩니다. 고난을 받는 것보다 영광의 길로 가는 것이 편하기에 우리는 세상으로부터 감동을 받기 쉽습니다.

2. 제자들 때문입니다.

제자들은 스스로 주님처럼 고난 받을 준비를 해야 합니다. 물론 그것은 예수님과 같은 종류의 체험일 수 없고 또 같은 종류의 체험일 필요도 없습니다. 만일 어떤 사람이 예수님을 따르고자 한다면, 그는 예수님이 스스로 당한 일과 같은 종류의 일을 당할 각오를 해야 합니다(24절). 우리는 예수님이 본인의 십자가 지는 것을 보듯이 우리 자신을 부인하고 자기 십자가를 지고 예수님을 따라야 합니다. 그것이 예수님을 본받는 것입니다.

제자들은 주님처럼 고난 받는 일의 가치를 발견하게 될 것입니다. 이것을 알기 위해서 예수님은 그들 앞에 놓인 대안의 성격이 무엇인지 먼저 생각하게 하십니다. 어떤 일에 있어 자신을 부인한다는 것이 생명을 잃는 정도의 비중은 아닙니다. 한 사람의 생명은 세상 그 어떤 것보다 귀중하기 때문입니다. 생명을 잃으면 그에 대해서는 어떤 보상도 불가능합니다. 보상 여부가 생명을 잃느냐 얻느냐의 문제보다 결코 더 중요한 문제일 수 없습니다(25절).

군에서 훈련받을 때가 생각납니다. '외나무다리를 건너는 훈련' 같은 것은 밑을 보면 너무 무서워서 잘 건너기가 어렵습니다. '도르래를 타고 산에서 강으로 뛰어드는 훈련'도 떨어질까 봐 손과 몸에 너무 힘을 주면 오히려 위험합니다. 몸을 도르래에 맡기고 내려가야 쉽습니다. 이순신 장군의 '살고자 하면 죽고 죽고자 하면 산다.'는 말도 생각납니다. 주님을 따라가는 길은 힘들어 보이지만 갈 만할 길입니다. 음식을 먹을 때 '땡초'라는 매운 고추를 먹는데 먹은 뒤의 맛이 독특한 것입니다. 목욕탕에서 '열탕'에 들어가는 사람들의 말이 처음에는 뜨겁지만 좀 있으면 색다른 희열이 있답니다.

제자들은 이 언급의 확실성을 인식해야 합니다. 말하는 자를 제외하고 결국 누가 이것을 결단해야 합니까? 얼마나 무서운 이름으로 어떤 거룩한 심판관에 의해서 이 일이 그의 편에서 행해질 것입니까? 그날에 그 결과는 어떤 원리에 근거해서 판정될 것입니까? 실제로 그것은 그가 바로 앞에서 말한 원리, 즉 심은 대로 거둘 것이라는 원리에 근거하지 않겠습니까(27절)? 따라서 그날에 잘못된 편에 있을 만한 것을 포기하는 편이 낫습니다. 결론적으로 그날 그 순간이 많은 사람들이 상상하는 것보다는 훨씬 가까이 와 있다는 것을 생각하도록 하십시오. 어쨌든 그 순간 거기에는 그들의 짧은 삶이 마감하기 전에 그리스도의 재림을 볼 사람도 있을 것입니다(28절).

예수님이 본인의 사역을 수행하면서 아직은 공개적으로 그리스도라고 말하고 다닐 때가 아니기에 제자들에게 "아무에게도 이르지 말라."고 하십니다. 그러면서 제자들로 하여금 예수님 따를 준비를 하라고 하십니다. 고난도 각오하고 자기 십자가를 질 것을 준비하라고 하십니다. 우리도 예수님을 따라 영광의 면류관을 얻으려면 우리 앞에 놓인 십자가를 예수님처럼 지고 가야 합니다. 편한 것만 추구하며 큰소리만 치지 말고 잠잠히 고난의 길로 갈 수 있는 우리가 되어야 하겠습니다. 그것이 살길이며 영광의 길입니다.

예수님의 영광스러운 변형

마 17:1-13

　동해안에서 석탄을 나르던 민간 수송선이 한국전쟁이 터지자 그 이튿날 해군에 차출되었습니다. 강원도 묵호에서 전남 여수까지 쉴 새 없이 오가며 살아남은 국군을 부산으로 실어 날랐습니다. 스물네 살 선원이 잠깐 집에 들렀다가 다시 나가며 100일짜리 딸을 업은 아내에게 한마디 던졌습니다. "내 나가서 나라에 충성하면 남은 처자식을 마 나라가 안 거두겠나." 그날 엄마 등에 업혀 있던 딸은 일흔 노인이 되어 지난 27일 충남 계룡대 해군본부 연병장에 섰습니다. 1950년 9월 국군과 함께 싸우다 침몰한 민간 선박 〈문산호〉 선원 10명이 전사한 지 69년 만에 화랑무공훈장을 받는 자리였습니다. 문산호는 1950년 9월 15일 〈장사상륙작전〉에 투입됐다가 좌초했습니다. 장사상륙작전은 인천상륙작전과 같은 날 진행된 양동작전이었습니다. 서해안에서 국군과 유엔군 주력부대가 인천을 공략할 때, 동해안에선 문산호가 학도병 722명과 해군지원병 56명을 영덕군 장사 해안에 상륙시켰습니다. 130명이 죽고 110명이 다쳤습니다. 그래도 격전 끝에 적을 교란하고 보급로를 끊는 데 성공했습니다.

예수님께서 산에서 변형된 모습으로 나타나셨습니다.

이것은 지금까지 계시되었고, 방금 전에 베드로의 입으로 고백된 예수님의 메시아적 지위가 가시적으로 드러난 장면입니다. 본문의 사건은 주님께서 다가올 예수 그리스도의 고난과 죽음을 준비하도록 특별히 세 명의 제자를 대표로해서 모든 제자들을 준비시키는 것으로 이해할 수 있습니다.

2. 예수님의 미래 영광이 제자들에게 여러 가지 방식으로 입증되었습니다.

우선 그들에게 나타난 예수님 자신의 모습을 통해 입증되었습니다. 그들은 예수님이 영광 가운데 오시게 될 때(마 25:31)의 모습, 즉 옷이 빛과 같이 희어진 '변형되신' 모습을 보았습니다. 그리고 영광 가운데 그와 함께 나타났던 자들의 모습을 통하여 입증되었습니다. 제자들은 예수님과 함께 과거 믿음의 대표자였던 두 사람, 즉 '율법'의 대표자였던 모세와, '예언'의 대표자였던 엘리야가 서 있는 것을 보았으며, 장차 주님이 성취할 일을 주님과 '더불어 말씀하는' 것을 들었습니다(눅 9:31). 또한 그들에게 끼친 두드러진 영향에 의하여 입증되었습니다. 이 사건은 곧 제자들을 기쁨과 두려움으로 가득 차게 하였습니다. 그리고 이로 인해 그들은 할 말을 잊고 말았는데, 그들 중 한 사람인 베드로가 말하였던 내용("주여 우리가 여기 있는 것이 좋사오니")은 그들이 모두 다 그곳에 머물러 있기를 간절히 원하였음을 나타내고 있습니다(4절).

베드로의 말 속에 얼마나 큰 놀라움과 기쁨과 만족이 깃들어 있습니까? 그의 말은 마지막 때에 모든 참된 신자들이 지니게 될 마음 상태를 얼마나 잘 나타내주고 있습니까(살전 4:17)? 성도에게 있어 '주와 함께 있는 것' 이상의 영광이 어디 있겠습니까? 목사와 찬양대와 함께 온 성도들이 주님을 찬송하며 이렇게 주와 함께 있는 것은 우리에게 영광입니다. 할렐루야!

3. 제자들은 그 산에서 하나님의 영광도 보았습니다.

5절의 "빛난 구름"은 하나님 아버지의 영광을 나타낸 것으로 간주할 수 있습니다. 그것은 그들이 과거에 들은 적이 있었던 하나님의 신비로운 임재의 영광을 나타낸 것으로서, 그 빛난 구름이 자신들을 둘러싸고 있음을 느꼈을 때 크게 두려워하였습니다. 그리고 그들은 구름 속에서 하나님의 음성을 들었습니다. 하나님께서는 예수님이 하나님의 아들이라는 사실과 하나님 말씀에 귀를 기울이는 모든 자는 예수님의 말씀에 귀를 기울이도록 명하셨습니다(5절). 예수님이 세례 요한에게 세례를 받으실 때 하나님께서 말씀하신 것(3:17)과 동일하지만, 단지 한 가지 추가된 명령은 "그의 말을 들으라."입니다. 이는 예수님께서 세례를 통해 자신의 직임을 받을 때 하나님께서 하신 증언에 덧붙여 예수님의 정체와 사역에 대한 선언이며 재확증 입니다. 예수님은 하나님의 선함과 기쁨의 대상이기 때문에 모든 사람은 그분의 말씀을 들어야 합니다. 세 명의 제자들은 '높은 산'에서 아직 떠오르지 않은 태양의 광휘를 보았으며 이를 통하여 결국 이 세상의 모든 사람들이 보게 될 예수님의 영광을 미리 보았던 것입니다(계 1:7). 다시 말해서 본문의 그 광경은 바로 예수님의 미래 영광의 보증이자 견본이었습니다.

4. 예수님의 영광은 이 사건이 일어났던 때 그분의 수난과 결부되어 있었습니다.

주님의 수난은 영광 가운데 나타나사 하늘에서 내려온 자들과 이야기를 나누고 계셨던 바로 그때 예고되었는데, 누가는 우리에게 그들의 대화가 바로 수난에 관한 것이었음을 말해주고 있습니다(눅 9:31). 그뿐만 아니라 그들은 그 일이 예루살렘에서 일어날 것이라는 사실도 말하였는데, 그들에게 있어서 미래의 영광은 수난에 이은 것이었습니다. 즉, 먼저 십자가가 있은 후에 면류관이 있으며, 수치가 있은 후에 영광이 있고, 죽음이 있은 후에 완전한 생명이 나타나리라는 사실입니다. 우리의 지금 형편이 어렵습니까? 머지않아 영광스러운 날이 올 것을 믿습니다. 그리고 이 사건 직후 예수님의 수난이 예고되었습니다(11, 12절).

여기서 우리는 이 사건의 성격이 얼마나 복합적이며 또한 그 목적에 얼마나 합당한 것이었는가를 인식할 수 있습니다. 우리는 적어도 본문에 언급된 세 명의 제자들 중 한 사람에게서 예수님의 미래 영광에 대한 확증이 결코 잊히지 않았다는 사실을 배울 수 있습니다(벧후 1:16-18). 또한 우리는 요한복음 2장 19-22절에서 알 수 있는 바와 같이 이것이 어두운 측면뿐 아니라 그의 부활을 통하여 나타난 밝은 측면도 지니고 있었던 사실을 알 수 있습니다.

예수님의 모든 제자들은 이 세 명의 제자들을 통하여, 그리고 이 세 명의 제자들은 이때 그들에게 위임된 특별한 사명을 통하여 장차 그들에게 닥칠 시련들을 극복할 수 있도록 준비되었습니다. 즉 그들은 미리 경고를 받았을 뿐 아니라 미리 격려를 받았으며, 이로써 이중으로 무장되었던 것입니다. 주님과 함께하는 신앙생활을 통하여 미래의 영광에도 참여하고, 고난을 대비하며 믿음에 굳게 서서 전진하는 우리가 됩시다.

겨자씨 한 알만큼의 믿음

마 17:14-21

할아버지는 손자를 사랑하여 손자가 원하는 것을 거의 다 들어 줍니다. 손자는 할아버지를 무척이나 따릅니다. 그래서 할아버지는 이렇게 착각을 합니다. "이 손자는 지 애비하고 달라서 크면 내게 잘하겠구나." 이것이 손자에 대한 할아버지의 '착각의 믿음'입니다.

1. 변화산상에 있던 예수님과 세 제자들이 다시 산 밑으로 내려 왔을 때 그들은 예수님의 나머지 제자들이 많은 사람들에게 둘러싸여 있는 것을 보았습니다(막 9:14).

그리고 예수님께서 그들에게 가까이 가셨을 때 그 무리들 중 한 사람이 그의 발아래 꿇어 엎드려 그에게 자신의 슬픈 처지를 하소연하였습니다(14절). 그에게는 간질로 심히 고생하는(15절) 외아들이 있었는데(눅 9:38), 그 아이는 자주 불에도 넘어지고 물에도 넘어져서 생명을 잃을 위험에 처해 있었던 것입니다. 아버지는 예수님께서 계시지 않는 동안에 그 아이를 제자들에게 데리고 왔으나 그들은 아무런 도움도 주지 못하였습니다.

예수님께서는 과거 산에서 내려온 모세가 그랬듯이 제자들이 완전히 실패하였던 일을 성취하셨습니다. 더욱이 예수님은 다른 경우들에 있어서와 마찬가지로 자신이 지닌 말씀의 권위로써 이 일을 성취하셨습니다(막 1:27). 즉, 예수님은 그 아이를 사로잡고 있던 귀신이 아무리 강하고 완고하다 할지라도 '꾸짖음' 한 마디로 귀신을 쫓아내셨던 것입니다(18절). 그뿐만 아니라 예수님은 그 귀신에게 다시는 그 아이에게 들어가지 말 것을 명하셨습니다(막 9:25). 그리고 바로 '그때로부터'(18절) 아이는 완전히 치유되었습니다. 예수님의 말씀은 능력이 있습니다. 그분의 말씀을 읽고 그 말씀대로 순종합시다. 중요한 상황에서 우리는 주님의 말씀을 선포합시다. 하나님이 역사하실 것입니다.

2. 예수님은 그 아이 아버지의 믿음에 결함이 있음을 말씀하셨습니다(17절).

아버지의 이러한 믿음의 부족은 마가복음에 기술되어 있는바 예수님께 대한 그의 두 번째 호소에 한층 더 분명하게 나타나 있습니다(막 9:22 "무엇을 하실 수 있거든 우리를 불쌍히 여기사 도와주옵소서"). 한편 이에 대한 예수님의 대답은 믿음이 부족함을 꾸짖는 것인 동시에 믿음을 격려하는 것이었습니다. "할 수 있거든 이 무슨 말이냐?"(막 9:23)라는 예수님의 말씀은 질문이 아니라 "만일 네가 믿을 수 있다면"이라는 의미를 지니고 있습니다. 왜냐하면 "믿는 자에게는 능히 하지 못 할 일이 없을" 것이라 말씀하시기 때문입니다. 아버지는 예수님의 이 말씀을 바로 받아들였는데, 우리는 그가 예수님의 말씀을 듣자마자 즉시 "내가 믿나이다. 나의 믿음 없는 것을 도와주소서."라고 외쳤던 사실에서 이 점을 분명하게 인식할 수 있습니다. 다시 말하면, 모든 것은 바로 주님을 믿는 믿음에 달린 것으로서, 처음에 그의 아들이 치유 받지 못한 주된 원인이 그 자신의 믿음 부족이었던 것입니다. 그러므로 하나님 앞에 나아갈 때 우리는 믿음을 점검해야 합니다.

우리는 제자들에게 하신 예수님의 말씀에서도 이와 동일한 진리를 발견할 수 있습니다. 예수님께서는 제자들이 나중에 "우리는 어찌하여 쫓아내지 못하였나이까?"(19절)라고 물었을 때, "너희 믿음이 적은 까닭이다."라고 분명하게 말씀하셨습니다(20절). "겨자씨 한 알"은 가장 작은 씨앗으로 '가장 적은 믿음'을 강조하기 위하여 사용되었고, "산을 옮기는 것"은 '가장 큰 일'을 가리키는 것입니다.

3. 그러면 여기에서 예수님이 말씀하고 계신 참된 믿음은 어떤 것입니까?

그것은 예수님께서 일전에 말씀하신바(13:31, 32) 스스로 성장하는 "겨자씨 한 알"과 같은 것입니다. 만일 우리가 이 믿음을 지니기만 한다면 그것은 스스로 성장하여 결국에는 아무리 큰 장애물이라 할지라도 깨끗이 제거할 것입니다. 겨자씨 한 알만한 믿음은 외모나 그럴듯한 말로 펼쳐지는 믿음이 아닙니다. 내적 능력과 하나님을 향한 우직하고 어린아이 같은 믿음을 통해 이루는 위대한 업적의 첫걸음을 형성하는 믿음입니다. 이러한 참된 믿음의 성취력을 능가할 수 있는 것은 아무것도 없습니다(20절). 따라서 우리는 참된 믿음을 구해야 합니다. 그리고 우리는 다른 모든 점들에 있어서 우리 자신을 완전히 부인하며 참된 믿음을 구해야 합니다.

병행 본문마가복음에서는 "기도 외에 다른 것으로서는 이런 종류(귀신들)가 나갈 수 없느니라."라고 기록합니다. 믿음은 기도와 연관되어 있습니다. 기도는 자신의 능력을 의지하지 않고 하나님의 능력을 의지하는 표시입니다. 그래서 믿음의 기도를 통하여 하나님을 의지하면 귀신을 능히 쫓을 수 있습니다.

하나님께 나아가는 모든 사람은 믿음으로 나아가야 합니다(히 11:6). 하나님이 계신 것을 믿지 못하면서 그분에게 나아간다는 것은 참 믿음이 아닙니다. 그분에게 기도하면서 그분이 기도를 들으시고 응답해 주실 수 있는 분임을 믿지 못한다면 그 기도는 헛 것입니다. 우리는 어떠한 경우든지 성장하는 믿음을 기도 가운데 구하고 이 믿음을 지녀야 합니다.

본문에 등장하는 한 가련한 사람은 지극히 적은 믿음 밖에 지니고 있지 않았습니다. 그러나 이 겨자씨 한 알처럼 작지만 성장하는 믿음은 결국 그의 소원을 이루어주었습니다. 우리는 교만하지 말아야 합니다. 우리의 믿음을 과신하지 말아야 합니다. 우리는 부족한 자들이라는 사실을 알고 늘 하나님의 은혜를 구해야 합니다. 사탄은 그리 만만하지 않습니다. 모든 것은 믿음과 기도에 달려 있습니다. 우리의 힘든 상황 가운데 영적으로 깨어서 하나님께 나아갈 때 이것을 꼭 명심합시다.

스스로 세금을 내시는 예수님

마 17:22-27

인도가 영국의 지배를 받고 있을 때였습니다. 영국에 맞서 비폭력 저항운동을 주창한 인도의 정신적 지도자인 간디가 기차를 타면서 한 쪽 샌들을 떨어뜨렸습니다. 기차는 곧 출발했고 바닥에 떨어진 그 한 쪽을 주울 수 없었습니다. 간디는 모두가 보는 앞에서 남은 샌들을 벗어서 기차 밖으로 던졌습니다. 그 광경을 목격한 영국 군인이 왜 남은 샌들까지 던졌는지 묻자 간디는 대답했습니다. "한 쪽의 샌들은 나한테도, 주운 자에게도 아무 쓸모가 없습니다. 이제 샌들을 발견한 자는 양쪽 모두 신을 수 있습니다."

1. 우리는 본문에서 간디보다 더 놀라운 사랑으로 제자들과 인류를 생각하시는 예수님을 볼 수 있습니다.

예수님은 빌립보 가이사랴 지방에서(16:13) 갈릴리 지방에 있던 그분의 본 동네(9:1)인 가버나움으로 돌아오고 계셨습니다. 이 때 예수님은 생애 마지막으로 가버나움에 들르셨는데, 예루살렘에서 죽으시기 위해 남쪽으로 여행하시던 중의 방문이었습니다. 그곳에서 성전세를 받던 자들이 베드로에게 "너의 선생은 세금을 내지 아니하느냐?"라고 묻습니다(물론 낼 거라는 긍정적 생각으로 묻지요). 예수님께서는 한편으로 그들의 요구를 전적으로 부당한 것으로 간주하셨고, 다른 한편으로는 그것을 불가항력적인 것으로 여기셨습니다.

2. 그들의 요구는 세금의 일반적인 성격상 부당하다고 예수님은 말씀하십니다.

왜냐하면, 당시에 세금을 내는 행위는 종속의 표시로 간주되었기 때문입니다(25절). 따라서 예수님께 세금을 요구하는 것은 지극히 부당한 처사입니다. 이 세상에서 예수님께 세금을 요구할 수 있는 권한을 지닌 자는 아무도 없습니다. 또한 본문에 언급된 세금의 특별한 성격을 고려해 볼 때, 이러한 요구는 한층 더 부당하고 비합리적이었습니다. '반 세겔'(노동자의 이틀 치 품삯)이라는 이 세금의 액수와 명칭에서 알 수 있듯이 이 세금은 성전 유지를 위하여 이스라엘의 모든 남자들에게 부과되었던 일종의 종교세인데 원래는 인구조사가 행해질 때만 부과되었으나 나중에 와서는 매년 부과되었습니다. 이러한 점을 고려해 볼 때, 실제로 성전의 주인이셨으며(12:6), 어떤 의미에서는 성전 자체이셨고(요 2:19-21) 또한 베드로 자신이 얼마 전에 고백했던 바와 같이 가장 지고한 의미에서 하나님의 아들이셨던 예수님께 이러한 세금을 요구하는 일은 정말 터무니없고 비합리적인 일입니다. 그래서인지 사람들은 베드로에게 '너의 선생은'이라고 말했습니다(24절). 마태는 예수님을 가리킬 때 성부 하나님을 가리키기도 하는 '주님'(κύριος, 퀴리오스)을 자주 사용했는데, 성전 세를 받는 자들은 불신앙의 마음으로 예수님을 '선생'($\delta\iota\delta\acute{a}\sigma\kappa\alpha\lambda o\varsigma$, 디다스칼로스)이라
부르고 있습니다.

3. 그렇지만 예수님은 세금을 지불하라고 말씀하셨습니다.

우리 예수님은 비록 그들의 요구가 분명 부당하고도 비합리적
인 것이기는 하지만 "그러나 우리가 그들이 실족하지 않게 하기
위하여"(27절) 그렇게 하셨습니다. 다시 말해서 그들로 하여금 예
수님과 제자들을 향해 그릇된 생각을 품지 않게 하려고 세금을 지
불하라고 말씀하신 것입니다. 그들은 예수님이 하나님의 아들인
지는 잘 몰랐지만, 갑자기 나타난 성자로는 알았을 것이고, 말씀
잘하시고 기적도 베푸는 훌륭한 분으로 알고 있었을 것입니다. 그
런데 이때 예수님이 세금 지불을 거부하셨다면 그들은 분명히 예
수님을 탐욕스런 자나 하나님을 멸시하는 자, 혹은 하나님의 집에
대한 사랑이 결여된 사람으로 간주하였을 것입니다. 그랬다면 예
수님과 제자들에 대한 큰 반감을 일으킬 뿐만 아니라 주님과 제자
들의 사역을 크게 방해하였을 것입니다. 따라서 예수님은 비록 그
들의 요구가 지극히 부당하고 비합리적이긴 하지만 그들의 요구
에 그대로 응하기로 하셨던 것입니다. 또 성전을 운영하는 데 필
요한 물질이므로 예수님도 내지 않을 수 없었을 것입니다. 물론
교훈을 주시려는 의도도 있었을 것입니다.

그런데 성전 세금을 마련하는 방법이 매우 특이합니다(27절).
하나님께서 바다에 한 세겔 동전을 머금은 물고기를 미리 준비하
셨다가 베드로를 통하여 잡히게 하셨습니다. 이것은 베드로와 제
자들에게 큰 표징이 되었습니다. 즉, '성전보다 더 크신 분'이신

예수님의 신적 능력이 제자들에게 각인되었습니다.

4. 이 사건은 십자가의 그늘 아래서 이루어졌습니다.

예수님은 이때 자신이 장차 배신당해 죽을 것이란 사실을 처음으로 밝히셨습니다(22-23절). 따라서 우리는 이 일을 십자가상에서 이루어질 일에 대한 일종의 비유로 간주할 수 있습니다. 성전세는 예수님께서 내셔야 했던 것이 아니라 베드로가 내야 했던 것입니다. 그때 예수님께서는 자신과 베드로의 성전세를 모두 지불하셨습니다(27절). 이는 예수님께서는 죽기까지 복종하사 많은 사람들을 의롭게 하실 십자가 사역을 바라보는 것입니다(빌 2:8). 우리가 실제로 예수님 안에서 이러한 소망을 지닐 경우, 우리는 우리의 삶 가운데서 주님을 닮기를 추구하게 됩니다.

우리에게 주신 사명이 무엇입니까? 그 사명을 감당하기 위하여 우리도 예수님처럼 사랑하고 희생할 수 있어야 합니다. 한 사람을 구원하기 위하여, 다른 사람에게 사랑을 베풀기 위해, 우리는 희생의 요구 앞에 복종해야 합니다. 주님의 삶을 닮기를 추구합시다. 우리가 할 수 있는 한 우리의 선이 비방을 받지 않도록 우리의 모든 노력을 기울입시다.

네 번째 강화(講話)

(18:1-35)

천국에서 큰 자

마 18:1-14

예수님께서 자기 수난을 예언하신 지 얼마 지나지 않은 시점 (17:22-23)에, 제자들은 '누가 크냐?'로 서로 다투고 있습니다. 이는 제자들이 예수님의 죽음의 의미를 아직 깨닫지 못하고 있음을 보여줍니다. 마가복음 9장 33-34절에 따르면, 제자들은 '길에서' 이 문제로 말다툼을 벌인 후 예수님께 문제를 제기하였습니다. 제자들은 '누가 크냐?'는 문제에 대해 예수님께 답을 말해 달라고 요청했습니다. 예수님께서는 "한 어린아이를 불러 그들 가운데 세우시고"(2절) 답변하십니다. "이 아이와 같이 되는 사람은 나의 왕국에서 위대하게 될 것이요, 지금 이 아이가 내게 사랑을 받고 있듯이 내게 사랑을 받을 것이다. 다시 말해서 나의 왕국에서의 진정한 위대함은 위대함을 추구하지 않는 데 있다."라고 말씀하신 것입니다(3,4절).

1. 당시에 어린아이는 지위가 낮은 자, 힘없는 자, 약한 자를 상징했습니다.

유대 사회는 서열이 매우 중요했습니다. 그들은 둘 이상이 모이면 누가 더 높은 지위에 있는지를 가리려 했습니다. 따라서 제자들의 질문(누가 크냐)은 어떤 면에서 자연스러운 것이었습니다. 예수님은 당시의 일반적인 유대인들의 생각과는 전혀 다르게 대답하셨습니다. 덕분에 하나님 나라의 성격과 질서와 서열은 세상 나라의 그것과 확연히 다르다는 사실이 가시적으로 드러납니다. 예수님은 세상 나라의 가치관보다 하나님 나라의 가치관을 중시하십니다. 제자들은 당시 일반적인 유대인들과 마찬가지로 예수님이 '정치적인 메시아'로서 이스라엘을 로마제국의 압제로부터 해방시켜 주실 분이라고 믿었습니다. 그리고 예수님이 왕이 된 후에 자신들이 높은 지위를 차지하게 될 것을 꿈꾸었습니다. 그러나 예수님은 '영적인 메시아'로서 인류를 죄와 사망으로부터 해방시키실 분이십니다. 그러므로 제자들도 지위가 낮고, 힘이 없고, 고통 중에 있는 자들에게 영적인 자유와 해방을 전해 주어야 합니다.

김수환 추기경이 살아 계실 때 기자가 물었습니다. "추기경님, 몇 개 나라 말을 하십니까?" "7개 나라 말을 하지." "한국 사람이니 한국말 하지, 대학 때 일본 유학을 하였으니 일본말 하지, 신부가 된 뒤에 독일 유학을 하였으니 독일말 하지, 교황청에 가야 하니 이태리말 하지, 신학 공부하면서 라틴어를 배웠지, 세계 공용어인 영어 하지, 그리고 거짓말 하지." 6개 국어를 한다는 것이 대단한 일이지만 전혀 교만하지 않은 겸손한 모습의 추기경이지 않습니까? 영어를 좀 잘한다고 잘난 체하는 사람들이 얼마나 많습니까? 돈 좀 있다고 으스대는 사람이 얼마나 많습니까? 친구 목사님에게 미국 친구가 있는데, 그 친구는 미국 텍사스 주에 목장을 가

지고 있는데 그 목장의 크기가 창원시만 하다고 합니다. 땅 조금
있다고 큰소리치면 안 되겠지요?

2. 천국에서 큰 자는 세상의 행복을 좌우하는 사람들입니다.

그들에게 친절과 사랑을 베푸는 모든 사람들은 얼마나 복됩니
까! 그러한 자들 중 가장 작은 자라 할지라도 그를 올바른 됨됨이
를 가진 자로서, 즉 예수 그리스도를 믿는 자로서 영접하는 것은
예수님이 보실 때에 그 자신을 영접하는 것과 하등의 차이가 없습
니다(5절). 이것은 우리가 올바른 안목만 가지고 본다면 진정한
의미에서 '위대함의 면류관'을 쓰는 것입니다. 피조물에게 있어서
창조자를 섬기는 것보다 더 큰 특권이 어디에 있습니까? 그렇다면
이 특권을 부여할 수 있는 자들의 존귀함도 클 것입니다. 이런 의
미에서 예수 그리스도를 땅에서 대표하고 있는 자들, 말하자면
'예수 그리스도의 대리 사절들'인 '자기를 낮추는 사람들'은 세상
의 행복을 좌우할 대단한 사람들입니다.

3. 유감스럽게도 자기를 낮추는 자들에게 적이 있다는 사실은
    너무나 명백합니다.

그들을 영접하기는커녕 행로를 방해하고 박해나 대적으로, 혹
은 설득이나 유혹으로 악을 행하도록 강요하거나 꾀는 자들이 있
습니다. 그런 시도들은 모두 하나님이 보시기에 무거운 범죄들입
니다. 어떤 사람에게 그런 짓을 행하느니 차라리 연자 맷돌을 그
의 목에 달아 그를 깊은 바다에 빠뜨리는 것이 더 낫습니다(6절).

몸의 어떤 부분이 그로 하여금 행악케 만들어 영원히 모든 것을 잃고 또한 그 부분도 잃게 되느니, 차라리 그 부분만 잃는 게 낫습니다(8, 9절). 예수 그리스도에게 속한 자들에게 악의 미끼가 되는 것보다 더 슬픈 일은 없습니다(7절).

4. 우리는 그들이 하나님의 부단한 배려의 대상들임을 알 수가 있습니다.

창세기 18장에서 하늘과 땅 사이를 오르락내리락하는 하나님의 천사들에 관해 읽을 수 있습니다. 유사한 표현법이 본문에서도 사용되고 있습니다. 바로 예수 그리스도의 어린이들에게 소식을 가지고 돌아오는 천사들이 있다는 것으로 설명되고 있습니다. 그리고 그런 천사들이 하나님의 면전에 직접적으로 접근할 수 있다는 뉘앙스를 받습니다. 그러니까 그 천사들은 땅에서 자기를 낮추는 이들의 '담당 천사, 경호 천사들'인 셈입니다.

우리는 또한 자기를 낮추는 이들이 하나님의 '회복하시는 은혜'의 특별한 대상들임을 알 수가 있습니다. 그들이 길을 잃어 '지극히 작은 자 보다 더 작은 자'가 되었을 때조차 하나님은 그들에 대한 배려를 소홀히 하지 않으십니다(12-14절). 우리도 하나님처럼 우리 주위에 있는 길 잃은 양들이 누굴까 살펴야 합니다. 그들을 위해 기도하고 회복을 도와야 합니다.

성도 여러분, 자기를 낮추는 자들이 됩시다. 얼마나 놀라운 만족의 비결이 여기에 있는가를 보십시오! 세상의 어떤 품위 있는 일들이, 예수 그리스도에게 진정 속해 있다고 하는 겸손에 비견될 수 있겠습니까? 또한, 다른 사람들을 노력하게 하는 훌륭한 자극이 겸손에 있는 것을 보십시오. 이러한 위대함을 향유하는 자가 어찌 그것을 독점하기를 바라겠습니까? 사실 그들이 그것을 독점하지 않음이 그만큼 더 위대한 일이 아니겠습니까? 복을 주는 자가 되는 것보다 더 큰 복은 없습니다. 위대함을 다른 사람들과 나누어 갖는 것보다 더 큰 위대함은 없습니다. 우리가 인생 여정을 함께 걸어가는 동료들에게 전하는 빛이 많으면 많을수록 우리에게 돌아오는 것은 그보다 더 많아질 것입니다.

교회를 통한 은혜

마 18:15-20

만일 형제가 (내게) 죄를 범하면 어떻게 하실 것입니까? 제일 쉬운 방법은 화를 내는 것입니다. 그것은 자신의 기쁨이나 만족을 얻기 위한 이기적인 방법입니다. 그것보다 더 좋은 방법은 그 범죄를 용서해 주는 것입니다. 우리는 자신의 이익 때문에 형제의 범죄에 무관심할 때가 너무 많습니다. 하지만 예수님은 이런 것들보다 훨씬 더 훌륭한 해법을 본문에서 보여주고 계십니다. 그것은 형제를 얻는 방법이며, 죄를 범한 그의 행복에 대한 사려 깊은 관심이 담긴 해법입니다

예수님은 만일 형제가 죄를 범하면 '교회', 즉 예수 그리스도께서 베드로의 고백에 대한 응답으로 조금 전 그 이름을 말씀하신 (16:18 "너는 베드로라. 내가 이 반석 위에 내 교회를 세우리니 음부의 권세가 이기지 못하리라") 성도들의 모임이 문제를 다루어야 한다고 말씀하십니다. 이 원리를 적용하는 데 있어서 지켜야 할 주의사항들과 왜 이러한 주의 사항들이 필요한가를 살펴봅시다. 일단 이 방법을 사용할 때 지나칠 정도로 너무나 열성적이어서는 안 된다는 점을 주의해야 합니다. 교회를 통한 해결 방법은

마지막 수단입니다. 만일 형제가 죄를 범했을 때 첫 번째 생각해야 할 일은 그 형제의 행복입니다. 할 수만 있다면 형제가 자기 죄를 알게 해야 합니다. 그래서 본래의 위치와 신분으로 되돌아가 형제를 얻을 수 있으면 제일 좋습니다(15절). 만일 이러한 일이 성취되면 더 교회에 말할 필요가 없을 것입니다. 개별적으로 그와 접촉함으로 이러한 일을 할 수 있다는 것은 분명합니다. 그러므로 이러한 처신이 형제의 범죄에 있어서 지켜져야 할 첫 번째 보편적인 규범입니다. 두 번째 주의할 점은, 개인에서 전체로 단번에 비약하지 말라는 것입니다. 만일 개별적인 엄격한 경고를 듣지 않는다 할지라도(16절), 소망을 가지고 채택할 수 있는 아직 완전히 공론화하기 이전의 한 가지 과정이 있습니다. 그것은 다른 사람들의 의견을 듣는 것입니다. 그러나 너무 많은 사람들에게 형제의 범죄가 알려지도록 하지는 말아야 합니다(신 19:15). 그리고 두세 사람이 내 생각에 동의한다면 그 형제에게 다시 가서 호소하십시오. 그 어떤 경우에도 이렇게 할 때까지 그를 모든 사람에게 폭로하는 단계는 시행하지 말아야 합니다. 마지막으로 주의할 점은, 어쩔 수 없이 교회에 얘기해야 할 경우에조차도 문제를 너무 과격하게 다루지 말라는 것입니다. 범법자들에게 교회가 합법적으로 할 수 있는 가장 강력한 조치는 그들에게 대한 후원을 단절하는 일입니다. 이러한 일은 우리가 취할 수 있는 마지막 단계가 되도록 하십시오. 가장 완고한 형제에 대해서는 진정한 형제로 취급하지 마십시오(17절).

왜 이러한 주의사항들이 필요합니까?

'교회'의 중요성 때문이라고 말할 수 있습니다. 바다 위에 떠 있는 〈철갑함〉(항공모함)처럼 성도들의 집단은 최소한의 움직임으로 중대한 것을 만드는 힘을 지니고 있습니다. 이 힘은 본문에서 세 가지 방법으로 분리되어 나타나는 것처럼 보입니다. 우리는 신자를 판단하는 특별한 권위를 교회가 지니고 있다고 가르침을 받습니다. 교회는 단지 사람들만의 모임이 아니기 때문입니다. 교회는 하나님께서 친히 세우신 기관입니다. 그러므로 우리는 교회의 판단이 하나님께 속한 판단이라 말할 수 있습니다. 하나님은 교회의 결정을 중요하게 여기십니다. 18절의 문맥에서 "매고 푸는 것"은 구속과 석방, 즉 정죄와 용서를 의미합니다. 진실한 신자라면 그 누구도 쉽사리 그 판단을 소홀히 하지 않을 것이고, 그 판단에 자신의 의견을 추가하지도 않을 것입니다. 우리는 교회에 공통된 열망을 소유하고 구하는 힘이 있음을 배웁니다. 만일 성도가 '성령'에 의해서 인도받는 것을 믿는다면 우리는 이 사실을 의심할 수 없습니다. 또한 우리는 합심하는 사람들의 수가 매우 적은 곳에서라도 가능하다는 사실을 감히 부인할 수 없습니다. 적어도 두 사람이 합심하지 않으면 일치란 있을 수 없습니다. 만일 단 두 사람일지라도 그들의 기도가 응답되리라는 것을 우리는 본문을 통해서 배웁니다(19절). 그러므로 성도들의 '공동'의 기도의 효력을 생각해 보십시오. 하나님의 뜻을 알고 하나님의 뜻대로 판결하려면 교회는 기도해야 합니다. 교회는 예수 그리스도에 대한 공동의 고백을 통해 하나님을 기쁘시게 하는 특별한 명예를 지니고 있습니다. '두세 사람'이 예수님의 이름으로 모이기 위해서 지금까지 합심한 곳에서 그들은 예수님에게 경의를 표합니다. 예수님은 그들의 경의에 대해 그들을 영화롭게 하는 능력에 있어서 그들과 함께 있습니다. 그리고 예수님은 그의 이름으로 행하는 모든 일에 가치와 권위와 능력을 부여하는 은혜에 있어서 그들과 함께 있습니다. 이 '등대들'이 빛을 발하는 이유가 바로 주님이 그들 가운데서 행하시기 때문입니다(계 1:13). 모든 성도가 이러한 일을 할 수 있는 이유는 다음과 같은 말씀으로 잘 표현되어 있습니다. "교회는 그의 몸이니 만물 안에서 만물을 충만하게 하시는 이의 충만함이니라"(엡 1:23).

이렇게 귀한 교회에서 예수님의 마음을 알아 타인의 행복을 생각하며 행합시다. 그렇게 행할 때 우리는 교회를 통해 힘과 능력과 영화를 볼 수 있을 것입니다. 그것은 교회를 통한 하나님의 은혜입니다. 무슨 일이든지 교회의 성도들은 주의 이름으로 모여 기도해야 합니다. 그보다 더 중요한 것은 두세 사람이라도 모이기를 힘써야 한다는 점입니다. 모이고 기도하는 우리가 됩시다.

VI

천국의 운명

다섯 번째 내러티브(19:1-23:39)

결혼에 대한 법

마 19:1-12

    예수님께서 갈릴리를 떠나 요단강을 건넌 후 여리고를 가로질러 예루살렘으로 올라갈 준비를 하고 계십니다(1절). 예수님을 보고 싶어 하는 사람들은 큰 무리 속에 계신 그분을 발견합니다. 그들은 또한 지금까지 해 오신 것처럼 예수님께서 말씀과 행위로 사역하고 계신 것을 발견합니다(2절). 그런데 예수님을 반대하였던 사람들도 역시 예수님을 발견합니다(3절). 그들은 예수님께 나아와 이혼이라는 주제로 교활한 질문을 던집니다. 당시 헤롯 안티파스가 원래의 아내를 버리고 이복동생 빌립의 아내인 헤로디아를 아내로 삼았고, 세례 요한이 헤롯 안티파스의 부당한 결혼을 책망했던 일 때문에 처형 당한 사건을 염두에 두었던 것입니다. 여러분은 어떤 목적으로 이 시간 하나님 앞에 나왔습니까? 예수님이 필요하셔서 오셨습니까? 아니면 자기만족을 위해 나왔습니까? 예수님은 바리새인들의 교활한 질문에 결혼에 대한 절대 규범을 규정해 주시며 대답하십니다. 또한 예외도 있다고 그 규범을 한정하십니다. 마지막으로 예수님께서는 사려 깊은 경고 그 이상의 어떤 말씀으로 그 규범을 확증하십니다.

1. 결혼에 대한 규범은 그 '권위'에 있어서 절대적입니다.

이 규범은 시간적인 문제에서도 절대적입니다. 이 규범은 즉시 만물의 시작에로(창세기로) 거슬러 올라갑니다(4절). 또 그 출처에 있어서 절대적 입니다. 이 주제에 있어 창조주의 권위보다 더 큰 권위란 있을 수 없습니다. 인간을 창조하신 분만이 인간이 어떠한 존재인가를 충분히 아십니다. 그러므로 오직 그분만이 인간이 무엇을 해야 하는가를 정확하게, 또한 지혜롭게 궁극적으로 결정하실 수 있습니다.

2. 결혼에 대한 절대 규범은 그 '본질'에 있어서도 절대적입니다.

결혼 규범은 우선 결혼 관계에 있어서 두 사람이 한 쌍이 된다는 것을, 오직 두 사람만이 한 쌍이 됨을 본질적으로 밝히고 있습니다. 우리가 살피고 있는 이 규범이 우리들에게 말하는 원초적 결혼은 하나님이 제시하셨고, 또 허락하신 것입니다. 그러므로 이 결혼은 모든 사람들에게 모형이 되는 실례입니다. 어떤 의미에서 둘은 또 다른 의미에서는 하나가 되어야 합니다. 너무나 밀접한 관계이므로 이러한 점에서 다른 그 어떤 인간관계도 비교될 수 없습니다. 그런 점에서 '한 몸'이라고 할 수 있습니다(6절). 이러한 생각이 결혼에 대한 근본적인 생각입니다. 이것이 절대 규범이며 하나님께서 생각하시는 결혼입니다.

3. 결혼에 대한 절대 규범에 '예외가 있다'는 것을 바리새인들이 예수님께 제기하고 있습니다(7절).

그들은 신명기 24장에 있는 모세의 말에서 근거를 찾습니다. 이 점에 대해서 예수님께서는 무엇이라고 말씀하십니까? 예수님께서는 모세의 율법으로부터 그들의 추론이 옳지 못하였다는 것을 보여주십니다. 모세가 주장한 규정은 주님의 판단에 그 규정이 암시한 예외들이 합당함을 입증하지 못하였습니다. 그 규정을 통해 알 수 있는 한 가지 점은 사람들이 그러한 경우의 상황에서 벗어날 수 없었다는 것입니다. 모세조차도 자료들을 가지고 처리해야 했던 모든 것을 항상 자신의 임의대로 행할 수 없었습니다. 맹목적인 생각과 잘못된 의지와 완악한 마음을 가지고 처리해야 했으므로 그는 때때로 악을 제한하기 위해서 악을 단속할 수밖에 없었습니다. 당분간 제거될 수 없었던 것(이혼)을 단속한다는 것은 그것이 계속되기를 바라는 마음은 아니었습니다. 율법에서 이혼 증서를 써준 후에 이혼할 수 있게 한 규정은 이혼을 최대한 막으려는 조치이지 이혼을 권장하기 위한 것이 아닙니다. 게다가 율법은 이혼당한 여인이 합법적으로 다시 결혼할 수 있게 하려고 이러한 제도를 마련한 것입니다. 다만 예수님은 유일한 예외를 말씀하십니다(9절). 결혼의 본질은 '한 몸'이 되는 데에 있습니다. 이러한 본질이 사라져버린 경우들이 있습니다. 그런 경우에 있어서 결혼 계약은 사실상 이미 깨어졌습니다.

4. 말씀을 듣고 제자들은 예수님께 질문합니다(10절).

제자들은 이혼에 대한 유대인들의 통념을 여전히 가지고 있었기 때문에 예수님의 말씀을 듣고 혼란스러워합니다. 예수님의 대답은 단 몇 마디로 표현될 수 있습니다. 특별히 예외적인 경우와 시기에는 그들이 말한 대로 결혼을 하지 않는 것이 좋았을 것입니다. 그 점에 대해서 사람들은 전적으로 스스로 판단해야 합니다. 물론 하나님의 영광을 위한다든지 하는 거룩한 목적이 있어야 합니다. 이러한 결혼관이 어떤 경우에서는 이미 결혼을 한 사람들에게 상당히 큰 부담과 시련을 안기는 원인이 됩니다. 하지만 언급한 경우를 제외하고는 그 어떠한 경우에도 결혼의 파기를 생각해서는 안 됩니다. 만일 예수님께서 결혼 중 닥치는 시련을 허락하셨다면(롬 8:28), 주님은 우리를 도와 그 시련을 견디게 하실 것입니다.

유행가 중에 〈늙어서 봐〉라는 노래가 있습니다. 남녀가 결혼 관계를 지속해 가는 것은 쉽지 않을 것입니다. 그러나 결혼은 거룩한 일입니다. 다른 그 어떤 인간관계가 결혼 관계처럼 '하나님에 의해서 제정되었다'고 말할 수 있습니까. 결혼은 결코 파기되어서는 안 된다는 말을 기쁘고 당연하게 받아야 합니다. 일단 맺어진 것은 그 어떤 일이라도 가볍게 파괴되어서는 안 됩니다. 항상 성경의 가르침에 근거해서 행동해야 합니다.

본문이 또한 그리스도와 그의 교회의 연합을 설명하고 있다는 생각은 그 얼마나 훌륭한 생각인지 모릅니다. 만일 덜 거룩한 것(결혼)이 이러하다면 하물며 더욱더 거룩한 것(그리스도와 교회의 연합)은 말해서 무엇 하겠습니까? 교회에 오기를 기뻐하는 성도, 주일이 기다려지는 성도가 그리스도와 연합한 성도입니다.

어린이들을 사랑합시다

마 19:13-15

본문에서 우리는 제자들이 왜 어린이들을 예수님께로 데려오는 것을 사람들에게 금했는지 이유를 찾을 수 없습니다. 그러나 제자들과 같은 생각을 하는 사람들이 적지 않았다는 사실은 분명하게 파악할 수 있습니다. 이유를 짐작해보면 아마 세속적 가치관 때문이 아닌가 생각합니다. 어린이들은 힘이 없는 약자이기에 어른들에게 큰 이익이 없을 것이라는 생각입니다. 지금까지 예수님이 계속해서 가르치신 가치관과 그분의 행적을 살펴볼 때, 예수님이 어린이들을 가까이 오지 못하게 하였던 사람들에게 심히 화내는 모습은 자명한 일입니다. 그리고 예수님께서 이렇게 노를 발하신 것은 다음에 지적하는 두 가지 이유 때문입니다.

1. 어린이들에 관한 것입니다.

어린이들의 본성에는 주님께 나아오기 적합한 것이 있습니다. 14절 하반 절에 "천국이 이런 사람의 것이니라."라고 말씀하고 있습니다. 이 말씀은 어린이들의 본성 중 가르치기 쉬운 특징을 말하고 있습니다. 이미 성장한 사람들은 자신들이 많은 것을 알고 있다고 생각합니다. 또한 그들은 마음에서 우러나 배우려고 하지 않습니다. 어린이들이 알고 있는 유일한 것은 그들이 배워야 할 필요가 있다는 것입니다. 우리도 천국에 가려면 어린아이 같이 되어야 하지 않겠습니까? 성도들에게 있어서 예수님을 구주로 믿고 천국에 가는 것이 제일 중요한 일인데, 우리는 그 천국에 가는 중요한 자질을 갖추지 못하고 있는 것은 아닙니까? 특히 목사나, 교회에 다닌 지 오래된 성도들은 배우기를 전혀 고려하지 않고 있는 것 같습니다.

친구 세 사람이 어떤 코치에게 테니스 레슨을 받았습니다. 한 달이 지난 뒤 그 코치가 세 사람을 평가해 주었습니다. 한 사람에게는 '우등생'이라고 했습니다. 이유는 가르치는 대로 잘 따라 하기 때문입니다. 다른 한 사람에게는 '장학생'이라고 했습니다. 이유는 하나를 가르치면 둘을 하기 때문이었습니다. 마지막 한 사람에게는 '불량 학생'이라고 했습니다. 이유는 전에 테니스를 좀 친 사람이었는데 코치가 가르치는 대로 하지 않고 자기 방식대로 하기 때문이었습니다. 자신이 알고 있는 기독교의 작은 지식 때문에 예수님의 가르침을 제대로 받지 못하는 불량 학생들이 우리 가운데 있지는 않습니까? 예배 시간 말씀을 듣는 중에 말씀의 내용에 따라 웃기도 하고 울기도 하는 것은 배우는 학생다운 모습입니다. 우리는 예수님이 가르치기 쉬운 학생, 선생님이 가르치기 기쁜 학생이 되어야 합니다. 그리고 어린이들의 본성에는 '신뢰성'이 있습니다. 어린이들은 아직 그들이 배운 것을 반만 믿는 짓은 하지 못합니다. 즉 배운 대로 신뢰합니다. 선교원에서 기도를 배운 어린이가 집에 가서 밥을 먹을 때 불신자 아버지를 기도시킵니다.

밥을 먹을 때 하나님 아버지께 기도해야 한다고 배웠기에 그것을 의심한 적이 없는 아이는 자기 아버지께 기도해야 한다고 가르쳐 기도하게 만드는 것입니다. 더 나아가 이 말씀은 어린이 세대의 순수함에 관해서 말하고 있습니다. 많은 일에 있어서 그들은 아직 악을 범하지 않았습니다. 그들은 악을 행하는 데 익숙하지 않습니다.

이러한 점들은 어린이를 예수님께로 데려오는 일을 소망스러운 일로 만들고 있습니다. 어린이의 미소를 받고도 아이에게 미소를 보내지 않는 사람들이 얼마나 많습니까? 그들은 예수님의 사랑에 응답하지 않는다고 할 수 있습니다.

2. 예수님 자신에 관한 것입니다.

우리가 살펴볼 수 있는 것은 주로 예수님의 사역과 관계를 가지고 있습니다. 인간적으로 보면 어린이들에게 가장 쉽게 복음을 전할 수 있습니다. 또한 복음을 전한 뒤에 성경 말씀을 가르치기 가장 쉽습니다. 그러나 이러한 점을 떠나서도 예수님이 어린이들을 심히 열망하게 할 그 무엇이 있었을 것입니다. 예를 들어 예수님의 본성적인 거룩함은 어린이들의 순수함에 그분의 눈을 돌리게 하였을 것입니다. 어린이들은 어른들로서는 결코 멀리할 수 없는 많은 악을 멀리할 수 있었을 것입니다. 그러므로 거룩하신 분으로서 주님께 어린이의 이러한 '유쾌한 무능력'이 얼마나 특별한 기쁨을 주었겠습니까? 또한 이 일은 차고 넘치는 예수님의 긍휼과도 관계가 있을 것입니다. 긍휼을 느낄 수 있는 모든 사람들의 눈에는 어린이들의 '보다 깊은 무력함'이 얼마나 애처롭게 보였겠습니까? 우리에게 있어서 때때로 일어나는 분노는 그 자체가 힘이 있다는 증거입니다. 베데스다 연못가의 많은 연약한 사람들 가운데서 예수님은 가장 오랫동안 가장 크게 고통을 당한 사람을 선택하셨습니다(요 5:5-7). 어린이들의 경우에서도 예수님은 비슷한 이유로 그들을 선택하셨을 것입니다.

우리는 우리 자신과 어린이들을 위해서, 그리고 교회를 위해서 어린이들을 사랑합시다. 그들을 위해서 뿐만 아니라 예수님을 위해서 어린이들을 사랑합시다. 그리고 예수님처럼 어린이들에게 축복하고 기도합시다. 복음이 약자에게 전파되는 것은 진정한 복음의 특징 가운데 하나입니다. 우리가 만일 진정한 예수님의 제자가 되고자 한다면, 우리도 어린이처럼 되어야 합니다. 또한 우리 자신들 가운데 예수님의 인자와 긍휼이 있도록 합시다.

영생을 얻는 방법

마 19:16-22

마태는 예수님께 나아온 청년이 재물이 많았다고 말합니다. 누가는 그가 당시의 젊은이에게는 특별한 직책인 관원이었다는 것을 추가하면서 그의 청렴한 관료 생활을 암시하고 있습니다. 마가는 성격을 나타내는 특징을 추가시키고 있는데, 그는 매우 열정적이어서 예수님에게 '달려왔다'라고 했고, 그가 매우 예수님을 존경하였으므로 그의 발아래 '꿇어앉았다'라는 기록을 더하고 있습니다.

1. 청년이 예수님께 한 첫 번째 질문은 선과 악이 각각 포함되어 있습니다(16절).

먹을 것과 치유를 위해서 예수님을 따랐던 무리들처럼 그 자신이나 다른 사람들을 위한 개인적인 유익을 추구해서도 아니고, 예수님이 당국과 얽히게 할 수수께끼로 그를 함정으로 몰아넣으려는 것도 아니며, 호기심으로 인한 신학적 질문을 하려는 것도 아닙니다. 영생을 얻기 위해서 정직하고 진지하게 도움을 구하는 순수한 신앙적인 목적으로 이 청년이 예수님께 나아왔다는 사실을 우리가 주목해야 합니다.

그는 영생을 최고의 복으로 생각하고 있다는 점에서 옳습니다. 사람들이 많은 것을 가졌어도 결국 죽게 되고 죽은 뒤의 일에 자신이 없기 때문입니다. 영생을 얻는 조건들이 도덕적이라고 생각한 점에 있어서도 옳았습니다. 그러나 선에 대한 그의 생각은 피상적이었습니다. 그는 선하게 되는 것보다 선을 행하는 일(τίαγα θòν, 티아가톤)에 대해서 더 많이 생각하였고, 공적 있는 행위에 대한 보상인 바람직한 삶을 더 많이 생각하였습니다. 한마디로 말해서, 그는 공로 주의적인 옛 율법의 관점에 얽매여 있었습니다.

2. 예수님의 첫 마디 말씀은 냉대였습니다(17절).

"너의 질문에는 대답할 필요가 없다. 모든 선한 것의 근원이시고 모형이신 유일하게 선하신 분이 있다. 그러한 까닭에 네가 질문하는 선한 일이란 바로 그분의 뜻에 순종하는 일이다. 너는 네가 무엇을 행해야 할 것인가를 알기 위해서는 내게 나아올 필요조차 없다." 예수님께서는 청년을 자신의 양심이 아니라 율법에 계시된 하나님의 뜻에 이관시켰습니다. 예수님께서는 그가 자기만족의 도취에서 깨어나려면 세상에 얽매인 그의 영혼이 폭로되어야 한다는 것을 아셨기 때문입니다. 본문에서 청년을 향한 예수님의 모든 태도는 그가 진정으로 선한 일을 행하기 전에, 믿음을 인식하도록 하십니다. 청년은 선함을 행위에 붙였으나, 예수님은 선함을 하나님께 붙입니다.

3. 청년의 두 번째 질문은 단 한마디로 많은 것을 말하고 있습니다(18절).

청년의 두 번째 질문은 자신의 첫 번째 질문에 대한 답을 진부한 옛 교훈(계명)으로 돌려보내는 데 대해서 놀라움을 나타내고 있습니다. 그리고 그 계명들이 새롭고 특별한 것으로 해석되어야 한다면 이 질문은 '어떠한 종류의 계명입니까?'로 번역될 수 있습니다. 일상적인 선한 일 이상의 선에 대한 열망은 일상적인 선한 일에 대한 평가에 있어서의 심각한 오류를 보여주고, '선행'과 '영생' 사이의 관계에 대한 중대한 실수를 보여줍니다.

그러므로 예수님께서는 가정의 의무들을 취급하고 있는 십계명의 후반부를 인용하시고, 그것에다 율법의 개요라 할 수 있는 '네 이웃을 네 몸과 같이 사랑하라'는 말씀을 덧붙여서 질문에 답하십니다. 왜 예수님께서 십계명의 전반부를 생략하셨을까요? 아마 예수님께서는 가장 잘 아는 계명들을 말씀하심으로써 질문의 오류를 쉽게 지적할 수 있을 것으로 생각하셨기 때문일 것이며, 이러한 계명과 결부되어 가장 쉽게 행해질 수 있었던 결함을 일깨우기를 바라셨기 때문일 것입니다.

4. "이 모든 것을 내가 지키었나이다."라는 답변, 그것에는 자기만족의 마음보다 훨씬 더 큰 성급한 마음이 있습니다(20절 상).

율법은 이 청년에게서 그 주요한 목적 가운데 한 가지를 성취하지 못하게 하고 있습니다. 다시 말해 율법은 이 청년에게 그의 유죄를 가르치지 못했습니다. 그는 끊임없이 불안하였습니다. 자기 자신이 죄인임을 깨닫는 근본적인 자세보다 무엇을 더 행함으로써 영생을 이루려는 성급함만 더하게 했습니다.

18절처럼 20절 하반 절에서도 'τί, 티'를 사용해서 '무엇이 부족합니까?'라고 예수님께 묻고 있는 것입니다. 그래서 그의 마지막 질문은 내면의 공허함에 대한 분명하고 솔직한 시인입니다. 그 어떤 외면적인 순종으로 이 공허함을 채울 수 없습니다.

5. 거품 같은 야심을 찌르는 예리한 시험을 하십니다(21절).

마가는 우리에게 예수님이 영혼을 감찰하시고 그 영혼을 사랑하는 마음으로 말씀하신 것을 말해줍니다. "네가 온전하고자 할진대"라는 말씀은 무엇인가 부족한 점이 있다는 고백을 주제로 삼아 그것이 무엇인가를 보여주십니다(막 10:21). "네 소유를 팔아 가난한 자들에게 주라."는 말씀은 탐욕을 버리라는 말씀이며, 물질을 그저 모으기만 해서는 안 된다는 것을 깨우치는 말씀입니다. 영생을 얻은 믿음의 사람은 주님과 이웃을 위해 소유를 팔아 나눌 수 있어야 합니다.

청년의 열정은 시험을 받으며 싸늘하게 변합니다. 그는 어떤 실제적인 방법으로 열망하였던 영생에 대한 정확한 가르침을 마음의 고통과 더불어 확실히 볼 수 있게 됩니다. 만일 그가 세상으로 되돌아간다면 전보다 훨씬 더 세상이 자기에게 만족을 줄 수 없다는 것을 느끼고 되돌아갔을 것입니다. 그는 세상을 포기하기에는 너무나 사랑합니다. 그러나 그는 세상만으로는 충분하다고 생각하지는 않습니다.

영생은 전적인 자기만족으로 이기심을 가지고 걸어가서는 얻을 수 없습니다. 지식과 물질, 권력이 목적이 되어버린 삶으로는 영생을 얻을 수 없습니다. 그것들을 수단으로 알고 하나님과 이웃을 위한 목적이 있는 삶을 살아야 합니다. 우리는 예수님을 나의 구주로 믿고, 나의 주님으로 섬기기 위해서, 그리고 이웃을 사랑하기 위하여 다른 모든 것을 내버릴 수 있어야 진정한 주님의 제자가 되며 안식을 발견할 수 있습니다.

부자는 천국에 들어가기가 어렵다?

마 19:23-30

예수님은 부자가 천국에 들어가는 것은 지극히 어렵다고 말씀하십니다(23절). 여러분이 생각할 때도 부자가 천국에 들어가는 것이 어렵다고 여깁니까? 그렇다면 가난한 사람은 천국에 들어가기가 쉽습니까? 여러분은 천국에 들어가기 어려운 부자입니까? 아니면 천국에 들어가기 쉬운 가난한 자입니까?

1. 부자가 되어 일단 부의 달콤함과 힘을 맛본 사람은 그것을 지나치게 신뢰하고 싶어 합니다.

재물이 많은 청년이 그랬던 것처럼 부의 힘을 그 어떤 것도 대신할 수 없는 것처럼 생각하게 됩니다. 그래서 부자가 천국에 들어가는 것이 매우 어려운 것입니다. 이러한 경우에 그가 마음속에 재물에 대한 사랑을 억제하는 것은 불가능하게 됩니다. 예수님은 그것을 "낙타가 바늘귀로 들어가는 것이 부자가 천국에 들어가는 것보다 쉽다."라고 예를 들어 말씀하십니다(24절). 당시 팔레스타인에서 낙타는 가장 큰 동물이며 바늘귀는 가장 작은 구멍이기에 이것은 전혀 불가능한 일을 묘사하는 말씀입니다. 혹시라도 말이나 소는 덩치는 커도 어쩌면 미끈하니 바늘귀로 들어갈 수 있을지모르지만, 등이 울퉁불퉁한 낙타가 바늘귀로 들어가는 것은 정말불가능하지 않겠습니까? 사람이 정말로 '나의 전부'라고 믿고 있는 것을 어떻게 포기할 수 있겠습니까? 어떤 사람이 지금 물질적으로 가난하다고 하더라도 '돈이 나의 전부'이니까 어떻든 돈을벌어야겠다고 생각한다면 그 역시 천국에 들어가기가 어려울 것입니다. 부자든 가난뱅이든 재물이 우리의 눈을 가리게 되면 천국에 들어갈 수 없습니다. 물질은 하나님을 섬기는 도구임을 알아야합니다. 이러한 하나님 나라의 가치관을 소유하는 것이 복입니다.

2. 제자들은 예수님의 말씀을 듣고 놀라게 되었고, "그렇다면 누가 구원을 얻을 수 있으리이까?"라고 예수님께 질문합니다 (25절).

부에 대한 유대인들의 통념을 가지고 있던 제자들은 놀랍니다. 그들은 부자가 하나님의 은혜와 복을 받아서 되는 것으로 믿었습니다(신 28:1-14). 당시 제자들은 돈이 많은 부자들이 아니었습니다. 그렇다면 이 질문은 모든 인간은 다 '세상(물질, 돈)을 사랑하는 같은 죄'를 가지고 있다는 사실을 시인하는 질문이기도 합니다. 예수님은 "사람으로는 할 수 없으나 하나님으로서는 다 하실수 있다."라고 답변하십니다(26절). 오직 하나님만이 인간의 비틀거리는 발걸음을 생의 올바른 길로 옮겨가게 하실 수 있습니다.

그때 베드로가 정답을 얘기합니다. "우리가 모든 것을 버리고 주를 따랐는데 그런즉 우리가 무엇을 얻겠습니까?"(27절) 자기들은 세상을 사랑하는 탐심을 극복했다고 말합니다. 예수님은 베드로를 중심으로 한 제자들의 결심을 확고하게 해 주기 위해서 '아멘'을 넣어서 답변하십니다. "내가 진실로 너희에게 이르노니"(Ἀμὴν λέγω ὑμῖν, 아멘 레고 휘민). 종말에는 모든 것이 이러한 사람들의 것이라고 확신시켜 주십니다. 이 세상의 모든 상황이 바뀔 때가 다가옵니다. 그때가 되면 예수님은 영광의 보좌에 앉으실 것이고, 진정으로 그를 따랐던 모든 사람들은 동일하게 그들의 몫을 나누어 받을 것입니다(28절). 또 한편으로 그때 예수님께서는 그들에게 가장 놀라운 방법으로 모든 것이 그들의 진정한 소유가 될 것이고, 예수 그리스도를 위해 그들이 이 세상에서 잃어버린 모든 것이 '여러 배'나 더 채워진다고 확신시키며, 무엇보다 영생을 상속한다고 하십니다(29절). 현세에서 충분한 복을 받고, 내세에서 영생을 상속할 것이라는 뜻입니다. 영생은 우리가 예수님과 함께하는 정말 복된 상태를 말합니다. 그러므로 예수님께서 세상의 부와 재물의 유혹을 이기라고 하시는 것은, 즉 이러한 모든 것을 메워 줄 유익을 위해 일하라고 하시는 것은 바로 복된 영생과 상속이 있기 때문입니다.

3. '내 이름을 위하여 무엇을 버린 자'(29절)라고 하신 예수님의 말씀을 다시 한번 생각해 봅시다.

우리가 무슨 일을 할 때 정말 예수님의 이름을 위해서 하고 있는지요? 우리가 자주 잊어버리는 주제가 아닌가요? 일을 하다 보면 내 이름을 위하여 할 때가 너무 많음을 보게 됩니다. '집이나 형제를 버린다.'라는 것은 집의 소유권을 찢고 형제와 의절하는 것을 의미하지 않습니다. 그것은 우리가 소유한 것들과 사랑하는 사람들에 대한 '내적인 포기'를 말합니다. 그것은 집, 땅, 은행 잔고 등 모든 것을 정직하게 두 번째 자리에 두고, 예수 그리스도를 첫 번째 자리에 놓는 것을 말합니다. 내적인 포기가 있을 때 우리는 정직하게 '내가 소유하였다'라고 말할 수 있는 모든 것을 버릴 수 있습니다. 어머니의 애정, 아버지의 관심, 자식에 대한 사랑 등 이러한 모든 것도 예수님의 사랑에 철저히 복속되어야 합니다. '내가 소유하였다'라고 하면 나도 천국에 가지 못하는 일이 일어나고, 다른 사람들을 그것으로 유익하게 해 주지도 못하는 안타까운 삶을 살게 됩니다. 그러나 내게 주신 귀한 것들을 주님이 주신 것으로 알고 하나님과 이웃을 위해 사용하면 오히려 '여러 배'나 받게 됩니다. 주님을 가장 사랑하며 이웃을 위해 베풀며 삽시다.

현재의 일시적인 것에 대해 너무 지나친 생각을 하지 말고 미래의 영원한 것을 더욱 많이 생각하십시오. 세상적인 부에 속지 않도록 우리의 눈을 진실한 것에 고정합시다. 하늘 위의 것들에 우리의 마음이 기울어져야 합니다. 그 밖에 어떠한 것도 확실하지 않습니다. 그 밖에 어떠한 것도 안전하지 않으며, 그 어떠한 것도 진정한 의미에서 유익한 것이 아닙니다. 부하든 가난하든 '자족의 비결'을 배운 사도 바울의 물질관(빌 4:12)을 가져야 합니다. 핵심은 천국에 대한 우리의 가치관과 믿음입니다.

먼저 된 자가 되려고 하지 맙시다

마 19:28-30

　최후 심판에 관한 이 말씀을 명심합시다. 왜냐하면 이 세상의 이성적 심판에서도 먼저 된 많은 것들이 나중 되고, 나중 된 많은 것들이 먼저 됩니다. 세계역사에서도 그렇습니다. 하나님께 선택받아 큰 은혜를 입었던 유대인들이 하나님의 말씀에 순종하지 않아서 버림을 받게 되었고 많은 세월을 유리방황했습니다. 지중해 연안의 국가들을 보십시오. 스페인, 이탈리아, 그리스, 터키 같은 나라들은 일조량이 너무 좋아 과일 생산이 얼마나 풍성한지 모릅니다. 옛날에 그 나라들은 열 사람 가운데 한 사람만 일해도 열 사람이 다 먹고살았습니다. 그래서 그중에 세 사람은 글 쓰고, 또 다른 세 사람은 건물을 짓고, 또 다른 세 사람은 전쟁을 했습니다. 그때 우리나라는 열 사람이 일해도 한 사람이 먹고살기가 힘들었습니다. 그런데 지금은 어떻습니까? 지중해 연안의 그 나라들이 우리나라를 부러워합니다. 현재의 부자가 하나님 나라에서는 부자가 아닐 수도 있습니다.

1. 신앙적으로 불리한 처지에 있던 사람들이 종종 앞장서는 경우도 있습니다.

저 같은 경우도 그런 하나님의 은혜를 받았습니다. 중고등부 시절에 가족이 아무도 믿지 않는 상황에서 혼자 교회에 나와 신앙생활 하는 것은 정말 힘들었습니다. 그때 목사님, 장로님 가정의 자녀들이 얼마나 부러웠는지 모릅니다. 지금도 목사 장로 집사와 같은 직분자 가정에서 자녀들이 신앙생활 하는 것이 얼마나 좋습니까? 엄마 아빠가 교회 가라고 차도 태워주고, 헌금도 챙겨주고, 모든 면에서 얼마나 도움을 줍니까? 먼저 된 자가 나중 될 수 있으니 믿는 집 자녀들은 더욱 신앙적으로 깨어있어야 하겠습니다. 또한 악한 자가 훌륭한 사람이 되고, 반면에 착한 사람이 종종 조금도 성숙하지 못하는 경우가 있습니다. 아내들이여, 성격이 고약한 남편을 만났다고 너무 불평하지 마십시오. 그런 남편이 하나님의 은혜로 놀랍게 변화되기도 합니다. 아내들이여, 자기 남편이 착하다고 방심하지 마십시오. 그러한 남편이 세월이 가도 늘 그 정도로 착하기만 할지도 모릅니다.

2. 우리는 본문의 최고의 실례로 〈최후의 심판〉을 들 수 있습니다.

최후의 심판은 많은 경우에 있어서 인간의 심판과는 반대일 것입니다. 왜냐하면 그 규범의 차이 때문이고, 심판 방법의 차이 때문입니다. 하나님이 우리에게 주신 규범들을 자세히 살피고 깨닫고 그대로 실천해야 하지만 많은 그리스도인들이 세상의 가치관과 판단으로 하나님의 규범을 해석하고 실천할 때가 많습니다. '물질만능주의'와 '성공주의'에 우리 그리스도인들도 휩쓸려서 하나님의 뜻을 제대로 깨닫지 못하고 세상 신앙을 가지고 주의 일을 한답시고 나설 때도 있습니다. 그래서 예수님은 "나더러 주여 주여 하는 자마다 다 천국에 들어갈 것이 아니요 다만 하늘에 계신 내 아버지의 뜻대로 행하는 자라야 들어가리라"(마 7:21)라고 하셨습니다.

이러한 최후의 심판을 생각하면 우리는 현재의 불공평과 불의 가운데서도 인내할 수 있습니다. 지금은 나중 된 자처럼 보일지 몰라도 나중에는 먼저 된 자가 될 것이기 때문입니다. 문제는 우리가 '하나님의 뜻대로 바르게 살고 있느냐' 하는 것입니다. 하나님의 뜻대로 바르게 행하고 있다면 혹 우리가 불공평함 가운데 있더라도 인내하면 됩니다. 아니 인내하십시오. 하나님이 갚아 주실 것입니다. 또 최후 심판을 생각하면 우리가 얼마나 철저하게 진실해야 하겠습니까? 눈앞의 이익만 추구하면서 아무렇게나 행할 수 있는 문제가 아닙니다. 결국 하나님의 심판대에 설 것인데 우리가 어떻게 살아야겠습니까? 예수 그리스도를 통해서 이러한 엄격하고 의로운 심판을 준비합시다. 그분의 말씀에 늘 귀를 기울입시다. 그런 의미에서 예수님의 행적과 말씀이 기록되어 있는 마태복음은 매우 중요합니다. 그분과 동행하며 그분이 말씀하신 정신으로, 또한 그분처럼 살려고 합시다. 그렇지 않고는 그 심판을 감당하기가 어려울 것입니다.

3. 우리는 모든 일에 먼저 된 자가 되려고 하지 않는가를 주의합시다.

무엇을 얻으려는 탐욕이 동기가 되어서 예수님을 따라서는 안 되며, 야심과 시기, 질투를 가지고 주님의 제자의 길을 가서도 안 됩니다. 먼저 된 자가 되려고 하지 말고 하나님의 뜻대로 선하게 되고, 선한 일을 행하려는 열망에 빠지는 자가 됩시다. 예수님의 사랑에 빠져 그 사랑에 감동되어 살아갑시다. "그리스도의 사랑이 우리를 강권하시는도다"(고후 5:14). 먼저 되려는 욕망을 잊어버린 자가 분명히 먼저 될 것입니다. 물론 1등 하지 말라는 말이 아닙니다. 앞장서지 말라는 것이 아닙니다. 29절 말씀이 우리의 소중한 것들을 쓰레기통에 버리라는 것이 아닌 것처럼 말입니다.

이 진리는 '주제넘음을 억제'하라고 종용합니다. 지금 자신이 으뜸이라고 생각하는 사람들은 교만하지 마십시오. 먼저 된 자가 나중 될 수도 있습니다. 이 진리는 '절망을 예방'할 수 있습니다. 마지막 자리에 있다고 생각되는 사람들은 인내하십시오. 나중 된 자가 먼저 될 자가 많습니다. 오늘 주어진 상황에서 최선을 다하십시오. 모든 일을 주께 하듯이 하십시오, 주님이 말씀하시고 행하신 대로 살려고 힘써 행하십시오. 하나님께서 우리를 먼저 된 자로 세우실 것입니다.

천국은 은총의 왕국

마 20:1-16

하루가 시작될 때에 포도원 주인과 고용된 일꾼들 사이에 이루어진 협정이 있었습니다. 이러한 협정은 공식적이고, 법적이고, 정확한 것이었습니다. 일꾼들은 그들의 편에서 볼 때 오래 일해야 했습니다. 주인은 주인대로 많은 품삯을 주어야 했습니다. 또한 각 경우에 시간과 품삯의 양은 구체화되었습니다(2절). 주인과 일꾼 모두에게 그것은 무엇보다 분명하고 구속력이 있었습니다.

시차를 두고 고용된 일꾼들과 주인 사이에 이루어진 협정들이 있었습니다. 이러한 협정들은 내용상으로 모두 비슷한 것들이었습니다. 그 주인이 제3시(오전 9시)에 온 노동자들과 한 고용계약이 제6시(오후 12시)와 제9시(오후 3시)시에 고용된 노동자들에게도 동일합니다(5절). 제11시에 고용한 노동자들에 관해서도 많은 것이 암시되고 있습니다. 이러한 순차적인 협정들은 내용상 가장 먼저 고용된 일꾼들과 이루어진 계약과 비슷한 것이었습니다.

실제로 오전 9시에 고용된 일꾼들에게 약속되었던 임금이 일상적인 하루 일을 위한 임금이었습니다(한 데나리온). 바꾸어 말하면, 그 품삯은 '정당한' 것이었습니다. 이것은 그 이후 임금계약과 같은 수준이었습니다. 따라서 최초의 계약과 그 이후 계약들 사이의 큰 차이는(유일한 차이는 아니라 할지라도) 표현의 문제입니다. 처음 분명하게 계약된 것은 다른 경우에서도 동일한 효력을 지니는 것입니다.

유대인들은 레위기 19장 13절과 신명기 24장 15절에 따라 일꾼들의 품삯을 당일에 계산해 주었습니다. 가난한 자들의 생존을 위한 따뜻한 배려였습니다. 그런데 일을 마친 후 품삯을 줄 때 큰일이 일어났습니다. 마지막으로 부름을 받고 먼저 품삯을 받은 자들 때문에 촉발되었습니다. 오늘날 자본주의 사회 상식을 따르자면 한 시간을 일한 사람은 정해진 한 데나리온의 12분의 1을 받는 것이 마땅합니다. 맨 먼저 노동계약을 한 자들을 제외하고는 노동 시간에 따라 임금이 차등 지급되어야 합니다. 맨 처음 계약자를 제외한 나머지 노동자들은 그들이 실제로 일한 것 이상을 받은 것입니다. 오전 9시에 노동을 시작한 일꾼들이 불평했던 것은 대단히 주목할 만한 것처럼 보이지만, 알고 보면 그것은 주인의 불공정한 임금 지급이 아니라 후한 임금 지급 때문입니다. 만약 이들이 주인의 관대함을 칭송했더라면 어땠을까요? 주인이 어려운 노동자들을 도와주는 좋은 기업인이라고 존경을 표시했더라면 어땠을까요? 이 사람들은 다음날에도 일할 곳을 찾을 수 있는 능력과 가능성을 가진 사람들입니다. 하지만 늦게 온 사람들은 능력이 모자라는 일꾼들이라 다음날 노동이 보장되어 있지 않았습니다. 실제로 그들은 주인의 정의로운 행동을 불평할 수 없습니다. 주인은 누구에게도 부당한 일을 전혀 하지 않았기 때문입니다(13절). 그들이 불평했던 것은 적게 일한 일꾼들에게 당연히 받아야 할 임금보다 더 많이 지급했다는 것이었습니다(12절).

우리는 주인의 임금 지급방식에 대하여 불평했던 자들에게 주인이 대답했던 것을 들어봅시다. '내 사업방식이 네게 해가 되는 것은 아무것도 없다. 내가 이 마지막 일꾼에게 더 많은 품삯을 준다고 해서 너희에게 덜 주는 것은 아니다'(14절). '내가 내 것을 가지고 그에게 후하게 준다고 해서 아무도 불평할 수는 없다'(15절). '오히려 나는 분명히 선한 원리에 따라서, 즉 어쨌든 일한 것보다 더 많이 주는 원리에 따라서 행동하고 있다. 여기에 불의는 없으며 오히려 관대함이 있다.' '왜 내가 다른 사람들에게 자비를 베푸는데 너는 불평하느냐?'

주인의 임금 지급 방식이 얼마나 혁명적입니까(16절)? 세상에 많은 혁명들이 일어났지만 이러한 혁명이야말로 진정한 혁명 아니겠습니까? 많은 사람들에게 희망을 주는 일입니다. 또한 그 일 처리가 일으킨 불평은 얼마나 부당한 것이었습니까? 예수님이 마태의 집에서 음식을 잡수실 때 세리와 죄인들이 함께 음식을 먹었습니다. 바리새인들이 그것을 두고 얼마나 불평을 했습니까? 그리고 주인의 일처리가 정당화되는 원리는 얼마나 복된 것입니까? "일하는 자에게는 그 삯이 은혜로 여겨지지 아니하고 보수로 여겨지거니와 일을 아니할지라도 경건하지 아니한 자를 의롭다 하시는 이를 믿는 자에게는 그의 믿음을 의로 여기시나니"(롬 4:4, 5). 이러한 것들은 예수님의 '포도원 비유'에서 나타나는 요점들인데, 하나님 앞에서 자신의 참된 상태를 아는 모든 자들에게 귀중한 교훈입니다.

이 비유를 풀어봅시다. 제일 먼저 온 일꾼들은 '유대인들'을 가리킵니다. 예수님은 그들이 가지고 있는 선민사상, 기득권 사고, 공로주의, 보상주의 등을 비판하십니다. 유대인들은 하나님이 어떤 분이신지에 대한 것보다는 자신들이 어떤 사람이냐에 더 많은 관심을 가지고 있었습니다. 그들은 하나님의 무한하신 사랑과 절대주권을 인식하지 못했습니다. 이에 예수님은 구원이 인간의 공로에서 나온 것이 아니라 하나님의 절대주권과 은혜에서 나온다는 사실을 가르치십니다.

우리 같은 죄인들에게 하나님의 이러한 혁명적인 관대함은 정말 은혜(사랑으로 끼치는 신세)입니다. 1절에 뭐라고 말씀합니까? 중간 설명을 빼면 '천국은 주인과 같다.'라는 말씀입니다. 이것은 '하나님은 천국이다.'라는 말씀입니다. 그렇습니다. 우리가 천국에 들어가는 것은 하나님의 관대함이 아니면 안 되는 것입니다. 1절에 번역되지 않은 'γάρ, 가르'(for)는 앞장에 나온 하나님의 절대주권에 대한 또 다른 예증을 연결하는 접속사입니다. 〈Living Bible〉은 1절 본문을 "여기에 또 다른 천국의 예증이 있다"(Here is another illustration of the Kingdom of Heaven)로 번역하였습니다. 그래서 천국은 보상주의와 공로주의가 아닌 절대자가 베푸는 은총(높은 이로부터 받는 특별한 사랑)의 왕국입니다. 이 은총의 왕국에 들어간 우리가 그 왕국의 자녀들답게 이웃들에게 하나님처럼 관대함을 베풉시다. 하나님의 무한한 관대함을 입은 우리가 마땅히 할 일입니다.

제자들의 생각과 예수님의 생각

마 20:17-28

〈워싱턴 한국전쟁 참전용사 기념관〉(Korean War Veterans Memorial)에 가면 "자유는 공짜가 아니다"(FREEDOM IS NOT FREE)라고 새겨진 문구가 있습니다. 많은 이들의 희생 위에 현재의 우리나라가 있는 것입니다. 그리고 남침한 그들을 용서는 하되 잊지는 말아야 합니다. 지난 2008년 6월 24일 코엑스에서 한국전쟁의 영웅인 백선엽 장군의 강연이 있었습니다. 그는 "지금 청소년들이 6·25전쟁이 어떻게 일어나서 오늘에 이르렀는지 잘 모르는데, 학교에서 입시교육만 하지 말고 우리역사를 제대로 가르쳐야 한다."고 강조했습니다. 한국전쟁을 겪은 세대와 겪지 않은 세대와의 생각의 차이가 클 것입니다. 그것을 백 장군은 우려하고 있었던 것입니다. 아직도 우리나라의 상황은 '종전이 아닌 정전상태'입니다.

본문에서 우리는 제자들의 생각과 예수님의 생각이 다른 것을 알 수 있습니다. 먼저 제자들은 당시 예수님의 말씀을 얼마나 오해했는지 모릅니다. 이전에 주님은 자신이 고난을 받고 죽어야 할 것을 말씀하기 시작했습니다(마 16:21). 제자들이 산에서 내려

왔을 때 예수님은 제자들에게 이 경고를 되풀이하셨습니다(마 17:12). 다시 갈릴리에서 주님은 십자가 고난이 배신에 의해 일어날 것을 증거하며 애정 있게 덧붙여 말씀하셨습니다. 17절의 "올라가려 하실 때에"($\dot{\alpha}\nu\alpha\beta\alpha\acute{\iota}\nu\omega\nu$, 아나바이논)는 현재분사형으로 "제자들을 데리시고"와 시간적으로 일치하기 때문에 "올라가고 있을 때에"라고 번역함이 옳습니다. 즉 예수님께서는 예루살렘을 향하여 올라가시는 길에서 수난을 예고하신 것입니다. 그리고 이제 예수님은 앞서 예언한 바와 같이 자신이 이방인들의 손에 의해 수치스러운 고난을 당해야 할 것을 제자들이 더 잘 알게 하려 하십니다(18, 19절).

그럼에도 불구하고 최소한 그들 가운데 두 사람(세베대의 아들 야고보와 요한), 모든 사람들 가운데 지도자의 자격을 갖추었다고 스스로 자신한 두 사람은 예수님 말씀의 정확한 의미를 정말 오해하고 있었습니다(21절). 예수님의 말씀을 한마디로 하면 "나는 악당으로 죽임을 당하려 한다."라고 할 수 있습니다. 두 사람은 주님을 이스라엘의 왕으로 생각했습니다. 하지만 예수님은 십자가의 수치를 이야기합니다. 그들은 왕이신 주님의 영광에 참여하기를 원했습니다. 분명히 그들의 귀에는 주님의 말이 근거 없는 이야기로 들렸을 것입니다. 다른 제자들의 생각도 예수님의 정신에서 얼마나 멀리 떨어져 있었는지 모릅니다. 열 제자들은 두 사람의 행태를 듣고 크게 분노했습니다(24절). 그들이 예루살렘으로 올라가고 있을 때 세베대의 아들들이 어머니를 앞세워서 다른 제자들 모르게 '인사 청탁'을 했다는 사실이 분했을 것입니다. 그들은 또한 분명히 자기들도 높은 자리에 마음을 두고 있었기에 화가 났던 것입니다. 예수님께서 제자들을 향해 세상의 권력욕과 관련해 간절한 마음으로 경고하시는 것을 보면 그들 모두 명예욕에 불타올랐던 것이 틀림없습니다.

예수님이 제자들에게 주는 두 가지 경고를 오늘 우리도 명심해야 합니다. 예수님은 제자들에게 이방인들과 같이 되지 말라고 하십니다. 이방인에게는 다른 사람에 대한 지배욕이나 권위가 특별한 욕망의 대상이 됩니다(25절). 우리는 주님을 나의 왕으로 모시며 겸손하게 타인을 향한 지도력을 발휘해야 합니다. 예수님은 그들에게 오히려 자신과 같이 되라고 하십니다. 주님의 큰 야망은 자신의 목숨을 희생하면서까지 다른 사람들을 섬기는 것이라고 합니다(26-28절). 따라서 그들과 예수님 사이의 대조는 놀라울 정도로 현저합니다. 섬김을 원하는 것은 주님입니다. 지배하기를 욕망하는 것은 제자들입니다. 바꾸어 말하면 주님이 원하는 것으로부터 가장 먼 것이 제자들에게 가장 가까운 것이었습니다. 우리는 무엇을 욕망하고 있습니까? 어떤 것에 가까이 있습니까?

예수님의 생각은 십자가 고난으로 가득 차 있었습니다. 다윗이 하나님으로 가득 차 있었던 것과 같습니다(시 57편). 주님의 생각을 살피며 우리의 생각은 무엇으로 가득 차 있는지 돌아봅시다. 예수님은 십자가의 '엄청난 모욕'에 대한 생각으로 가득 차 있었습니다. 자기 백성들에게 정죄를 당하고, 그들에 의해 이방인들(빌라도와 로마군인들)에게 넘겨지고, 가장 악한 강도로 취급될 것입니다(18, 19절).) 십자가의 '형언할 수 없는 고통'에 대한 생각이었습니다. "나의 마시려는 잔을 너희가 마실 수 있느냐?"(22절) 그 물음에는 얼마나 많은 의미가 함축되어 있는지 모릅니다. 그 잔을 온전하게 마시는 것은 인간 본성이 견딜 수 있는 이상의 어떤 것이었습니다. 결국 하나님의 능력으로 나중에 야고보와 요한도 그 잔을 마십니다. 십자가의 '놀라운 능력'을 생각하고 있었습니다. 그것은 다시 살아남으로 이어질 것입니다(19절). 십자가와 부활은 인류를 섬기기 위한 것이었습니다. 그것은 많은 사람들의 대속을 위한 것이었습니다(28절). 많은 사람을 섬기며 대속한다는 것은 오로지 신적인 능력입니다. 우리가 이웃을 섬길 때 하나님의 능력이 내게 임함을 느끼게 될 것입니다. 우리는 어떤 능력을 사모하고 있으며, 그 능력을 잘 발휘하고 있습니까?

우리의 생각과 예수님의 생각이 일치하도록 노력합시다. 예수님이 가지신 하나님 나라의 가치관이 우리의 가치관이 되도록 합시다. 우리는 자주 우리의 생각에 예수님을 맞추려고 할 때가 많습니다. 오히려 예수님의 생각이 무엇인가를 늘 묵상하며 찾아야 합니다. 그래서 우리도 섬기는 자가 되어 예수님처럼 많은 사람들을 구원하고 유익하게 하는 능력자가 됩시다.

맹인 두 사람의 기도

마 20:29-34

강영우 박사는 〈도전과 기회 3C 혁명〉이라는 책에서 세 가지를 말하고 있습니다. 첫째, 배운 것이 별로 없다고 열등감, 좌절감, 패배감에 사로잡혀 있습니까? 그것은 배움을 향한 열정과 발견에 대한 지적 흥분을 강렬하게 느끼게 하여 실력(Competence, 능력·적성)을 쌓는 데 필요한 자산이 됩니다. 둘째, 고난과 역경 속에서 하나님을 원망하고 환경을 탓하며 낙심하고 있습니까? 그것은 인격(Character)을 형성하는 데 필요한 소중한 자양분이 됩니다. 셋째, 죄악으로 가득 찬 세상을 어둡다고 불평하며 다른 사람들을 손가락질하고 있지는 않습니까? 그대가 바로 헌신(Commitment, 위임·전념)의 자세로 섬기는 지도력을 발휘하여 이 땅에 천국이 이루어지게 할 때입니다. 오늘 본문의 시각 장애인 두 사람은 강 박사의 책을 마치 읽은 것처럼 자기들의 상황에 굴하지 않고 도전 정신으로 예수님께 기도해 눈을 뜨게 됩니다.

그들이 여리고 성 근처 길가에 앉아 있을 때 크게 그들의 주목을 끄는 소리를 듣습니다. 그들은 그곳에 앉아서 많은 사람들이 이야기하는 음성을 들었고, 많은 사람들이 지나가는 발소리를 들었습니다. 어리둥절한 그들은 행인 한 사람을 붙잡고 무슨 일이냐고 묻습니다. 그들이 사태를 파악했을 때 그들은 당연히 더욱 흥분하였습니다. 분명히 그들은 이전에 나사렛의 예수님에 관한 소문을 들었을 것입니다. 자비가 충만한 그분의 성품, 권능이 충만한 그분의 위대함과 그분이 다윗의 자손이라는 소문들 말입니다. 그들은 또한 들은 것을 분명히 믿었을 것입니다. 그들의 경우에 믿음은 들음에서 났습니다(롬 10:17).

풍문으로 듣던 자비를 자신들에게도 베풀어 주실 것을 기대하며 예수님께 호소했습니다. 그들이 들었던 권능을 베풀어 달라고 간청하였습니다(30절). "불쌍히 여기소서!"(Ἐλέησον, 엘레이손)는 명령법 과거인데, 맹인들이 구걸하는 자신들의 현재라는 삶의 자리에 앉아 있을 때(καθήμενοι, 카테메노이, 현재분사 : 현재분사는 주동사와 같은 시간에 일어난 동작을 나타낸다) 치유의 기회가 그들에게 왔음을 보여주는 것입니다. 비록 맹인이라는 소외되고 버려진 상태로 살고 있었지만, 그리스도께서 오셨다는 복음은 그들의 귀에도 들렸고 맹인들은 이 절호의 기회를 놓치지 않았습니다. 그리고 그분에게 붙여진 칭호를 소리쳐 불렀습니다. "다윗의 자손이여 하는지라"(30절). "다윗의 자손"은 메시아적 칭호입니다. 유대인들은 메시아가 질병을 치료하는 초월적인 능력을 가진 존재라고 생각했는데, 맹인들은 치료의 능력을 기대하면서 예수님을 그렇게 부른 것입니다. 무엇을 기도할 것인가는 그다음에 배울 수 있을 것입니다. 그러나 맹인들로부터 우리의 기도를 들으시는 분에 대한 믿음은 배울 수 있습니다. 우리는 모든 방면에서 그들의 기도가 믿음으로부터 나왔음을 알 수 있습니다(히 11:6). 그리스도가 들어 주실 것을 확신하지 않고 어떻게 기도할 수 있습니까? 따라서 상황이 어떠하든 우리가 서 있는 자리에서 믿음으로 구하는 것이 기도의 핵심이요, 기도의 뿌리입니다.

기도는 시냇물과 같습니다. 시냇물이 흘러가는 곳마다 장애물들이 있기 마련입니다. 하지만 장애물은 시내의 흐름을 잠시 동안만 방해할 수 있을 뿐입니다. 뒤에서 흘러오는 지속적인 물결은 계속 물을 앞으로 나아가도록 압박합니다. 실제로 냇물의 흐름을 가로막는 장애물이 크면 클수록 뒤에 고이는 물의 양은 더 커지게 됩니다. 참된 믿음에 근원을 둔 기도가 바로 이와 같습니다. '믿음으로 드리는 기도'라는 단순한 사실 때문에 그 앞에 장애물들이 있게 됩니다. 기도의 여정에 장애물과 도전이 없다면 인내하는 믿음이 필요 없겠지요. 그러나 장애물과 도전은 결국 참된 기도의 흐름을 막을 수 없습니다. 장애물은 기도자의 마음에 기도가 더 필요하다는 의식, 그 도전을 이기는 유일한 길은 기도 가운데 인내하는 것이라는 깊은 확신을 일깨워 줄 뿐입니다.

많은 사람들이 맹인들의 간구를 중지시키려고 그들을 윽박질렀습니다. 맹인들이 예수님을 부르는 것도 꾸짖었습니다. 무리는 예수님이 예루살렘에 들어가서 더 중요한 일을 하실 것이기에 맹인들에게 잠잠하라고 꾸짖는 것입니다. 그러나 그것도 맹인들을 막지는 못했습니다. 맹인들은 이전보다 더 열심히 간청했습니다(31절). 우리는 여기서 기도가 무엇인가를 또 보게 됩니다. 그들은 자신들의 구원자가 누구인가를 알고 있었습니다. 그들의 도움, 그들의 희망, 그들의 유일한 치료자가 어디에 있는지를 알았습니다.

그래서 힘써 부르짖었습니다. 이들 기도의 추진력은 그들을 가로막는 어떤 장애물들보다 강력했습니다.

성공적인 기도를 위해 구체적인 기도 목표를 갖는 것은 확신과 인내와 마찬가지로 기도의 핵심입니다. 만일 우리가 소망을 이루려면 구체적인 필요가 있어야 하고 그것에 대한 구체적인 추진이 있어야 합니다. 우리가 본문에서 이야기하고자 하는 마지막 사항에서 이것이 강하게 드러납니다. 맹인들의 결사적인 간청 안에는 그들이 원하는 것이 무엇인지 선명하게 나타납니다. 그러나 이 모든 것에도 불구하고 예수님께서 그들의 간구를 허락하시기에 앞서서 그들은 소원을 말로 표현해야 했습니다(32, 33절, "주여, 우리의 눈 뜨기를 원하나이다!"). 마침내 즉시 그들의 소원이 이루어졌습니다(34절). 그들은 믿음에 인내를 더하여 간구했습니다. 그들은 인내에 구체성을 더하였습니다. 그들은 문제 해결의 문을 여는 올바른 열쇠를 찾은 사람과 같습니다.

우리가 개인적으로 예수님의 손에서 얻기 원하는 것은 무엇입니까? 우리는 그분이 우리의 간구를 기꺼이 허락하시리라고 생각합니까? 우리는 그것을 오랫동안, 성실하게, 어려움들이 있더라도 헤치고 간구하였습니까? 우리는 우리의 원하는 기도 제목을 구체적이고 분명한 모습으로 구하였습니까? 오늘 맹인들의 기도를 본받을 때 우리는 지연을 즉시로, 방해를 도움으로, 절망을 희망으로, 어두움을 빛으로 변하게 하시는 사랑의 주님을 만나게 될 것입니다. 우리의 모든 기도 제목들을 담대하게, 그리고 끈질기게 주님께 구합시다.

예수님과 그 나라

마 21:1-11

농림수산식품부의 몇 년 전 통계에서 그해 귀농한 사람이 2,218명이라고 발표했습니다. 도시의 삶을 정리하고 시골로 농사 지으러 가는 사람들이 제법 있는 모양입니다. 전북 진안군 동향면 학선리의 새울터 마을에는 28가구 100여 명이 서울, 인천, 대전 등 도시에서 옮겨와 살고 있습니다. 대부분 기업체 임직원, 교사, 대기업의 연구원, 사업가 출신입니다. 백창혁 씨는 서울대 영문과를 나와 증권사에서 잘 나가던 간부였습니다. 백씨는 "늘 쫓기듯이 도시 생활을 하면서 그곳에서는 영혼의 목마름을 채울 수 없다는 생각을 해 왔다. 쉰 살 이후 인생의 후반전은 심신을 풀어놓고 평화롭게 살고파 농촌으로 들어왔다."고 말했습니다.

재미 화가 김원숙 씨와 그의 남편 토마스 클레멘트는 남편의 의료기 회사를 정리한 수익금 1,200만 달러(143억 원)를 미국 일리노이 주립대(ISU)에 기부했습니다. 학교는 예술대학 이름을 〈김원숙 칼리지〉(Kim Won Sook College of Fine Art)로 바꾸었습니다. 그들은 돈도 명예도 나누면 커진다는 생각과 미국에서 한국의 이미지를 높이기 위해 기부했다고 말합니다. 평범한 사람들은 아닙니다.

예루살렘에 입성하시는 예수님의 모습은 결코 평범하지 않고 비범합니다. 입성 준비를 위한 예수님의 지시는 구체적이고, 우연성을 생각하게 하지만 전체적으로 범상치 않습니다. 로마의 군인들이 구레네 시몬에게 억지로 십자가를 지고 가게 하였듯이, 예수님도 그렇게 하셨습니다. "주가 쓰시겠다 하라"(3절). 예수님이 타실 동물을 선택함에서도 같은 조치를 내리셨습니다. 왕이 수도에 입성하면서 어린 나귀 새끼를 탄 사례는 전무후무합니다. 마태는 그 사용된 동물에 어미가 딸려 있었다는 것을 주목하고 있습니다 (2, 7절). 어린 나귀 새끼는 아무도 태워 본 적이 없었지만, 어미 나귀와 함께함으로 예수님을 태우고 많은 사람들 사이를 지나갈 때 놀라지 않았을 것입니다. 나귀는 지금 입성 장소 및 의식과 관련해 아무런 예약도 없었으며, 다만 '평화의 왕'이 사용할 것이었습니다. 말과 마차는 전쟁을 암시하지만, 나귀는 평화의 상징입니다. 따라서 왕의 입성으로서는 너무나 꾸밈없는 겸손한 입성이었습니다. 예수님과 그 왕국에 대한 참된 관념을 제시하는 그러한 입성이었습니다. 우리도 예수님처럼 겸손해야 합니다. 그렇지만 이 겸손한 입성도 실은 메시아로서 '승리의 입성'(Triumphal Entry)입니다. 그래서 예수님은 나귀와 나귀 새끼를 "풀어"(λύσαντες, 뤼산테스) 내게로 "끌고 오라"(ἀγάγετέ, 아가게테)고 하셨습니다. 두 단어 모두 명령법을 사용하여 다른 사람의 소유를 마치 자신의 소유처럼 명령하셨습니다.

예수님이 탄 새끼 나귀의 등은 제자들의 겉옷으로 정성스레 장식되었습니다. 그 길에는 군중들이 옆에 있는 종려나무 가지를 깔았습니다. 예수님을 진심으로 환영하는 표시로 화려한 붉은 카펫 대신 깔렸던 것입니다. 그들은 예수님을 왕으로 존경하는 나름 최고의 표현을 한 것입니다. 따라서 그 모든 것이 왕의 입성 예식에 잘 어울렸습니다. 그럼에도 불구하고 그 예식은 대부분의 왕들 입성 예식과는 얼마나 다릅니까? 다른 왕들이 입성할 때에 사용하는 멋진 천리마와 화려한 장식들과 깃발, 위용을 과시하는 호위대의 행렬에 비하면 제자들의 옷과 무리들의 종려나무 가지들은 얼마나 초라합니까? 그리고 무리들은 환영의 함성으로 예수님께 최대한의 경의를 표했습니다. 다윗 왕의 혈통, 인류 구원을 위한 메시아의 사명, 주님이 가장 높은 찬양을 받기에 합당하다는 사실이(9절) 분명하고 장엄하게 군중의 함성 속에서 선포됩니다.

따라서 거룩한 성읍 예루살렘 성 전체가 크게 소동하였습니다. 이 모든 것을 이해하고 있었기 때문입니다(10절). 그 성읍이 이렇게 왕이 오는 소리를 들었을 때 "이 사람이 누구인가?"라고 외칩니다. 이 성읍은 "갈릴리 나사렛에서 온 선지자 예수"라는 대답을 듣습니다. 그가 지금 수도 예루살렘에 입성하지만 사실 그는 별 볼 일 없는 시골뜨기였습니다. 그가 왕으로 입성하기는 하지만 멸시받는 변두리 출신이었습니다. 그리고 이분은 홀을 잡은 백성들의 왕이라기보다는 한 뛰어난 예언자입니다(11절). 예루살렘 사람들이 볼 때 예수님은 군중들에게 왕으로 존경받기는 하는데 전혀 왕 같은 모습은 아니었다는 것입니다.

예수님은 사람들이 바라는 로마제국의 압제에서 이스라엘을 해방시킬 대중적 예언자가 아니라 구약에서 예언한 십자가 위에서 죽으실 구속자이십니다. 백성들은 예수님과 그분의 왕국을 이해할 수 없었을 것입니다. 하나님 왕국은 정치적이고 군사적인 힘으로 세워지는 왕국이 아니고, 십자가 위에서 희생적인 죽음으로 세워지는 영적인 왕국입니다. 그래서 하나님 왕국은 의와 평강과 희락이 특징입니다(롬 14:17). 우리가 서로 희생할 때 우리 가운데 의와 평강과 희락이 넘쳐날 것입니다.

예수님의 예루살렘 입성은 이미 오래전에 예언된 것입니다(4, 5절).

'평화의 왕'으로 겸손하고 조촐하게 입성하며, 제자들과 백성들의 열렬한 환영을 받으신 예수님은 '만왕의 왕'이신 하나님 아버지를 기쁘게 했습니다(5절). 예수님은 왕으로서의 권리를 선포했으나 그 권리를 과시하지는 않았습니다. 권리를 포기하지도 않고 강요하지도 않았으며, 권력으로부터 위축되지도 않고, 형벌을 가하지도 않았습니다. 왕관을 썼으나 칼을 사용하지 않았습니다.

예수님은 지금 우리에게도 '은총의 왕국'을 주장하고 계십니다. 그는 우리의 복종을 요구하시지만 그것은 강요가 아닙니다. 그는 우리의 범죄를 꾸짖으시지만 우리에게 회개할 시간을 주십니다. 예수님의 예루살렘 입성은 초라해 보이지만 하나님이 기뻐하시고 구세주로서의 장엄한 입성입니다.

우리의 모습이 초라하다고 해서 이 시대의 빛으로서의 사명을 감당할 수 없는 것은 아닙니다. 하나님은 최소한의 조건을 말씀해 주십니다. "두 세 사람이 내 이름으로 모인 곳에는 나도 그들 중에 있느니라." 숫자가 적어서 할 일을 못 하고 있습니까? 조건들이 충족되지 못해서 직장에서 할 말을 못 하고 계십니까? 담대하게 나아갑시다. 하나님께서 역사하실 것입니다. 지금 우리가 어떻게 예수님과 그분의 왕국에 충성하며 겸손하게 살아야 할 지 묵상합시다. 그래서 하나님이 주시는 은혜를 충만히 받고 세상이 줄 수 없는 즐거움을 누리며 평범하지만 비범한 삶을 삽시다. 그리고 예수님과 그 왕국을 증거하며 살아갑시다.

성전을 깨끗하게 하시는 예수님

마 21:12-17

1839년 7월 2일, 쿠바에서 32km 떨어진 해상에서 노예로 팔려 가던 53명의 아프리카인들이 반란을 일으켜 〈아미스타드호〉를 장악했습니다. 그들은 백인 2명만 살려두고 선원들을 모두 살해했습니다. 목적은 오직 고향 아프리카로 돌아가는 것이었습니다. 항해 기술이 없었기에 그들은 살려둔 백인 2명에게 키를 맡기고 아프리카로 가는 중이라고 믿었습니다. 그러나 백인들의 속임수로 흑인들은 두 달 뒤 북쪽 코네티컷 해안에서 미 해군 함대에 붙잡혀 살인 혐의로 감옥에 갇혔고 연방 지방법원에서 재판을 받게 됩니다. 이 사건은 스필버그 감독의 영화 〈아미스타드〉를 통해 널리 알려졌습니다. 1840년 1월 법원은 아프리카인이 자유인이므로 정부 감독 아래 아프리카로 송환되어야 한다고 판결했습니다. 그러나 당시 미국-스페인 간의 조약에 따라 미국 정부는 아프리카인들을 스페인의 재산으로 인정하고 반환해야만 하는 상황이었습니다. 스페인에 대한 의무 때문에 미국 정부는 연방 대법원에 항소를 제기했습니다. 이 재판에서 제6대 대통령을 지낸 '존 퀸시 애덤스'가 74세의 고령으로 아프리카인들을 위해 변론을 맡았습니다. 1841년 3월 9일 대법원은 '아프리카인들이 자유인으로 태

어났으므로 자유인의 권리가 있고, 따라서 노예 상인들의 재산이
될 수 없다.'라고 판결했습니다. 이 사건은 심각한 국론 분열을 야
기했고 남부와 북부의 의원들은 극단적으로 다른 반응을 보였습
니다. 20년 뒤 결국 〈남북전쟁〉이 터졌습니다. 그러나 미국은 큰
대가를 치르면서도 '정의와 도덕적 권리'를 끝까지 지켜냈습니다.

1. 예수님의 왕국은 의로운 왕국입니다. 그래서 예수님은 성전을 깨끗하게 하셨습니다.

예수님이 보실 때 성전 뜰에서 희생제물을 매매하고 성전세를
내기 위해 돈을 바꾸는 것(높은 수수료, 사기 등)은 불경건한 성전
모독이며 공공연한 범죄였습니다. 그곳은 이방인들의 예배를 위
한 편의 시설(이방인의 뜰)로 지정된 곳인데, 성전 예배와 관련된
상업 거래를 했기 때문에 침해당했던 것입니다. 그런데 이 모든
일들이 합법적인 것으로 간주되었으며, 성전 당국자 자신들은 거
기서 불의한 이익을 얻으면서 일련의 상황을 묵인하고 있었습니
다. 그러나 이 일은 성전 예배와 관련되었기 때문에 특히 악한 것
이었습니다(삼상 2:17 "이 소년들의 죄가 여호와 앞에 심히 큼은
그들이 여호와의 제사를 멸시함이었더라").

하나님은 우리가 드리는 예배가 하나님께 집중하는 최상의 예
배가 되길 원하십니다. 예수님은 성전에서 범죄를 한 모든 사람들
을 내쫓으셨습니다(12절). "내쫓으셨다"($\dot{\varepsilon}\xi\dot{\varepsilon}\beta\alpha\lambda\varepsilon\nu$, 엑세발렌)는
말은 그들이 속해 있는 공동체를 정결하게 하는 것을 의미합니다.
그들에게 "내 집은 기도하는 집이라"고 주님이 말씀하셨습니다

(13절). 찬송과 감사가 있는 예배드리는 집이라는 뜻인데 다른 것들이 섞여서는 안 된다는 것입니다. "너희는 강도의 소굴을 만드는도다"라는 것은 가장 악한 죄가 종교를 구실로 성전에서 활개치고 있다는 뜻입니다. 이것은 성전이 타락하여 본래의 목적과 기능을 상실했음을 의미합니다. 그래서 사람들이 하나님을 만나지 못하게 했다는 것입니다. 우리에게 도전하는 말씀입니다.

2. 예수님은 성전에서 살벌하게 성전의 거룩함과 의로움만 따지신 것이 아닙니다.

주님은 자신에게 나아오는 맹인과 다리 저는 자들을 고쳐주셨습니다. 예수님의 왕국은 치료하고 싸매주는 평화의 왕국이었습니다. 우리가 하나님께서 받으시기 원하는 최상의 예배를 드리기 위해서 이것저것 따지기도 하고 혹 다투기도 하지만 평화를 놓쳐서는 안 됩니다. 하나님을 향한 거룩한 열정이 있지만 또한 이웃을 향한 풍성한 사랑이 있어야 합니다. 이것은 또한 성전에 나아오는 자들에게 성전이 온전함을 회복시켜 주는 곳임을 보여줍니다. 우리는 참 성전인 예수님 안에서 온전해질 수 있습니다. 우리는 예수님을 통하여 영혼의 회복과 육체의 회복과 가정의 회복을 경험합니다. 그러므로 주님을 떠나지 말고 주님 안에 거하도록 노력해야 합니다.

예수님이 어린이들을 통하여 찬양을 받습니다. 예수님의 왕권적 혈통과 왕권적 사명에 대해서 무리들이 앞서서 인정했던 모든 것(9절)이 여기서 반복되고 있습니다(15절). "호산나!"라고 외치는 것은 '주여 우리를 구원하소서.'라는 뜻이며, "다윗의 자손"이라는 것은 '구세주'라는 뜻입니다. 그러한 찬송을 받는 것은 그의 왕국에 왕으로 오는 자의 권리인 것입니다. 그러한 외침이 감화를 받은 모든 자들 중에도 지극히 작은 자들에 의해서 반복됩니다. 명성이 그 땅의 어린이들까지 파고 들어갈 때 참된 명성입니다. 그래서 예수님은 어린이들의 찬송이 하나님을 향한 큰 찬송이라고 하십니다(16절). 예수님의 왕국에서는 의와 평화가 넘치고 회복되며 그것으로 인해 찬송의 기쁨이 넘칩니다. 우리가 하나님을 섬기는 일에 있어서 거룩함이 있어야 하고 그러면서도 평화가 있어야 합니다. 그리고 그 모든 일의 열매로 찬송의 기쁨이 넘쳐야 합니다.

대제사장들과 서기관들이 예수님이 성전에서 하시는 일들과 어린이들의 찬송에 대하여 분노합니다. 예수님은 어린이들을 옹호하시면서도 적당한 선에서 물러나십니다(16, 17절). 예수님의 온유와 권위의 결합에서 나온 행동입니다. 우리는 십자가 고난으로 하나님을 영화롭게 할 그때를 위해 참으시는 예수님을 배워야 하겠습니다.

예수님과 그 왕국을 위해 우리는 하나님께 영광스러운 예배와 관련한 불의한 제도나 관습을 바로잡아야 합니다. 하나님께 집중해서 예배를 잘 드릴 수 있도록 합시다. 동시에 우리는 교회 안에서 삶의 회복을 누리며, 성도들 간에 사랑과 화평을 좇아야 하겠습니다. 성경적인 교회가 되기 위해 우리 모두가 힘써야 하겠습니다. 그 결과로 늘 주님을 기쁨으로 찬송하는 우리가 됩시다.

무화과나무를 마르게 하신 예수님

마 21:18-22

그동안 예수님의 행하신 기적들은 자비롭고 사랑의 성격을 지닌 것들이었습니다. 그런데 본문의 무화과나무를 마르게 하신 예수님의 기적은 그렇지 못한 성격의 유일한 기적입니다. 이 기적은 '심판의 상징이며 예고'입니다. 예수님은 어떤 사람도 해치신 일이 없지만 그의 능력을 정의롭게 표현하기를 기뻐하신다면 구원의 능력만이 아니라 저주하고 멸망시킬 능력도 사용하시는 분입니다.

무화과나무는 모든 나무들 가운데 가장 즙이 많은 나무입니다. 어떤 나무보다 잎이 무성하여 멀리서도 눈에 잘 띕니다. 그럼에도 불구하고 우리가 보는 이 나무는 예수님의 간단한 말 한마디로 일순간에 시들어 죽고 말았습니다(19절). 그 나무는 한때 물기가 많아서 눈에 두드러졌지만, 순간적으로 사람들의 눈앞에서 수분을 잃고 눈에 두드러지게 되었습니다(20절). 왜 예수님은 그들이 보는 앞에서 이 나무로 접근하였을까요? 왜 먹을 것이 있을까 하는 희망으로 시작했으며(막 11:13), 분명한 실망이 뒤따랐습니까? 왜 주님의 말씀과 그 말씀의 결과들이 제자들에게 분명하게 인식되었습니까? 분명히 이것은 만일 주님이 하시고자 하면 무엇이든지 하실 수 있다는 주님의 전능하심에 대한 인식을 그들에게 심어주려고 한 것이 틀림없습니다. 이 기적은 예수님의 전능하신 능력을 보여주는 사건이었습니다.

당시의 유대교는 '고백'이라는 무성한 잎들로 풍성했습니다. 그들은 '성전', '거룩한 도성', '율법'을 얼마나 자랑하였는지 모릅니다. 그럼에도 불구하고 예수님의 말씀은 그들의 모든 자랑거리를 박탈하였으며, 그들의 오만을 모두 시들게 하였고, 머지않아 저주받은 무화과나무와 같게 할 것이었습니다. 이것은 당시 유대인들과 유대교의 현실에 대한 적절한 비유였습니다. 열매가 없고 잎만 무성한 나무의 모습은 겉모양만 화려한 유대교의 위선적인 모습이며 실속이 없는 하나님과의 바르지 못한 관계를 상징합니다. 오늘날 우리도 자신의 모습을 잘 살펴야 하겠습니다. 예수님 당시의 유대인들처럼 고백만 무성한 자들은 아닌지, 순종과 실천은 없고 자신을 드러내기만 하는 자들은 아닌지 돌아봐야 하겠습니다. 고백이든 간증이든 자랑이든 우리는 분수를 넘어서지 않고 하나님이 주신 규범을 따라야 하며, 주님 안에서 해야 합니다(고후 10:13-18).

그럼에도 불구하고 우리는 이 사건에서 예수님의 인내를 보게 됩니다. 당시 유대교가 고백만 무성한 것과 순종을 완전히 결여하고 있는 것, 그리고 실천에 있어서 반대되는 모습이 있지만 아직은 벌을 받고 있는 것은 아닙니다. 이러한 점에서 이 비유는 대조의 방식으로 교훈적인 메시지를 줍니다. 형벌 자체에 대해서는 아무것도 드러나지 않고 있으며, 그저 형벌은 내릴 준비만 되어 있는 것입니다. 예수님은 멸망시킬 능력도 있으시지만 참고 기회를 주시면서 인내하고 계십니다. 우리는 제자들의 기대와 지식을 알고 있습니다(마 20:20, 21). 예수님이 왕이 되시면 자기들이 높은 자리를 차지할 것이라고 기대하고 있지만, 제자들에게는 우리 예수님의 분명한 행동 노선, 그리고 현재 예수님이 분명하게 채택하고 후에 엄격하게 지키실 그 행동 노선이 마지막 단계에서 의아한 것으로 보였을 것입니다. 왕권을 공개적으로 주장하시면서도 왜 그렇게 그것을 공개적으로 사용하지 않으시는가? 혹시 악에 대하여 형벌을 가할 능력이 부족해서인가? 아니면 그에 대해 무관심해서인가? 그 시들은 무화과나무는 이 두 물음들을 잠잠케 합니다. 시들은 무화과나무는 합당한 때 두 의문에 대한 참된 대답으로서 예수님의 자비를 지적하였습니다. 제자들은 예수님의 자비가 그 뿌리에 놓여 있다는 것을 배웠을 때 이 신비를 감당할 수 있었을 것입니다.

예수님은 자신이 그들 앞에서 행하시는 일이 아무런 이유 없는 행동이 아니라는 것을 제자들에게 인식시키고 있습니다. 이러한 사항들을 구체적인 방식으로 그들의 정신에 각인시키고, 이러한 방식에 의해서 예수님에 대한 제자들의 믿음을 향상시키고자 하셨습니다. 확실히 이 기적이 공헌하는 바는 예수님의 '권위와 자비의 결합'에 대한 교훈입니다. 저항할 수 없는 권능, 비난할 수 없는 정의, 지칠 줄 모르는 자비 등을 함께 생각한다면 확신의 근거를 얻게 될 것입니다.

더 나아가서 우리는 이때 예수님 말씀의 구체성을 통해 같은 가르침을 받습니다. 하나님을 믿는 것은 그가 여기서 그 자신에게 적용하는 바로 그것입니다(21절). 예수님이 그들이 이해하도록 제시하시는 이것은 그가 시든 무화과나무로 그들에게 가르치려고 하시는 것입니다. 하나님께 대한 믿음을 가지는 것은 훨씬 더 큰 일을 이룰 수 있게 되는 것입니다. 예수님과 제자들이 서 있는 위치는 감람산과 멀리 사해가 보이는 곳입니다. 따라서 예수님의 생생한 말씀은 제자들에게 효과적으로 이해되었을 것입니다. 산을 옮기는 일은 인간의 힘으로는 도저히 불가능합니다. 그것은 오직 하나님만 하실 수 있는 일입니다. 만일 무화과나무가 유대교를 상징하듯이 여기에서 산이 성전을 상징한다면, 이는 '유대교의 철저한 심판과 몰락'을 다시금 강조하는 말씀이 됩니다.

기도에 대한 믿음을 가지는 것은 그러한 일을 행하도록 하나님을 움직일 수 있는 일입니다(22절). 앞에서 예수님은 성전이 기도하는 곳이라 말씀하셨는데(13절), 옛 성전은 그 기능을 제대로 발휘하지 못했습니다. 그러나 새 성전이신 예수님 안에서는 무엇이든지 믿고 구하면 다 받을 수 있습니다. 앞으로는 기도가 장소에 제한받지 않고 믿음에 제한받는 것임을 알 수 있습니다. 예수님이 떠난 후에 제자들의 앞길에 무서운 장애물들이 닥쳐올 때 그들은 시든 무화과나무를 회상하고 하나님께 기도하면서 그 장애물들을 제거해 나갈 수 있을 것입니다.

열매 없는 무화과나무가 말라 죽는 것을 보면서 우리에게는 열매가 있는가를 살펴봅시다. 무화과나무를 마르게 하신 예수님의 능력과 자비를 보면서 자신을 과시하기 위한 것이 아닌 하나님의 뜻에 순종하기 위해 능력과 은사를 구합시다. 예수님이 걸으라 하신 길을 걸어가면서 장애물들을 만날 때 예수님 안에서 믿음으로 기도하는 우리가 됩시다.

예수님의 권위

마 21:23-32

    지난 10월 26일이 무슨 날인지 아십니까? 일본제국이 조선을 강제로 병합하기로 한 날은 1909년 4월이었습니다. 1910년 조선 강점 1년 전입니다. 그때 이토 히로부미가 도쿄에서 일본 정계 거물들과 조선 강점을 사실상 결정했습니다. 안중근 의사가 조선 강점의 주범인 이토 히로부미를 1909년 10월 26일 중국 하얼빈 역에서 저격했습니다. 그리고 1910년 3월 26일 오전 10시 4분, 뤼순 형무소에서 안중근 의사는 교수형에 처해졌습니다. 그날 오후 5시 뤼순 형무소를 관할하는 히라이시 고등법원장이 안중근 의사 사형 관계자인 판사, 검사, 간수, 형무소장, 관동도독부 관리를 불러 파티를 열었습니다. 일본은 이토 히로부미를 그들의 자랑으로 알고 1,000엔짜리 지폐에 1963년~1984년까지 그를 새겨 넣었습니다. 우리는 안중근 의사의 시체도 찾지 못하고 있습니다. 당시 막강한 군사력과 국제정치, 외교의 권력을 가진 일본제국이 우리나라를 무참하게 짓밟았습니다. 안중근 의사는 한민족의 드높은 자긍심을 가지고 일본 제국주의의 총칼에 맞서다 장렬하게 산화했습니다.

대제사장들과 백성의 장로들이 예수님의 '권위'(ἐξουσία, 엑수시아, 권력과 위세)에 대해 묻고 있습니다(23절). 예수님께서는 이제까지 '신적 형벌권'을 행사하지는 않았지만, 최근에 '성전 정화사건'과 '무화과나무 저주사건'을 통해 새로운 권위를 드러내셨습니다(1-22절). 그들이 말하는 '이런 일'은 '성전 정화사건', '무화과나무 저주사건'을 의미합니다. 따라서 당시 권력자들이 자신들은 할 수 없는 예수님의 권위가 빛나는 사건들을 통해 동요하는 것은 자연스러운 일이었습니다. 예수님이 행하신 일들의 성격과 권위의 출처를 묻는 것도 이상한 일은 아니었습니다.

예수님은 그들의 질문에 대답을 하는 대신에 '역 질문'(counter-question)을 하십니다. 이러한 역 질문은 당시의 유대 랍비들이 자주 사용한 대화 방식이었습니다. 그것은 세례 요한의 선교와 사역에 관한 것이었습니다(24, 25절). 세례 요한의 등장은 하나의 영적인 현상으로 당시 예수님의 등장 다음으로 중요한 사건이었습니다. 그의 등장은 이전 시대에는 알려지지 않은 방식으로 그 시대의 믿음을 일깨웠으며, 그 뒤 지극히 깊고 넓게 서술된 감동을 남겼습니다(26절; 3:5, 6). 그리고 그것은 예수님의 인격과 사명에 연관되어 있었습니다. 실제로 세례 요한은 예수님을 메시아로 선포함으로 자신을 지워버렸습니다(3:11, 12). 따라서 예수님께 질문했던 종교 지도자들은 세례 요한에 관하여 어떤 평가를 하는지가 대중의 관심사였습니다(요 3:10). 그들은 그들이 질문했던 예수님으로부터 세례 요한에 관한 질문을 되받았습니다. "세례 요한은 계속 나에 대해 선포하였다. 너희가 내 권위의 출처를 알고

자 한다면 너희가 그를 어떻게 평가하는가를 나에게 말하라."

이 간단한 것처럼 보이는 질문은 그들의 관점에서 볼 때 결코 쉬운 질문이 아닙니다. 만일 그들이 확실하게 참된 것, 즉 세례 요한의 사명이 위에서, 하나님으로부터 온 것이라고 대답하면, 그들은 예수님이 두려웠을 것입니다. 예수님은 즉시 25절("어찌하여 그를 믿지 아니하였느냐?")처럼 이야기할 것이 뻔하며, 결국 그들이 '눈먼 인도자들'임을 모든 사람들 앞에서 드러내게 될 것입니다. 만일 그들이 거짓된 것, 즉 세례 요한의 사명이 사람에게서 왔다고 말하면 그들은 군중들이 두려웠을 것입니다. 그러면 세례 요한을 '참 예언자'로 생각하던 사람들이 더는 이 지도자들의 말을 들으려 하지 않을 것이기 때문입니다. 그래서 그들이 생각해 낼 수 있는 최선의 해답은 어색한 방식으로 그 질문을 떨쳐버리는 것입니다(27절 "우리가 알지 못하노라"). 예수님이 말씀하십니다. "너희가 내 질문에 성실하고 정직하게 대답하지 않는다면, 왜 내가 너희의 질문에 굳이 대답해야 하느냐? 만일 너희가 세례 요한에 관하여 그렇게 무지하다면 어떻게 나에 관하여 배우겠는가?"

예수님은 그들에게 세례 요한이 베푼 세례의 권위가 주는 의미를 생각하게 하십니다. 예수님께서 세례 요한에게 세례를 받으실 때, 하늘이 갈라지고, 성령이 비둘기 같이 내려오고, 하늘에서 예수님의 신분(하나님의 아들)을 확증하는 음성이 들렸습니다. 그리고 이러한 '삼중 계시'를 통하여 예수님의 신적 권위가 확인되었습니다. 그러므로 만일 그들이 세례 요한이 주님께 준 세례의 권위를 깨닫는다면 예수님의 권위가 하늘로부터 온 것임을 알게 될 것입니다.

예수님은 대답하지 않는 그들을 향해 비유로 다시 한 질문을 던집니다(28-31절). 예수님은 이 비유를 설명하고 그 교훈을 적용함으로써 그가 목적하셨던 바를 성취합니다. 세례 요한을 통해서 그의 백성에게 전달된 하나님의 메시지는 이 비유에 따르면 아버지의 명령이었습니다. 다른 사람과 함께 세례 요한의 가르침을 들으러 나갔고 그가 의의 길로 왔다는 것은 인정할 수밖에 없었고(32절), 그럼에도 불구하고 그가 가르치는 대로 행하기를 거부했던 제사장들과 장로들은 이 비유의 첫째 아들과 같습니다. 처음에는 전혀 회개치 않고 불순종했으나 하나님 아버지를 믿었던 세리와 창녀들은 이 비유에 나오는 둘째 아들과 같습니다. 두 부류의 사람들 가운데 세리와 창녀들이 먼저 하나님 왕국에 들어갈 것입니다. 제사장들과 장로들은 결코 하나님의 뜻을 행하지 않았습니다. 그들은 세례 요한을 통해 선포된 하나님 왕국의 요구사항(회개와 순종)을 결코 충실하게 실천하지 않았습니다. 더 나아가 그들은 다른 사람들이 회개하고 천국에 들어가는 것을 보면서도 결코 자신들은 그렇게 하지 않았습니다. 따라서 그들은 모두 여전히 천국 문 밖에 있는 자들입니다.

예수님의 권위는 하나님에게서 나온 것입니다. 영안이 어두운 제사장들과 장로들은 그 권위를 보지 못했습니다. 요즘 교회와 성도들에게 하나님이 주신 권위는 어디 있습니까? 우리의 권위도 하늘에서 내려와야 합니다. 하나님의 통치를 받으며 그분의 뜻을 따르는 가운데 진정한 권위가 생깁니다. 특별히 죄인인 우리는 늘 말씀 앞에 회개하고 하나님 왕국의 요구사항들을 충실하게 이행할 때 하나님의 자녀로서 권위를 가지게 됩니다. 우리가 하나님의 역사를 맛보고 은혜를 풍성히 받으려면 교회의 권위와 목사의 권위를 영안을 열고 볼 수 있어야 합니다. 이러한 권위는 권력과 돈이 신이 되는 세속적 눈으로는 결코 볼 수 없습니다.

포도원 농부의 비유

마 21:33-46

    예수님이 백성들과 대제사장들 그리고 바리새인들에게 또 하나의 비유를 이야기합니다. 그것은 그분의 청중들이 이미 알고 있어야 할 예언으로(42절), 예수님은 다시 그들에게 옛것을 이야기합니다. 이 비유에서 예수님은 현재의 그의 적대자들이 대표하고 있는 교사들과 종교 지도자들의 성품과 운명을 이야기하고 있습니다.

    포도원이 건설되고 포도주를 만들기 위해 필요한 설비들이 마련됩니다(33절). 포도원 주인은 하나님이시고, 포도원은 하나님의 왕국이고, 농부들은 이스라엘의 종교 지도자들입니다. 비유라는 문학적 특성상 인물의 유비(어떤 사물 상호 간에 대응으로 존재하는 동등성, 또는 유추)가 곧 대상자의 속성을 완벽하게 전부 반영하는 것은 아닙니다.

    유대교의 종교적인 관념들과 계율들이 하나님에게 기원했다고 예수님이 말씀하십니다. 그러한 것들에 대한 유일한 설명은 하나님께서 손수 그의 손으로 담을 두르시고 포도나무를 심고 그곳에서 자라나게 하셨다는 것입니다. 오늘 우리의 신학이나, 우리가 드리는 예배가 인간이 설정한 것이 아니라는 말씀입니다. 하나님이 우리에게 말씀하신 대로 예배하고 신학을 해야 합니다. 그러므로 우리의 예배가 인간 만족을 위한 것이 아니라 하나님을 만족하게 하는 것이 우선임을 알아야 합니다. 이사야 56장에서 하나님이 기뻐하시는 일을 선택하면 하나님이 우리를 기쁘게 해 주시겠다고 말씀하고 있습니다(사 56:4, 7).

그렇게 마련된 포도원은 다음으로 농부들의 손에 넘겨집니다. 본문에서는 농부들이 통치자들이며, 누가복음에서는 그들이 백성입니다. 농부들에게 포도원을 맡긴 주인은 다른 나라로 갑니다. 포도원을 세운 이후에 비교적 하나님이 침묵하시는 여러 세기들이 뒤이어집니다. 우리에게 책임을 맡긴 하나님은 우리들 뜻대로 일할 수 있는 여지를 남겨주시며, 우리가 이루어놓은 것을 보이도록 하십니다. 세밀한 감독이나 보상과 관련해 일단 그분은 떠나 계십니다. 하나님이 임재하실 때는 우리를 돕고 사랑하고 복 주실 때입니다. 사랑과 은혜의 하나님이십니다.

주인이 소출을 받으려고 보낸 종들은 하나님의 말씀을 전할 뿐만 아니라 하나님이 구하시는 열매, 즉 순종과 신뢰를 종용하는 선지자들(세례 요한 포함)입니다. 유대인들이 선지자들에게 늘 적대적인 감정을 가지고 있었다는 것보다 더 분명한 역사적 사실은 없습니다. 사실은 하나님을 신뢰하고 순종하는 일을 신실하게 해야 하는데 그들은 선지자를 배격하며 거꾸로 하고 있습니다. 그렇게 선지자들을 미워하고 살해하기까지 했던 한 민족이 계속하여 선지자들을 가졌었다는 사실은 확실히 일반적인 이론으로는 설명할 수 없습니다. 하나님의 은혜 아니고는 설명할 방법이 없습니다. 부모가 아이들을 사랑하는 것과 비슷하지요. 아이가 부모에게 하는 것을 보면 도저히 큰 사랑을 베풀 수 없는 상황임에도 불구하고 부모는 아이에게 큰 사랑을 계속해서 베풀지 않습니까?

농부들의 적대행위는 방종으로 치닫습니다. 그들은 때리는 것을 넘어 살해하기에 이릅니다. 하나님께서 사람들과 더불어 변론하면 할수록 그들의 마음은 더욱 악의적이고 포악해집니다. 그들의 악한 마음이 더욱 악화될수록 하나님은 또 다른 사자들을 보내서 더욱 변론하고, 더 큰 비중이 있는 인물, 더 큰 사명을 지닌, 그리고 더 밝은 빛을 지닌 인물을 보내십니다. 적대적인 세력들이 점점 커지고 사람들이 더 악해질수록 그들에 대한 하나님의 자비는 더욱 간절해지고 커져 간 것입니다. 농부들의 적대행위를 보면 인간들의 죄악 된 본성을 보는 것 같습니다. 세상은 하나님의 뜻을 반대합니다. 아들이신 예수님과 관련해서는 특히 그렇습니다. 우리에게 죄의 본성이 있다는 것을 꼭 알아야 합니다. 어젯밤 뉴스를 보니 60대 남성이 아내와 딸을 죽였다고 합니다. 이유는 자기를 무시해서랍니다. 우리는 기도하고 깨어 있지 않으면 하나님의 뜻을 따르지 못합니다. 방심하고 있는 상태일 때는 죄의 본성이 활개를 치는 때입니다. 여러분의 아이들도 너무 믿지는 마십시오. 그들은 독서실 간다고 말하고 친구들이 넘쳐나는 곳으로 달려갑니다.

자기 아들을 보낸 주인의 헛된 희망을 봅니다. 예수님은 자신이 그 세대에 대해서만이 아니라 모든 인류에 대한 하나님의 최후의 호소임을 아셨습니다. 그는 하나님의 화살통에 있는 마지막 화살입니다. 그리고 농부들의 헛된 계산을 봅니다. 예수님께서는 농부들의 숨겨진 동기를 명백하게 꼬집으시며, 이 통치자들에게 그들이 마음에 은밀히 간직하고 있던 것을 드러내십니다(38절). 농부들이 주인이 얼마나 능력이 많은 분인 줄 모르고 헛된 계산을 한 것처럼, 사람들은 늘 헛된 계산을 하고 삽니다. 우리는 천년만년 살 것처럼 살지는 않습니까? 모은 재산을 다 쓰지 못하고 죽는 줄은 알고 있습니까? 귀한 물질을 이웃들에게 나누는 것이야말로 우리 자녀들에게 큰 복임을 아십니까?

예수님께서는 그들의 슬픈 운명을 이야기하실 때 얼마나 비통하셨겠습니까(43, 44절)? 그것은 이미 행해진 것과 다름없는 일입니다. 그럼에도 불구하고 예수님께서는 혹시라도 누군가 감동하여 그 살인음모에서 물러날까 싶어 계속 변론하십니다. 교회가 지닌 생명의 참된 비결은 독생자 예수님을 모든 만물의 기초요 완성으로 인정하는 것입니다. 사람들이 이것을 알았으면 영광의 예수님을 십자가에 못 박지는 않았을 것입니다.

우리도 하나님의 말씀을 들을 때마다 순종하는 마음과 성령의 감동이 있기를 구해야 합니다. 그리고 찔림을 받을 때마다 즉시 회개해야 합니다. 우리가 어떠한 사람인지, 하나님이 얼마나 능력이 많으신지 아는 지혜가 필요합니다. 그리하여 하나님이 주시고자 하시는 은혜를 풍성히 받아 누립시다.

혼인 잔치 비유

마 22:1-14

여러분은 주님의 말씀을 잘 듣는 사람입니까? 예수님 당시의
서기관들과 바리새인들은 주님의 말씀을 잘 듣지 않는 완악한 자
들이었습니다. 예수님은 그 완악한 자들에게(마 21:45, 46) 적어
도 두 가지 비유(1-10절, 11-14절)를 말씀하심으로 그들의 사악
한 생각에 다시 대답하고(ἀποκριθεὶς, 아포크리테이스) 계십니다.
이 대답은 '제기된 질문에 대답하다'라는 뜻인데, 앞서 그들이 제
기한 질문에 답하는 것임을 분명하게 보여줍니다. 예수님은 대답
을 통해 사악하고도 반역적인 백성들의 모습과 혼합된 백성들의
모습을 보여주십니다. 그리고 택하심을 받는 데 절대적으로 필요
불가결한 조건을 예시해 주심으로써 앞서 말씀하셨던 것을 재차
확증하십니다.

이 비유에서 인물의 유비는 다음과 같습니다. 처음에 초청을 거
부한 사람들은 유대인들이며, 임금이 불사른 동네는 예루살렘으
로서 주후 70년 로마에 의해 불탑니다. 길에서 불려온 사람들은
이방인들인데, 신약시대의 교회를 가리키며, 예복을 입지 않은 사
람은 교회 안의 거짓 신자입니다.

반역적인 백성들의 마음은 왕의 첫 번째 메시지에 대한 그들의 반응에 잘 나타나 있습니다. 이 메시지는 특별히 매우 관대하고 은혜로운 것이었습니다. 왕은 아들의 혼인을 축하하는 성대한 연회를 베풀 것을 계획하였으며, 종들을 보내어 백성들을 초대하였습니다. 이것은 사람들이 은혜의 시대를 준비하도록 구약 시대 율법을 수여하신 하나님의 은혜로운 섭리를 나타내 주는 것으로 이해할 수 있습니다. 이 초청에 대한 그들의 반응은 3절 마지막 부분에 짧게 서술되어 있는데("오기를 싫어하거늘", οὐκ ἤθελον ἐλθεῖν, 우크 헤텔론 엘테인) 우리는 광야에서 하나님께 불평을 토로하였던 이스라엘 백성들에 대한 기사와 이로 인한 하나님의 은혜가 철회되었던 이야기에서 보다 더 상세한 설명을 찾아볼 수 있습니다. 실로 이것은 예수님이 오시기까지 이스라엘 백성들이 취하였던 태도로서(미완료 과거 동사), 그들은 하나님의 초청 메시지 받아들이기를 거부하였습니다.

왕은 얼마 후에 "다시 다른 종들을 보내어" 그들로 하여금 이전과 마찬가지로 자신이 연회를 베푸는 목적을 알게 하였습니다. 뿐만 아니라 그 연회가 다 준비된 사실도 알게 하였습니다(4절). 그러나 그들은 이 메시지에 한층 더 사악하게 반응하였는데, 그들이 이 초청을 무시하고(5절) 왕의 종들을 죽이기까지 했던 것입니다(6절). 그리고 7절에 언급된 예수님과 그의 사도들에 대한 거부와 박해의 무서운 결과는 예루살렘성의 파멸과 국가적 공동체이자 종교적 공동체로서의 이스라엘의 멸망입니다. 즉 이스라엘은 이처럼 멸망하기까지 반역했던 것입니다.

9, 10절의 비유는 옛 민족 대신에 새로운 민족이 일어날 것이라는 사실을 말해주고 있습니다. 또한 처음에 초대 받았던 자들이 거부하였던 이유, 즉 그들이 초대를 받기에 '합당치 못한' 자들임을 스스로 나타내 보임을(8절) 말해주고 있습니다. 우리는 이 비유에서 손님들이 얼마나 많았는가도 알 수 있습니다. 그들은 이 세상의 모든 민족들을 대표하였던 자들로서, 한편으로 이전에 초대를 받았던 자들을 대신하였으며, 다른 한편으로 이전에 초대를 받았던 자들에 더하여졌습니다. 이들은 매우 많은 부류의 사람들로서 이보다 더 혼합된 모임은 결코 있을 수 없었습니다.

이처럼 혼합된 모임의 모든 사람들은 다 혼인 잔치에 참여하기에 합당한 자들이었는지, 그들 중 초대한 사람의 이름을 더럽힐만한 자는 아무도 없는지, 본문의 비유에서 왕은 이런 점을 살펴보고 있습니다. 11절 "임금이 손님들을 보러 들어올 새"는 무엇을 의미합니까? 요한계시록 2, 3장에 서술된 바와 같이 하나님께서 '불꽃 같은 눈'으로 '교회들'과 '그 구성원들'을 감찰하심을 나타내고 있습니다. 따라서 이것은 비록 하나님께서 사람들이 복음의 완전함에 참여하도록 초대를 받기 전에는 그들에게 엄격한 태도를 보이지 않으시지만, 일단 그들이 그분의 초대를 받아들인 후에는 매우 엄격하게 다루신다는 사실을 교훈합니다.

그다음 구절은 하나님이 감찰하시는 이유를 제시해 주고 있는데, 그것은 바로 '혼인 잔치에 참여하는 사람은 그 잔치에 합당한 예복을 입어야 한다.'라는 점입니다. 이 예복은 그들에게 미리 마련되고 주어졌기에 이 조건은 필수적 입니다. 따라서 왕은 예복을 입지 않은 자에게 "어찌하여"라고 물었고 그들은 아무런 변명도 할 수 없었습니다(12절). 예복의 모양과 재료에 대하여는 본문이 아무런 말도 하지 않고 있습니다. 다만 예복은 혼인 잔치에 합당한 손님과 그렇지 않은 손님을 구분 짓는 역할을 합니다. 혼인 잔치의 예복은 적어도 하늘나라의 참된 손님들을 과거 그들 자신으로부터, 그리고 다른 사람들로부터 구분 짓는 '새로운 삶'(혹은 새로운 삶을 향한 열망)을 나타내는 것으로 보입니다. 예복을 입지 않은 자들은 '내적인 회개가 없으며, 성부 하나님의 뜻을 행하지도 않으면서 천국의 구원을 얻으려는 자들'을 나타냅니다. 우리는 단지 '청함'을 받았을 뿐인데도 '택함'을 받은 것으로 생각할 정도로 죄와 '속이는 자'인 사탄과 우리 자신의 마음의 기만에 속아 넘어가기 쉽습니다(14절). 바로 이러한 까닭에 '선 줄로 생각하는 자'는 무엇보다도 '넘어질까 조심하여야' 합니다(고전 10:12).

하나님 왕국은 마치 혼인 잔치를 베푼 임금과 같습니다. 이 잔치에 참여하는 것은 구원에 참여하는 것을 의미합니다. 이 잔치는 지금 이 땅에 이미 진설 되어 시행되고 있으나 장차 하늘나라에서 영원히 시행될 것입니다. 하나님의 혼인 잔치에 참여합시다. 그리고 청함 받은 것뿐 아니라 택함 받은 자로 즐겁고 평안한 복을 누립시다. 그러려면 죄에 대하여 회개하고 의를 추구하는 삶을 살아야 합니다. 하나님께서 우리를 천국 잔치에 초청해 주셨고, 영원하고 행복한 삶을 살도록 기다려주실 것입니다.

가이사의 것은 가이사에게

마 22:15-22

　　예수 그리스도의 권위에 대한 유대교 지도자들의 공격은 도리어 자신의 권위를 뒤흔들어 놓았습니다(마 21:46). 따라서 그들은 다음 단계로 간접적인 방법으로 예수님을 공격하고자 하였는데, 그 일에 주축을 이루는 자들이 바리새인들입니다. 그들은 예수님의 가르침이 얼마나 만반의 준비가 된 것인지, 그분의 대답은 얼마나 신속 정확한지, 그의 꾸짖음과 경고는 얼마나 확고한 신념을 지니고 있는지를 잘 알고 있었습니다. 따라서 그들은 예수님의 이러한 점들을 이용해 그분을 파멸시키고자 합니다. 그들은 주님이 "말의 올무에 걸리게끔"(15절) 유도하였습니다. 그러니까 예수님의 장점을 이용해 예수님을 공격하겠다는 것입니다. 사람들은 약점에도 넘어지지만 장점에도 넘어진다는 사실을 우리는 기억해야 합니다.

　　그들은 예수님을 향하여 "선생님이여!"($\Delta\iota\delta\acute{a}\sigma\kappa\alpha\lambda\epsilon$, 디다스칼레)라고 부릅니다. 이 칭호는 제자가 아닌 사람들이 존경을 표시하며 예수님을 부를 때 사용되었습니다. 이렇게 예수님을 치켜세우며 질문을 하고 있습니다(16절).

그들의 공격 계획의 일반적인 목적은 예수님을, 그가 앞서 말씀하셨던 것과 상충하게 만들어 결코 피할 수 없는 곤경에 빠뜨리고자 하는 것이었습니다. 그 당시 팔레스타인에는 서로 적대적인 두 개의 큰 세력들이 있었는데, 하나는 '가이사'의 세력이었으며, 다른 하나는 '일반 대중' 세력이었습니다. 이 두 개의 세력은 모두 다 바리새인들에게 매우 큰 두려움의 대상이었는데, 그들은 자신을 '제3의 세력'으로 주장하셨던 예수님으로 하여금 이 두 세력들 중의 한 세력과 싸움을 벌이게 하려는 의도를 갖고 있었습니다. 따라서 그들은 이러한 그들의 목적을 이루기 위하여 예수님께 매우 어려운 특별한 질문, 즉 "가이사에게 세금을 바치는 것이 옳습니까, 옳지 않습니까?"(17절)라는 질문을 제기합니다. 가이사는 로마 황제의 칭호인데 당시는 티베리우스 황제 시대였습니다.

　　이 질문에는 오직 두 가지 대답만이 가능한 것으로 보입니다. 만일 그가 '가하다'고 대답하실 경우 그는 로마 정부를 싫어하는 일반 대중들의 분노를 일으킬 것이고, '불가하다'고 대답하실 경우에는 로마제국의 분노를 일으킬 것입니다. 이때 바리새인들은 몇몇 헤롯 당원들과 함께 있었습니다. 바리새인들은 유대주의자들이고 헤롯 당원들은 친 로마적인 사람들로서 정치적인 면에서나 종교적인 면에서 서로 다른 생각을 하고 있었고 사이가 좋지 않았습니다. 하지만 여기서 그들은 예수님을 대적하기 위해 일시적으로 힘을 합칩니다. 그러므로 예수님이 위의 두 가지 대답들 중 어떠한 대답을 하시든 간에 그곳에는 그를 비난할 자들이 대기하고 있는 상황입니다. 은근히 칭찬하며 그 질문에 대답하실 것을 강요받으셨는데 어찌 침묵을 지킬 수 있겠습니까? 만일 예수님이 침묵하신다면 질문에 가부간 대답하는 것보다 한층 더 큰 곤경에 빠질 수도 있었을 것입니다. 두 부류 사람들 모두에게 비난을 받으실 것이기 때문입니다. 그들은 자신들의 질문이 주님으로서는 결코 피하거나 벗어날 수 없는 진퇴양난의 올무로 생각했을 것입니다.

질문에 대한 예수님의 첫 번째 대응은 '이 질문에 깃들어 있는 그들의 사악함과 교활함을 폭로하는 것'이었습니다. "외식하는 자들아 어찌하여 나를 시험하느냐"(18절). 한 관점에서 볼 때, 예수님의 이러한 반문은 그들의 질문에 대한 대답으로서 충분한 것이었습니다. '너희는 실제적인 지식을 얻기 위하여 내게 묻고 있는 것이 아니라 단지 나를 시험하기 위하여($\pi\epsilon\iota\rho\acute{\alpha}\zeta\epsilon\tau\epsilon$, 페이락세테, 나쁜 의도를 가지고 상대방을 곤경에 빠뜨리는 것을 나타낼 때 사용되는 단어) 묻고 있을 뿐이다.' 그와 같이 교활하고 사악한 질문을 만족시킬 만한 대답은 전혀 없습니다. 그래서 그들은 진리를 찾을 수 없습니다. 모든 종류의 진리는 참된 사람들에게만 주어집니다. 사악한 동기는 진리를 아는 일을 도와줄 수 없습니다. 우리가 말씀을 읽을 때도, 예배를 드릴 때도 동기가 중요합니다.

예수님의 두 번째 대응은 '질문의 오류를 폭로하는 것'입니다. 예수님께서 그들에게 로마 주화인 데나리온(노동자의 하루 품삯)을 가져올 것을 요구하셨습니다. 그리고 예수님은 그들에게 그 주화에 새겨진 '형상과 글'이 누구의 것인지 물으셨습니다. 그들은 '가이사의 것'이라고 대답하였습니다. 그들이 제기하였던 질문에 대한 대답은 이 한 가지 사실에 놓여 있었습니다. 그 주화는 바로 하나님께서 그들을 가이사의 통치 아래 두셨으며, 그들 자신이 실제로 가이사의 통치를 따르고 있다는 사실을 입증해주는 것이었습니다. 가이사의 통치를 따른다는 것은 그가 주는 혜택을 누리고 있고, 누리기 위하여 당연히 세금을 납부해야 한다는 사실입니다. 따라서 그들이 하나님께서 가이사에게 주신 것은 가이사에게 바쳐야만 한다는 것은 지극히 자명한 일이었으며, 다른 한편으로 그들이 가이사 위의 하나님께서 그 자신의 것으로 요구하셨던 것은 하나님께 바쳐야만 한다는 사실도 지극히 자명한 일이었습니다. 다시 말해서 이 두 가지 일들은 그들이 생각하였던 바와 같이 상반된 것이 아니었으며, 하나님의 섭리와 그들의 행위는 그들이 이 두 가지 일을 모두 다 행해야만 한다는 사실을 입증해 주었던 것입니다.

정치에 대하여 모든 그리스도인들이 안전하게 동의할 수 있는 한 가지 규례가 제시되었습니다. 그것은 바로 가이사의 것은 가이사에게 바치는 것이 곧 하나님의 것을 하나님께 바치는 것이라는 점입니다. 국가의 정책에 협력하되 하나님께 순종하는 것이 우선이라는 원칙입니다. 작은 일에 충성하는 것이 곧 큰 것에 충성하는 것입니다. 현재 일에 충실한 것이 미래 일에 충실한 것입니다. 현재 하나님께서 내게 맡기신 일에 순종하며 충실합시다. 저의 현재의 자리가 하나님께서 세우신 목사의 자리입니다(벧전 2:9). 기독교에는 직업의 귀천이 없습니다. 참된 동기와 자세로 말씀을 듣고 감동을 하고 행동합시다.

살아있는 자의 하나님

마 22:23-33

바리새인들이 떠나간 후에 다시 사두개인들이 예수님께 왔습니다. "예수께 와서"의 와서($\pi\rho o\sigma\tilde{\eta}\lambda\theta o\nu$, 프로셀톤)는 '접근하다'는 뜻인데, 한 무리가 떠난 다음 다른 무리가 기다렸다는 듯이 예수님께 다가오는 느낌을 주고 있습니다. 마태는 이 단어를 사용함으로써 예수님과 긴장 관계에 있던 많은 유대 지도자들이 돌아가며 예수님께 다가와 논쟁하는 모습을 역동적으로 기록하고 있습니다. 사두개인들은 제사장과 상류층 유대인으로 구성되었는데, 천사도 없고 영혼도 없고 사후 세계도 없다고 생각했던 자들입니다. 그들은 성경 중에 모세 오경만 받아들였는데, 오경에 부활 사상이 없다고 보았기 때문입니다. 그들은 사람이 죽을 때 육체와 함께 영혼도 소멸해 버린다고 믿었습니다.

그들도 역시 바리새인들과 마찬가지로 예수님께 질문을 던지는데, 그 질문은 부활 교리에 대한 그들의 불신앙과 관련된 것입니다. 이 질문을 통해 부활 교리와 예수님의 권위를 동시에 무너뜨리려 하고 있습니다.

그들의 질문(28절)은 결혼에 관한 세 가지 요점들과 밀접히 연관된 것이었습니다. 모세의 율법에 제시되어 있는 것으로, 모세의 율법은 결혼한 부부 중 한 사람이 죽었을 경우, 그 결혼의 구속력은 없어진다는 점을 규정하였고 따라서 살아있는 배우자의 재혼을 허용하였습니다. 결혼한 형제가 자식이 없이 죽을 경우, 죽은 이의 형제들 중 한 사람이 형제의 아내를 자기 아내로 취해야만 한다는 것이었습니다. 이러한 규례가 형제들 가운데서 아무도 자식을 낳지 못하고 죽었을 경우, 일곱 명이나 되는 형제들이라 할지라도 모두 다 같은 여인을 차례로 아내로 맞이해야 할 정도로 강한 구속력을 지니고 있었다는 점입니다(24-27절).

그 일곱 형제들은 모두 다 각각 그들의 생전에 실제로 그 여인의 남편이었습니다. 그들이 부활할 때 일곱 모두 그 여인을 자신의 아내로 주장할 수 있을 것입니다. 바로 이러한 까닭에 부활은 결코 있을 수 없다는 것이 질문의 요지입니다. 이와 같은 견해에 따르면, 이 어려운 문제를 해결할 수 있는 유일한 방법은 부활이 없는 것으로 간주하는 것뿐입니다. 그들은 수많은 군중들을 가르치는 영향력 있는 선생인 예수님께 이러한 질문을 제기할 만한 충분한 권리와 지위를 가지고 있었습니다.

이 교활한 질문에 대한 예수님의 대답은 세 단계로 이루어져 있습니다. 주님은 그 질문의 어려움을 완전히 해소하셨습니다. 주님은 뛰어난 해결책을 지니고 있었습니다. 그들이 질문의 근거로 삼았던 모세 오경 안에는 사실상 그런 질문을 제기할 만한 여지가 전혀 없었고, 따라서 그들의 질문은 단지 그들의 무지를 드러내는 것일 뿐입니다(29, 30절).

이 세상에서의 삶과 하늘나라에서의 삶 사이에는 물론 연속성이 있습니다. 그렇다고 못생긴 사람이 그대로 못생긴 상태로 부활하는 것이 아닙니다. 서로 사랑했던 남편과 아내가 하늘나라에서 아예 남남은 아닙니다. 그러나 이러한 일들을 하나님의 능력에 대한 참된 지식 안에서 발견해야 합니다. 하늘나라에서는 모든 것이 새로운 상태입니다. 모든 요소가 서로 공존하는 상태이며, 모두를 사랑하는 관계입니다. 믿음 소망 사랑 중에 제일은 사랑이라고 하지 않습니까? 예수님은 부활의 교리를 완전히 확증해 주셨습니다. 그는 사두개인들이 자신들의 근거로 삼았던 입장에 서서, 그리고 그들이 믿고 있는 유일한 성경으로 주장하던 모세 오경을 따라, 또한 모세 오경에 나타나 있는 하나님의 이름들 중 오직 한 가지 이름만을 다루시면서, 부활의 진리를 완전히 확증해 주셨습니다. 하나님께서 모세 오경에서 자신을 이미 '이 세상을 떠난 몇몇 사람들의 하나님'으로 서술하셨을 때, 하나님이 의미하셨던 것은 무엇입니까? 하나님은 육신적으로 죽은 자들이 하나님 안에서 여전히 '살아있는' 자들임을 말씀하지 않으셨습니까? 만일 그들이 더 이상 존재하지 않는다면 어찌하여 그들의 이름이 불리고 있습니까? 한마디로 말해서 '살아계신 하나님'은 죽은 자들의 하나님이 아니라 살아있는 자의 하나님이셨습니다(32절). 예수님께서는 대답을 통해 그 자신이 참된 선생이심을 확증해 주셨습니다. 거기모든 사람은 주님의 대답이 결코 반박할 수 없는 것임을 인정하였습니다. 즉 '무리'들은 그의 명확한 가르침을 듣고 크게 '놀랐으며', 사두개인들은 아무런 반박도 하지 못하였습니다(33, 34절).

예수님 시대의 이러한 논쟁은 새로운 시대를 사는 오늘 우리에게도 매우 많은 것을 가르쳐 줍니다. 예수님 시대에 구약 성경의 권위는 굉장히 큰 것이었습니다. 특히 그중에서도 모세 오경의 권위는 그 당시의 대부분의 불신자들마저 인정하였습니다. 그래서 예수님은 사두개인들의 질문에 대답하심에 있어서 모세 오경을 대답의 근거로 삼으셨습니다. 성경 중심의 태도를 보이신 예수님이십니다. 우리는 성경을 잘 알아야 하고, 그 의미를 제대로 알아야 하며, 성경 중심으로 말해야 합니다.

예수님은 이전의 수많은 율법사들이 모세 오경의 이 말씀에서 깨닫지 못했던 것을 통찰하셨습니다. 그리고 예수님께서 이 말씀의 의미를 밝혀 주셨을 때 수많은 무리는 그의 가르침이 참된 것임을 깨달았습니다. 성경 진리에 대한 예수님의 가르침은 완전하고 완벽하였습니다. 오늘날은 성령님께서 우리에게 성경 말씀을 밝히 보여주십니다. 성경 말씀을 읽고 들을 때마다 성령님의 감동을 받읍시다. 그리하여 담대하게 신앙의 걸음을 걸어갑시다.

가장 큰 계명

마 22:34-40

여러분은 다른 사람들에게 공개적으로 공격을 받아 본 적이 있습니까? 어떻게 대처했습니까? 본문에서 우리는 재차 예수님을 함정에 빠뜨리고자 공격하는 바리새인들을 발견하게 됩니다. 그들은 사두개인들이 예수님께 아무런 반박도 할 수 없게 되었다는 소식을 듣고, 다시 한번 예수님을 함정에 빠뜨리고자 음모를 꾸몄습니다. 예수님을 당황하게 하는 동시에 이로써 사두개인들보다 자신들이 우월함을 드러낼 수 있는 이 절호의 기회가 바리새인들에게는 아주 매력적이었을 것입니다. 또한 그들은 예전 경험을 통해 어느 정도 공격의 지혜를 배운 것 같습니다. 그들은 이제 로마법이 아니라(17절) 하나님의 율법에 관하여 묻고 그들 중 한 사람을 통해 주님을 율법의 해석자로 다루었습니다. 바리새인들의 공격적인 질문은 매우 심오하고 답변하기 어려운 것이었습니다. 그러나 예수님의 대답은 그만큼 더 완전한 것이었습니다.

그들의 질문 범위는 굉장히 넓습니다. "율법 중에 어느 계명이 큽니까?"(36절) 과연 누가 일순간에 율법 전체를 다 섭렵할 수 있겠습니까? 이 물음은 어떤 사람에게 밤하늘에서 가장 중요한 별을 즉시 가리켜 보라고 요구하는 것과 같습니다. 만일 그가 북쪽 하늘을 바라보고 있다면 그는 남쪽 하늘을 보지 못할 것입니다. 유대 랍비들은 율법에 613개의 계명이 있다고 보았습니다. 그들에 따르면, 그중에서 248개는 적극적으로 지켜야 할 것들이고 365개는 피해야 할 것들입니다. 이처럼 그들은 중요한 계명과 중요하지 않은 계명을 구분하려고 하였습니다.

그들의 물음은 지극히 큰 다양성을 가지고 있습니다. 하나님의 율법 안에 있는 계명들은 여러 측면에서, 그리고 다양한 방식으로 인간의 의무를 규정하고 있습니다. 정치적인 면과 교회적인 면, 제의적인 면과 도덕적인 면, 가정적인 면과 사회적인 면, 사적인 면과 공적인 면 등입니다. 과연 누가 이 모든 측면들을 일시에 완전히 통달할 수 있겠습니까? 그리고 과연 누가 이 모든 율법의 측면들을 통달하지 않고서 그 수많은 계명들 중 가장 큰 계명을 꼬집어 낼 수 있겠습니까?

또한 그들의 질문이 지닌 큰 어려움은 하나님의 모든 계명이 지닌 거룩함 입니다. 계명들이 아무리 다양하다 할지라도 그것들은 모두 다 한 가지 공통점이 있는데, 바로 하나님께서 말씀하신 것으로서 동일한 위엄과 권위를 지니고 있다는 사실입니다. 우리는 율법서의 각 페이지에서 "주께서 말씀하시되"라는 문구와 "나는 여호와로라"라는 문구가 반복하여 자주 등장하는 것을 쉽게 볼 수 있습니다. 이러할진대 과연 누가 그 계명들 간의 우열을 올바르게 분별할 수 있겠으며, 더욱이 과연 누가 그중에서 가장 큰 계명을 지적할 수 있겠습니까?

예수님은 율법사가 질문하는 의도를 아셨지만 그의 질문을 회피하지 않으시고 적극적으로 대답하심으로 모여 있는 무리들에게 교훈을 주십니다. 예수님은 그들의 질문 범위를 축소했습니다. 주님은 매우 지혜롭게도 하나님 자신이 이미 그것을 어떻게 다루셨는가를 나타내 보이심으로써 그 질문의 범위를 축소했습니다. 하나님께서는 율법으로 알려진 수많은 규례들을 하나로 집약 시켜 놓으셨는데, 한편으로 그 원래의 공표의 특별한 장소와 방식을 통하여(출 20:1-18), 다른 한편으로 그의 말씀을 이것에 국한했을 때 기울이셨던 특별한 주의를 통하여, 그리고 또 다른 한편으로 그것을 두 돌 판에 직접 쓰셨던 사실을 통하여(신 5:2) 이를 확증해 주셨습니다. 따라서 예수님은 하나님 자신이 이처럼 율법의 다른 계명들보다 한층 더 중요한 것으로 제시하셨던 계명으로 그의 관심을 집약하셨으며 그중에서 가장 큰 계명을 찾으셨던 것입니다.

　그리고 예수님은 이 집약된 부분만을 취하여 그 구조와 강조점을 설명하셨습니다. 그것은 바로 십계명으로서, 이 십계명은 그 구조적인 면에서 크게 두 부분으로 나누어져 있습니다. 그중 첫째 부분은 사람들에게 그들의 창조주이신 하나님을 사랑할 것을 가르치고 있습니다. 여기서 마음과 목숨과 뜻을 언급한 것은 인간의 어떤 특정 부분을 설명하기 위한 것이 아니라 하나님에 대한 인간의 '총체적인 사랑'(total love)을 강조하기 위한 것입니다. 그리고 그 둘째 부분도 역시 '사랑할 것'을 가르치고 있으며, 단지 다른 점은 이웃을 자신의 몸과 같이 사랑하라는 것입니다. 유대인들에게 있어서 이웃이란 유대인 이웃만을 뜻하고 이방인은 결코 이웃이 될 수 없었습니다. 하지만 예수님은 이미 산상설교에서 이웃의 범위를 동족으로부터 원수와 이방인에까지 확대하셨습니다 (5:43-47). 따라서 예수님의 생각은 율법사의 속 좁은 생각을 초월해 모든 민족을 사랑해야 한다고 말씀하십니다.

십계명의 이러한 구조는 십계명의 첫 부분이 순서와 중요성에 있어 모두 둘째 부분보다 앞서며, 따라서 둘째 부분보다 '큰' 계명이라는 사실을 나타냅니다. 동시에 그 둘째 부분은 바로 그 첫째 부분의 결과로서 결코 첫째 부분보다 열등한 것으로 간주하지 말아야 한다는 사실 또한 나타냅니다. 그러므로 십계명은 가장 큰 계명을 우리에게 제시해주고 있는데, 우리 예수님께서 결론적으로 말씀하신 바와 같이 하나님으로부터 보내심을 받은 선생들이 가르쳤던 모든 가르침의 '핵심'이며, '요약'($\kappa\rho\acute{\epsilon}\mu\alpha\tau\alpha\iota$, 크레마타이) 입니다.

하나님의 계명은 사람을 살리는 '생명의 법'입니다. 그래서 하나님은 우리에게 사랑으로 계명을 주셨고 우리에게 사랑하라고 말씀하셨습니다. 바리새인들은 율법으로 사람을 죽이려 하고 있습니다. 사랑으로 사람을 살리는 일은 인간에게서 배울 수 있는 것이 아닙니다. 왜냐하면 인간은 죄인이기 때문입니다. 예수님의 십자가 앞에 무릎 꿇고 하나님의 사랑을 깨달아야 합니다. 그리고 그 사랑으로 사람을 살릴 수 있습니다. 우리는 하나님의 가장 큰 계명을 놓치고 어떤 것을 붙잡고 있습니까?

그리스도에 대한 질문

마 22:41-46

이제까지 여러 부류의 대적들은 예수님을 함정에 빠뜨리기 위하여 각종 까다롭고 난처한 질문을 던졌습니다. 그러나 사태가 역전되어 예수님의 놀라운 답변에 좌절과 당황 가운데 빠진 바리새인들이 물러가기 전, 즉 그들이 아직 함께 모여 있을 때, 주님은 그들에게 두 가지 질문을 던지십니다. 여기서 "물으시되"로 번역된 'ἐπηρώτησεν(에페로테센)'은 '~에게 다가가서 질문하다'라는 뜻입니다. 즉 이번에는 예수님께서 자신을 음해하기 위해 모인 자들 앞에 다가가서 역공하십니다. 바리새인들은 율법에 열심이 있던 자들이었습니다. 율법 연구에 열심을 내는 것이 좋은 일이지만, 인간을 율법의 저주로부터 구원해 주실 메시아를 아는 것은 더욱 필수적인 일입니다. 그래서 예수님은 그들에게 "그리스도에 대하여 어떻게 생각하며, 누구의 자손이냐?"(42절)라고 물으셨습니다. 여러분들에게도 묻고 싶습니다. "그리스도에 대하여 어떻게 생각합니까?" 여러분 가운데는 이 질문에 답을 제대로 할 수 있는 분도 있지만, 아직도 예수 그리스도를 인격적으로 만나지 못하여 대답을 잘하지 못할 분도 있을 것입니다.

이 질문의 근거는 바리새인들과 예수님의 공통적 신념에서 발견할 수 있습니다. 그들은 당시 그들이 지니고 있던 성경의 의도에 대한 확고한 신념이 있었는데, 예수님과 바리새인들은 모두 성경이 그리스도(혹은 메시아)를 가리키고 있음을 믿고 있었습니다. 약 30년 전에 서기관들과 바리새인들은 헤롯 대왕에게서 그리스도가 어디에서 태어나실 것인가 하는 질문을 받았을 때 성경 말씀을 인용하여 대답하였습니다(마 2:4, 5). 예수님이 본문에서 그들에게 그리스도에 관하여 물으실 때 암암리에 바로 이러한 성경 말씀을 염두에 두고 계셨으며, 이에 대한 바리새인들의 대답 역시 성경을 근거로 한 것이었습니다. 예수님과 그들은 그리스도에 대해 알기를 원할 경우, 반드시 성경에서만 이에 대한 지식을 얻을 수 있는 것으로 확신하고 있었던 것입니다. 그들은 이 문제에 관한 성경의 정확성을 확고히 믿고 있었습니다. 우리는 이 점에서도 예수님과 바리새인들이 일치된 견해를 지니고 있음을 발견할 수 있습니다. 성경이 가르쳐 주고 있는 것은 무엇이든지 다 참된 것으로 받아들여야만 했는데, 예수님과 바리새인들은 모두 다 그리스도에 관한 성경의 모든 말씀이 참된 것이라고 확신하고 있었습니다.

예수님이 하신 두 번째 질문에는 특별한 어려움이 있습니다.

성경의 몇몇 구절들은 그리스도를 "다윗의 자손"으로 언급하였으며, 다른 몇몇 구절들은 그를 여러 가지 방식으로 언급하였습니다. 다윗은 역사상 가장 위대한 메시아적 표상입니다. 그는 중앙집권 국가체제를 구축하여 이스라엘을 강력한 나라로 만들었습니다. 하지만 아들 솔로몬 이후 이스라엘은 분열되고 급기야 바벨론 제국에 포로로 잡혀가게 되었습니다. 그들은 포로에서 돌아온 이후 다윗과 같은 강한 왕이 등장하여 다시금 나라의 부강과 번영을 이룩해 주기를 기대했습니다. 따라서 유대인들은 그리스도를 다윗의 자손이라고 믿으면서 이러한 민족적 기대감을 가지고 있었습니다.

하지만 다윗은 그가 하나님의 영의 직접적인 영향 아래 말한 구절에서 그리스도를 그의 "주"로 칭하였는데, 이러한 사실은 45절에 예수님이 하신 질문과 같은 매우 어려운 문제점을 내포하고 있습니다. 어떻게 같은 사람이 자손인 동시에 주가 될 수 있으며, 예속자인 동시에 주권자가 될 수 있으며, 다른 사람 아래에 있는 동시에 하나님과 동등할 수 있습니까? 지난 2008년 9월에 있었던 '평양과기대' 준공식에 참석했던 분이 한 말이 생각납니다. 그곳에서 식사하는데 '낙지볶음'이 나왔답니다. 자세히 보니 재료가 낙지가 아니라 '오징어'이더랍니다. 내용을 알아보니 북한에는 낙지가 나지 않으니 오징어를 가지고 낙지볶음이라고 한다는 것입니다. 이런 것은 대한민국 사람으로서는 이해하기 어렵습니다.

성경은 거룩한 책인 까닭에 때때로 우리에게 어려운 문제를 던져줍니다. 그리고 성경은 그 기원에 있어서 인간을 넘어선 것인 까닭에 때때로 그 내용에서도 인간 지식의 한계를 넘어서 있습니다. 이 세상의 어두움을 보는 데 익숙해져 있는 눈은 하늘나라의 밝은 빛을 결코 단번에 명확하게 감지할 수 없습니다. 오직 우리는 참 하나님이자 참 인간이신 그리스도를 믿음으로 그가 어떻게 다윗의 '주'이면서 동시에 다윗의 '자손'이실 수 있는가를 깨달을 수 있으며, 따라서 우리는 바리새인들을 당황케 하셨던 그 성경 말씀들을 기쁨으로 받아들일 수 있습니다. 믿음이 중요합니다. 믿음은 하나님의 선물이며 은혜입니다. 이 믿음의 눈으로 보지 않으면 하늘나라의 밝은 빛을 볼 수 없습니다. 하나님의 말씀을 들을 때 믿음으로 받읍시다. 기도하며 성령의 충만을 받읍시다. 그래서 이 세상의 어두움을 보는 데 익숙한 우리의 눈을 새롭게 밝혀 하늘나라의 밝은 빛을 봅시다.

예수님의 질문을 들었던 사람들은 그 질문에 대해 아무런 답변도 할 수 없었습니다. 그들은 핑계를 대고 구실을 붙이고 숨기는 데 뛰어난 재능을 지니고 있었으나, 이 어려운 질문에는 아무런 말도 할 수 없었습니다. 율법에 열심을 가지고 있었고, 율법에 대한 태도 역시 좋았으나 그들에게는 믿음이 없었습니다. 예수님의 질문을 들었던 다른 사람들도 바리새인들과 마찬가지로 이에 대하여 아무런 반박도 할 수 없었습니다. 그뿐만 아니라 그들은 예수님께 더는 질문할 수 없었습니다. 그래서 예수님의 나머지 생애 동안 그들은 침묵했습니다(46절).

예수님은 자신이 다윗의 자손임을 거부한 것은 아닙니다. 그러나 자신을 다윗의 주라고 주장하시는 것은 적극적이고 완전한 메시아적 이해를 촉구하기 위한 것입니다. 성령으로 말미암아 예수님을 우리의 구세주로 믿는 우리는 예수님을 우리의 주님으로 모시고 살아야 합니다. 그리고 주님을 기쁘시게 하는 삶을 살아야 합니다.

행위는 본받지 말라

마 23:1-12

우리가 바리새인들과 사두개인들에게 여러 번 공격받았다면 어떻게 하시겠습니까? 한두 번은 참지만 그 다음부터는 화를 내고 대화를 거부했을지도 모릅니다. 예수님이 그들의 공격을 여러 번 받으신 후 주위에 서 있는 무리와 제자들에게 서기관과 바리새인들에 관해 말씀하셨습니다. 한편으로는 '증거의 방식'으로 하셨고, 또 다른 한편으로는 '경고의 방식'으로 하셨습니다. 정말 치사하지 않은 멋진 모습의 예수님이십니다.

첫째, 증거의 방식으로 하셨습니다.

2절에 "서기관들과 바리새인들이 모세의 자리에 앉았으니"라고 말씀하셨습니다. 서기관은 바리새인 중에서도 율법에 뛰어난 재능을 보인 자들 중에 선발합니다. "모세의 자리"는 회당에 놓여 있던 '율법 선생의 자리'입니다. 서기관의 의무는 모세가 가르친 것을 설명하고 시행하는 것입니다. 그러므로 그들이 의무를 충실하게 이행할 때 사람들이 복종하는 것은 곧 모세에게 복종하는 것입니다. 한글 성경에 빠져 있는 'ὑμῖν'(휘민, 너희에게)은 예수님의 제자들도 포함되므로 종교 지도자들의 가르침을 받는 대상에 제자들도 포함되어 있습니다. 또한 그 일이 바로 주님께 기쁨이 되는 일이라고 예수님께서는 강조하십니다. 예수님의 말씀이 자신의 이전 말씀과 행위와 관련될 때 그 증거는 훨씬 인상적입니다. 오래전에 예수님께서 공표하셨습니다. "내가 율법이나 선지자나 폐하러 온 줄로 생각지 말라 폐하러 온 것이 아니요 완전케 하려 함이다"(마 5:17). 여기서 예수님은 율법을 설명하는 직책을 지닌 사람들의 권위를 지지합니다. 제가 자주 말씀드렸지만 저는 늘 현직 대통령 편입니다. 그가 앉은 자리의 권위 때문입니다. 미국 정치인들은 대통령 선거에서 패배하면 당선된 상대방을 향하여 "그는 우리의 대통령이다."라고 한답니다.

예수님의 이 증거는 인상적입니다. 주님의 이러한 선언에 의해 선택된 것은 얼마나 중요한 것인지 모릅니다. 서기관들과 바리새인들이 주님의 권위에 도전하려는 심히 무모한 음모를 꾸민 직후에도 주님은 그들의 권위에 대해 이렇게 경의를 표합니다. 그들이 직책을 심히 수치스럽게 만들었을지라도 예수님은 그 직책에 경의를 표합니다. 그들이 자신에 차 있을 때 예수님은 그들에게 도전하였습니다. 이제 그들이 당혹해하고 있을 때 그들을 도리어 지지하십니다. 이러한 예수님의 행동은 얼마나 큰 인내와 자비와 온유함 입니까! 우리는 이런 객관적 자세를 갖추지 못할 때가 많습니다. 우리는 한 가지가 마음에 들지 않으면 다른 모든 것을 부정하고 비판하는 자세를 가질 때가 많습니다. 조그만 일에도 섭섭함을 표출할 때가 많습니다. 그래서 교회 안에 연합이 잘 이루어지지 않는 경우가 많습니다. 요즘 보수정치권에서 통합논의가 활발

한데, 과연 '빅 텐트'를 칠 수 있느냐가 관건입니다. 대표들이 얼마나 욕심을 내려놓느냐가 관건일 겁니다. 교회 안에서도 서로가 섭섭함을 표시하기보다는 주님의 가르침을 따라 '빅 텐트'를 칠 수 있어야 합니다. 예수님께서 바라시는 바이며 마지막에 기도하신 내용입니다(요 17장).

둘째, '경고의 방식'으로 예수님은 말씀하셨습니다.

예수님 주위에 있던 무리와 제자들이 경의를 받아 마땅한 모든 사람들에게 경의를 표해야 하는 것은 중요한 일이지만, 또한 그들이 그러한 일로 인하여 죄를 범하는 유혹에 빠져서는 안 된다는 사실도 중요합니다. 이러한 까닭에 바로 뒤이어 권고가 뒤따릅니다. 이들 선생들에 대한 권고는 분명히 모든 사람들을 향한 권고입니다. 그들의 가르침과 그들의 본을 주의해서 분간하라는 것입니다. 그들의 가르침은 비록 옳다 할지라도 그들의 행동은 거짓되다는 것입니다.

먼저 "그들은 말만 하고 행치 아니한다"(3절)라고 예수님은 경고하십니다. 모세의 교훈이 귀찮고 지루하면 할수록 이러한 요구 사항을 규제하는 그들의 열성은 그들 자신에게가 아니라 다른 사람들에게 더 커집니다. 그래서 그들은 행함은 뒤따르지 않고 말만 많이 하는 것입니다. 또 예수님은 그들의 '외형 중심의 삶'을 질타하고 있습니다. 그들이 모세에게 바친 모든 외적 순종에는 사람에게 보이고자 하는 악한 동기가 작동하고 있습니다(5-7절). 5절의 "경문"은 구약성경 구절들이 적힌 양피지를 넣어두기 위해 가죽으로 만든 작은 '성구함'으로 아침과 저녁 기도 시에 왼쪽 팔이나 이마에 붙였습니다. "옷 술"은 남성들의 겉옷의 네 귀에 다는 장식으로 하나님의 명령을 기억하여 준행하게 하고 방종하지 않게 하려고 고안된 것입니다. 그런데 예수님은 경문과 옷 술 자체를 잘못된 것이라고 하는 것은 아닙니다. 예수님은 다만 그것을 이용해 자신을 과시하려는 종교 지도자들의 외식을 비판하시는 겁니다. 복장과 태도로 사람들 앞에서 경건하게 보이려 하고, 존경을 받으려고 하는 것이 바로 그들이 진심으로 추구하는 목적들입니다. 인간이 헛된 칭찬을 좋아하는 것은 그 얼마나 어리석은 일입니까? 이러한 사실은 본문을 통해서 우리가 배워야 할 중요한 교훈임에 틀림없습니다.

예수님께서는 그의 사역 초기에 하신 산상설교에서도 이점을 강조하셨습니다. "사람에게 보이려고 그들 앞에서 너희 의를 행하지 않도록 주의하라"(마 6:1-18). 인간은 많은 것을 소유하면 할수록 더 많은 것을 욕망하게 됩니다. 영적으로 취한 상태도 이와 동일합니다. 다시 말하면 명예와 칭찬을 얻다 보면 그것을 더욱더 갈망하게 된다는 것입니다. 이러한 까닭에 그들이 욕망을 성취할지라도 그들의 성취는 오히려 실패와 상실입니다.

이어지는 특별한 권고들은 제자들에게 주시는 권고들입니다 (8-12절). '너희가 정말로 나의 제자가 되기를 원하느냐?' '그렇다면 스스로 이러한 점들을 조심하라.'라고 예수님은 말씀하십니다. 8절에서 "내 안에서 오직 서로를 형제처럼 대하라"라고 하십니다. 외형에만 신경 쓰는 자들이 아니라 말씀대로 순종하려는 자들이 된다면 우리는 서로 형제라는 말씀입니다. 말만 하고 행하지 않는 자들이 되지 말고 예수님의 말씀을 따라 행하면서 예수님을 닮아 가면 우리는 모두 형제입니다. 9-10절에 '너희에게 선생과 지도자는 한 분 그리스도밖에 없다.'라고 말씀하십니다. 11-12절은 결론의 말씀입니다. '너희들은 으뜸이 되기보다 섬기는 종이 되어라. 결국 교만은 외식하는 선생들의 열매이다. 겸손이 너희의 것이 되어야 한다. 또한 지혜롭게 겸손하라.'고 말씀하십니다. 예수님은 제자들에게 세상의 기준과는 정반대되는 삶을 요청하십니다.

외식하는 서기관들과 바리새인들

마 23:13-15

예수님께서는 이번 장에서 서기관들과 바리새인들에게 화가 있을 것이라고 일곱 번이나 엄하게 꾸짖고 있습니다. 여기서 일곱 화는 5장의 팔 복과 대칭을 이룹니다. 팔 복은 하나님이 기뻐하시는 삶을 사는 자에게 복이 있다는 말씀인데, 일곱 화는 하나님이 진노하시는 삶을 사는 자에게 화를 선언하는 말씀입니다. 오늘 본문에서 주님은 외식하는 서기관들과 바리새인들에게 화가 있다고 두 번이나 말씀하십니다. 왜냐하면 그들은 동시대 사람들에게 '선의 방해자들'이고, '악의 선동자들'이기 때문입니다.

첫째, 그들은 외식하는 자들로서 '선의 방해자들'입니다.

'외식하는'($\dot{\upsilon}\pi o\kappa\rho\iota\tau\alpha\acute{\iota}$, 휘포크리타이)은 '겉으로만 꾸며 체면을 닦음', '가장하는', '위선적인' 등의 뜻입니다. 외식은 모든 계층의 사람들이 진리를 배우지 못하게 하고 진리의 문을 면전에서 닫습니다.

절의 상황은 자기 기만적인 사람들 자신에게도 적용됩니다. 속임수로 시작한 사람이 어떻게 진리로 끝을 맺을 수 있겠습니까?

처음부터 잘못되었습니다. 이러한 사실은 예수님께서 왜 앞서 (5:20) "너희 의가 서기관과 바리새인보다 더 낫지 못하면 결코 천국에 들어가지 못하리라"라고 말씀하셨는가를 말해줍니다. 실제로는 불의인 이러한 의는 불의가 가져다주는 효과만을 남길 수 있습니다. 길을 보여주는 것만으로 사람에게 도움을 줄 수 없습니다. 오히려 이런 기만은 문에 빗장을 지르는 것처럼 나쁜 방법입니다. 다시 말해서 문을 열어 주기는커녕 문을 더욱 굳게 닫게 하는 결과를 가져오는 것입니다.

또한 외식은 다른 사람들이 진리를 배우지 못하게 합니다. 이러한 자기 기만적인 사람들이 올바른 문을 가리킨다고 할지라도(약간이지만 긍정적인 기여가 있음이 3절에 암시된 것처럼 보입니다. 그들은 그 문을 바라보는 사람들 앞에서 외식함으로 오히려 방해합니다. 지도자들이 외식할 때 구도자들, 백성들은 무엇을 보겠습니까? 그들은 진리를 가르치는 이 사람들의 모순된 행동을 바라보게 됩니다(3절, "그들은 말만 하고 행하지 아니하며").

사람들은 또한 외식하는 자들의 진정한 동기를 바라보게 됩니다. 그렇게 되면 사람들이 거짓 선생들을 통해 진리를 판단하게 되고, 진리와 그 진리를 가르치는 선생 모두에게 같은 반감을 갖게 될 것입니다. 진리를 배울 마음이 진지하지 못한 사람들의 경우라면 이러한 영향력은 즉시, 그리고 직접적으로 나타납니다. 외식이라는 장애물을 보여주는 것만으로도 내키지 않는 사람들을 도망치게 하기에 충분합니다. 결국 그들의 가르침은 하나님 나라에 적대적이고 방해가 됩니다.

둘째, 그들은 '악의 선동자들'입니다.

외식은 사람들의 노력으로 15절의 결과에 이르게 합니다. 이러한 자기 기만적 태도를 행하는 자들은 때때로 분명히 그들의 행동에 어느 정도 불안을 품게 됩니다. 그 불안을 타파하기 위해 다른 사람으로 하여금 같은 행위를 하게 하는 것이 그들의 특징입니다. 예수님의 성품을 따르지 않는 사람일수록 자신의 외식적인 행동에 대한 설명, 이유가 많습니다. 다시 말해서 어떤 방법을 취해서든 이런 외식에 관심을 갖게 해 타인들도 자기들처럼 외식하도록 만드는 것입니다. 요세푸스의 역사적 기록을 보면 힐렐 학파의 바리새인들이 세계로 흩어진 디아스포라를 통해 '하나님을 경외하는 이방인'들을 유대교로 개종시키려고 많은 노력을 기울인 것을 알 수 있습니다. 외식하는 자들은 특히 가치 있게 여기는 것, 즉 명예와 찬사를 얻으려 노력합니다(5절). 진정으로 종파심이 강한 자들에게는 자기 종파의 모든 잔치에서 '상석'(6절)이 배당됩니다. 사소한 성취에 깊은 관심을 기울이는 사람들에게 명예와 대우는 그 어떠한 대가를 치르더라도 바꿀만한 것입니다.

외식은 이러한 노력의 결과로서 특별히 악한 영향에 의해서 나타납니다. 예를 들어, 이러한 개종자들이 무엇에 이끌리는가를 살펴보십시오. 개종자들은 동일한 외식과 자기기만에 빠집니다. 교훈과 생활에 있어서도 동일한 오류에 빠지게 됩니다. 동일하게 완고한 영적 어두움과 죄악에 이끌리게 됩니다. 다른 한편으로 그들은 무엇에서부터 이끌림을 받는가를 살펴보십시오. 그들의 도덕적 성품이 '사탄의 하수인의 자리'로 추락하였습니다. 이러한 것들은 그들의 처지와 형편을 '배나' 더 심각하게 만드는 것들입니다.

예수님의 마음에 죄인들의 구원보다 귀중한 일은 없습니다. 예수님께서는 이 목적을 위해 세상에 오셔서, 그의 생명을 주셨고, 십자가를 지셨습니다. 그러므로 주님의 인류 구원 사명이 배나 더 반대를 받는 일을 보는 그분의 마음이 얼마나 슬프고 고통이 컸겠습니까? 외식하며 남까지 변질시키는 사람들에게 "화가 있다!"라고 엄하게 경고하시는 그분의 깊은 자비를 헤아려 봅시다. 사도 바울은 "만일 복음을 전하지 아니하면 내게 화가 있을 것이로다"(고전 9:16)라고 말하였습니다. 왜 그렇게 말씀하십니까? 거부에 내포되어 있는 불순종 때문입니다. 또한 침묵에 내포되어 있는 잔인함 때문입니다. 우리를 꾸짖는 예수님의 말씀은 우리를 향한 사랑입니다. 우리는 외식하지 않고 진정한 자세로 복음을 전하여 사람들이 복된 구원의 길을 가게 합시다.

눈 먼 인도자

마 23:16-28

여러분들은 눈이 좋으신지요? 본문에서 우리는 "눈먼"($\tau \upsilon \varphi \lambda o \iota$, 튀플로이) 이라는 형용사가 다섯 번이나 나오고 있는 것을 발견합니다. 이 형용사가 나올 때마다 예수님께서 말씀하고 계시는 자칭 '인도자들'이 등장합니다. 예수님에 따르면 이들은 '눈먼' 인도자들입니다. 왜냐하면 그들은 끝을 맺어야 할 곳에서 시작하기 때문입니다. 그리고 그들은 중요하지 않은 것을 위해서 중요한 것을 존재하지 않는 것처럼 취급하기 때문입니다. 특별히 세 가지 측면에서 예수님께서는 이러한 어리석음을 계속해서 밝히고 계십니다.

첫째, 존경과 예배에 관련한 어리석음을 밝히십니다.

하나님께서는 제일 먼저, 그리고 가장 크게 존경을 받으셔야 합니다. 존경받을 그분에게 보다 가까이 있는 것들이 있습니다. 이런 '가까운' 것들에는 위로 하나님의 보좌인 하늘이 있고(22절), 아래로 하나님의 성전과 제단이 있습니다. 하나님은 성전을 이 땅위에 존재하는 그분의 특별한 '처소'로 정하셨고, 제단은 예배를 통해 하나님께 더욱 가까이 나아가게 하는 수단이기 때문에 이 두 가지는 영광과 두려움을 지니고 있었습니다. 그것들은 하나님을 예배하는 데 있어 중요한 요소이므로 그것들 안에 하나님의 위엄이 가득 차 있는 것으로 생각할 수 있습니다.

동시에 이 위엄 있는 성전과 제단에 관계된 것, 예를 들어 성전을 장식한 '금'과 제단 위에 놓인 '예물'도 그것들 나름의 어떤 거룩함을 지니고 있었습니다. 사람들은 그것들을 경외감과 존경심을 가지고 취급했습니다. 그러나 실제로 존경받아야 할 것은 첫째가 '근원'입니다. 그다음에 눈에 보이는 부수 기재들입니다. 그럼에도 불구하고 눈먼 인도자들에 의해서 채택된 것은 정반대였습니다(16절). 그들은 성전보다 성전의 금을, 제단보다 제단 위의 예물을 두고 맹세하는 것을 더 중하게 여겼습니다(16, 18절). 진정으로 존경할 분이 누구인지를 알고, 진정으로 누구에게 예배를 드려야 할 것인지를 확실히 알아야 합니다.

둘째, 의무와 관례에 대한 어리석음을 밝히십니다.

본문에 나와 있는 가치 있는 진실한 명령(정의와 긍휼과 믿음)은 인식하기 어렵지 않습니다. 예를 들어 도덕적인 것은 의식(의례)적인 것에 앞서 있었습니다. 양심의 문제는 의식의 문제에 앞서 있었습니다. 그런데 그들은 박하와 회향과 근채의 십일조를 드렸다(23절)고 했습니다. 이것들은 채소에 속하는 것이며 이스라엘의 농작물 중에서도 사소한 종류들입니다. 이런 사소한 풀의 십일조도 했으니 종교 지도자들이 얼마나 십일조 생활에 철저했는가를 알 수 있습니다. 그러나 하나님께서는 우리가 자신들을 위해서 계획하는 이상의 것을 분명히 우리에게 요구하십니다(23절, 미 6:8, 시 15편). 하나님의 뜻을 분별하는 일, 하나님의 사랑을 닮는 일, 그분의 실존을 믿는 일, 이 일들을 바꾸어 말해 '심판, 자비, 신앙'은 '저울의 티끌'(사 40:15)과 같은 것에 의해서 보충될 수 없습니다. 어떤 사람은 색다르게 말합니다. 그들은 접시에 대해서 생각하기보다 양념에 대해서 생각하였습니다. 그들은 작은 것은 확대하였고 큰 것은 축소하였습니다. 그들은 비본질적인 것을 마치 그것이 전부인 것처럼 취급하였습니다. 그들은 하루살이는 걸러내고 낙타는 삼켰습니다(24절). 이와 같은 이중적인 맹목성보다 더 나쁜 것이 있을 수 있겠습니까? 무의미한 것은 자세히 살펴보고 중요한 것은 보지 않는 이러한 태도보다 더 나쁜 태도가 있을 수 있겠습니까?

셋째, 성결과 거룩함에 있어 어리석음을 드러내십니다.

본문 25~28절에서도 다른 절에서와 마찬가지로 이런 과정이 어디에서 시작하는지 누가 볼 수 있겠습니까? 물론 그러한 과정은 생각의 출처, 다시 말해서 생각이 나오는 바로 그곳에서 시작됩니다. 그곳을 깨끗이 하십시오. 그리하면 바깥을 깨끗이 하는 일은 필요하지 않을 것입니다. 속을 더럽혀 보십시오. 그러면 바깥이 아무리 깨끗해도 소용없습니다. 이와 반대로 속은 더럽게 내버려 둔 채 바깥만 깨끗이 하려고 하는 것은 전체를 더럽게 하는 일이 될 것입니다. 당시에 유대 사회는 무덤에 회 칠을 하였습니다. 특히 대규모의 순례객들이 예루살렘을 찾아오는 매년 유월절 전에 무덤을 회칠하였습니다. 예수님은 유대의 정결 규례 자체를 비판하시는 것이 아니라 그러한 규례의 진정한 의미를 모르고 잘못 적용하여 진정한 정결에 이르지 못하는 행태를 비판하십니다. 요즘 대학가의 컴퓨터는 대부분 게임이나 야동을 보는 것으로 사용된다고 합니다. 대학생들의 생각이 무엇인지 어느 정도 짐작하게 해 주는 일입니다.

본문에서 예수님은 그들을 '탐욕과 방탕으로 가득 차' 있는 자들이라고 말씀하십니다(25절). 다시 말해서 다른 사람들에게 해를 끼치고 자신들은 방탕에 빠지는 결과를 초래하는 사람들이라고 예수님께서는 말씀하십니다. 다시 예수님께서는 그들을 '회칠한 무덤' 같은 사람들이라고 말씀하십니다. 외적으로는 의로운 척 하면서 내적으로는 죄를 범하는, 외적으로는 아름다운 척 하면서 내적으로 더러운 사람들이라고 책망하십니다. 그래서 그들을 가장 더러운, 이러한 죄악을 그들의 최고의 목적으로 삼는 '맹인 된 자들'이라고 책망하십니다.

악을 선으로 둔갑시키는 것은 그 어떠한 경우에 있어서도 유익한 일로 볼 수 없습니다. 최악을 최선으로 보는 것은 아무것도 보지 못하는 것과 마찬가지입니다. 우리의 영안은 밝은지 살펴봅시다. 우리 안에 가득 차 있는 것은 무엇입니까? 사람들에게 자기를 돋보이려고 하고 자기를 과시하려는 욕심을 버리고 밝은 영안을 열고 거룩한 것들을 마음에 품고 믿음으로 전진합시다.

서기관들과 바리새인들의 가장 악한 죄

마 23:29-39

마태복음 23장에서 예수님은 "화 있을진저!"라고 시작하시면서 서기관들과 바리새인들의 일곱 가지 죄를 지적하십니다. 그런데 본문의 서기관들과 바리새인들의 마지막 죄는 앞에 나온 여섯 가지 죄와 독립된 죄입니다. 아마도 어떠한 의미에서 보면, 이 죄는 가장 악한 죄이기 때문에 따로 말씀하셨을 것입니다. 서기관들과 바리새인들의 죄의 절정은 바로 메시아이신 예수님을 죽인 데 있습니다. 그래서 본문의 죄는 앞선 모든 죄의 결론적인 성격도 지닙니다. 그런데 놀랍게도 그들의 정신 상태가 가장 악할 바로 그때 그들은 자기들이 가장 의롭다고 선언합니다(30절). 예수님께서 이제 바로 그런 그들의 주장에 관해 말씀하십니다.

예수님께서는 예언자들과 의인들의 순교에 대한 그들의 근거 없는 정당화(29-30절)의 진실을 즉시 알아보십니다. 우선 서기관들은 예언자들과 의인들의 순교에 대해 아무 관심이 없습니다. 죽은 선지자는 어떤 의미에서 더는 선지자가 아닙니다. 그러나 그들이 선지자들의 무덤과 비석을 꾸미는 일은 우리가 아는 것처럼 무엇보다도 그들의 의로움을 드러내려는 쇼입니다(5-7절). 당시에 유대인들은 무덤의 외관을 꾸며서 죽은 자의 생애와 업적을 기념하고 존경을 표하였습니다. 그러므로 실제로 그들은 그들의 조상들과 같은 사람들이었습니다. 그들은 시대적 상황이 달랐기 때문에 방법은 달랐지만 그들의 조상들과 같은 정신으로 활동하였습니다(31절). 그들은 하나님의 선지자를 핍박했던 역사상의 악인들을 비난하였지만 자기들 스스로 핍박자의 자리에 있는 줄은 몰랐습니다. 우리는 자기 자신을 바르게 바라볼 수 있어야 합니다. 소크라테스가 말한 '너 자신을 알라'를 기억하는 것도 좋은 방법입니다. 우리는 남을 평가하는 일에만 익숙합니다. 문제의 심각성이 바로 여기에 있습니다. 선지자들을 죽인 자들의 자손이면 더욱 자숙하고 남보다 선행에 힘써야 하지만 그들은 위선의 절정에 다다른 모습을 보이고 있던 것입니다.

예수님께서는 앞으로 일어날 모든 일에 대해서 너무도 분명하게 아셨습니다. 이전의 핍박자들과 모든 면에서 같은(34절) 이 사람들에게 예언자와 지혜자와 율법 학자들이 올 것입니다. 이들은 누구 못지않게 잔혹한 대접을 받게 될 것입니다. 전보다 훨씬 더 심하게 구박을 당할 것입니다. 주님의 선포는 서기관과 바리새인들의 변명에 대한 충분한 심판이 되었을 것입니다. 만일 그들이 순교자들의 증거를 확증된 것으로 귀중하게 여겼다면 하나님이 파송한 사명자들을 그런 식으로 취급하지 않을 것입니다. 앞으로 예수님이 어떠한 고난과 죽임을 당하실 것인지를 짐작하게 하는 말씀이며, 예수님의 제자들의 고난과 순교를 짐작하게 하는 말씀입니다. 35절의 아벨은 인류 역사상 최초의 살해당한 사람이며,

사가랴는 이스라엘 역사에서 가장 나중에 살해당한 사람입니다. 예수님께서는 본문에서(33절) 그들이 진짜 "뱀"이고 "독사의 새 끼들"이라는 것을 보시고 앞으로 올 선지자들과 지혜 있는 자들이, 그리고 예수님 자신이 그렇게 당할 것을 예언하십니다. 고대 팔레스타인에서는 '뱀'은 가장 혐오스러운 짐승이었고, '독사의 새끼'라는 표현은 그 혐오스러움을 가장 강하게 드러내는 것입니다.

자녀들이 그들의 선조들을 대신해 경고 받는 것처럼 반복은 일종의 대표로 간주할 수 있습니다. 후손들이 조상들의 죄를 반복하고 있습니다. 후손들은 선조들보다 더 큰 책임이 있습니다. 이러한 까닭에 그리스도 이전 세대의 지은 죄는 엄청난 것이었습니다 (31절). 또한 예수님께서는 그들에게 무서울 정도로 운명의 가혹함을 말씀하십니다. 과거 정신의 진정한 상속자(예수님께서 말씀하신 것처럼)이므로 또한 그들은 그 심판의 상속자이기도 합니다.

가장 인자한 왕이신 예수님께서 이러한 무서운 재앙(38절)을 예견하시고, 그들에게 말씀하실 때 거의 같은 강도의 슬픔이 그를 사로잡습니다. 본문에서 과거에 대한 통찰력은 그 얼마나 훌륭한 것입니까! 하나님 아버지는 지나간 시대에 뜨거운 열정으로 얼마나 자주 예루살렘의 자녀들을 그의 날개 아래로 불러들이고자 하셨습니까! 이러한 하나님의 자비한 행동에는 그분의 본성과 마음의 불가사의한 깊이가 매우 잘 나타나 있는 것을 볼 수 있습니다. 핍박자들의 편에서 볼 때도 역시 그 얼마나 훌륭한 통찰력입니까!

얼마나 자주 그의 사랑을 형언할 수 없는 반감으로 거부하였습니까! 그러므로 이러한 두 가지 측면에서 볼 때 이 통찰력은 미래에 관한 훌륭한 통찰력입니다. 이제 예수님께서는 다시는 이러한 경고와 심판선언을 하실 수 없습니다. 그들은 다시는 주님을 볼 수 없을 것입니다. 예수님께서 오실 때에는(왜냐하면 그는 분명히 오실 것이기 때문에) 그 어떠한 것도 옛날 그대로 있지 못할 것입니다. 그들의 '집'이 사라져버릴 것입니다. 그들의 마음이 변화될 것입니다. 이러한 외침이 예수님의 귀에 쟁쟁할 것입니다. "찬송하리로다, 주의 이름으로 오시는 이여!"(39절) 이것은 예수님의 재림 때 모든 성도들이 예수님이 진정한 우주의 왕이심을 인정할 수밖에 없는 찬송인 것입니다.

그러므로 마지막으로 예수님께서 가장 사악한 자들에게 무엇을 요구하셨는가를 살펴보십시오. 그들은 주님의 사랑을 있는 그대로 다 영접해야 했습니다. 여기에 모든 교훈 가운데 가장 위대한 교훈이 있습니다. 예수님께서 가장 냉정하신 모습을 보여주는 이곳에서 그는 또한 가장 인자하신 모습을 보여주십니다(37절). 예수님의 사랑이 있기 때문에 계속 죄 가운데 머물러 있어도 된다는 생각을 그 누구도 하지 말아야 합니다. 예수님의 사랑조차도 이러한 죄에 대해서는 어떻게 할 수 없습니다. 어쩌면 우리에게 죄가 있다면 그것은 예수님의 사랑을 받아들이지 않았기 때문에 생긴 것입니다.

요즘은 사람들이 젊음을 유지하는 기간이 길어졌습니다. 그러나 계속 젊을 것이라고 착각하지 마십시오. 지금 태평한 시대라서 심판이 없을 것이라고 착각하지 마십시오. 회개하고 변화합시다. 하나님의 말씀을 가식 없이 진정성을 가지고 듣고 실천하여 예수님 다시 오실 때 찬송하는 자들이 됩시다. 그리고 이 땅에서도 천국의 삶을 살아갑시다.

다섯 번째 강화(講話)

(24:1-25:46)

05

성전파괴와 종말의 징조

마 24:1-14

프로야구 〈삼성 라이온스〉 구단의 김응룡 사장이 배영수 선수에게 물었습니다. "요즘 팬레터 많이 오냐?" 배영수가 대답합니다. "카페 조회 수가 문제죠!" 김 사장이 다시 묻습니다. "조회 수가 어떤 여자냐?"

예수님과 제자들이 성전에서 나와 가실 때(1절) 그들은 모두 성전에 대한 생각에 사로잡혀 있었습니다. 그러나 예수님과 제자들의 성전에 대한 생각은 서로 달랐습니다. 제자들은 그 아름다움과 장엄함에 대하여 생각하였으나 예수님은 그 임박한 파괴와 마지막을 생각하고 말씀하십니다(2절). 1절에 나오는 두 동사는 "나와서"(ἐξελθών, 엑셀톤)와 "가실 때에"(ἐπορεύετο, 에포뤼에토) 입니다. 동사를 하나만 써도 되는 문장이지만 두 개나 사용한 것은 예수님이 하나님이 계시지 않는 성전을 완전히 떠나신다는 의미를 나타냅니다. 예수님의 말씀대로 주후 70년 로마의 베스파시안 황제의 아들인 티투스는 예루살렘을 침공하고 성전을 파괴하였습니다. 제자들은 이번에는 미래에 일어날 일들에 관하여 생각하고 주님께 질문합니다(3절).

제자들은 두 가지 사건을 하나의 사건으로 이해하면서 질문합니다. 그러나 예수님은 성전 파괴와 종말을 각각 별도로 다루시지만, 두 사건을 아무런 상관이 없는 별도의 사건으로 분리하기보다는 가까운 미래에 있을 성전의 파괴가 먼 미래에 있을 세상의 종말의 전조라고 가르치십니다.

그들이 질문한 주제는 결코 간단한 것이 아니었습니다. 그것은 특별히 '주의해야 할' 주제였습니다. 그러므로 예수님은 이 문제에 대하여 먼저 주의하라고 말씀하십니다(4절). 언제나 많은 거짓 인도자들이 존재할 것이기 때문입니다. 또한 그런 자들은 대체로 대단히 그럴듯하게 보일 것이기 때문입니다. 또한 그들에 대하여 주의해야 하는 것은 사람들이 자기들의 말을 믿게 하는 데 종종 성공할 것이기 때문입니다(5절). 한마디로 이러한 것이 종말이 오기 전의 특징이 될 것입니다. 그리고 지상에서 이러한 상태는 예수님의 '다시 오심' 또는 '다시 나타나심'의 때까지 지속될 것입니다. '미혹하는 자들'이 있고 '미혹을 당하는 자들'이 있습니다. 많은 사람들이 잘못된 것을 가르칩니다. 많은 사람들이 그것을 올바른 것으로 받아들입니다. 그러므로 이러한 환경에 처한 사람들은 실로 '조심해야' 합니다.

그러면 어째서 항상 종말과 관련한 문제에 많은 오류가 생깁니까? 이는 부분적으로는 인간들의 일반적인 어리석음과 주제넘음 때문입니다. 대부분의 현혹과 기만은 어리석음으로 설명될 수 있을 것입니다. 그러므로 종말에는 어떤 주제이든 들은 모든 것을 그대로 믿는 것은 현명하지 못합니다. 또한 모든 것들이 언제나 마지막에도 처음의 모습과 동일하게 나타나리라고 당연하게 여기는 것도 현명하지 못합니다. 더욱이 본문에 기술된 바와 같이 매우 진기하고도 전례가 없는 종말의 현상에 관하여서는 더욱더 그러합니다. 종말이란 명칭 자체가 전에는 결코 일어난 적이 없는 어떤 것이 되리라는 것을 시사합니다. 그러므로 종말에는 거짓된 것과 참된 것을 구분하기에 어려움이 따르리라는 것을 의미합니다. 그렇기 때문에 우리 신앙의 표준인 '성경 중심'에 굳게 서는 것이 중요합니다.

말세에 관하여 예수님께서 말씀하신 것을 고찰해 봅시다. 때가 되면 세상은 경고의 부르짖음으로 가득 찰 것입니다. 전반적인 붕괴가 급박하게 나타날 것입니다. '종말'이 가까운 것처럼 보일 것입니다. 그러나 이 모든 것은 종말의 현상이 아니라 세상의 종말이 가까웠다는 징조일 뿐입니다(6절). 다음번에는 징조 이상의 일들이 일어날 것입니다. 실질적인 갈등과 투쟁이 일어나 민족이 민족을, 나라가 나라를 칠 것입니다. 이것이 종말의 전야일까요(7절)? 아직 그렇지 않습니다. 이것은 시작에 불과합니다. 이것은 많은 전쟁들 가운데 첫 번째 전쟁이며, 전개될 고난의 첫 단계를 특징짓는 고난이며, 그리고 이어서 더 많은 고난이 따를 것입니다(8절).

예수님께서는 교회에 대하여도 말씀하셨습니다. 교회 외부로부터 많은 공격들, 극심한 박해가 일어날 것입니다(9절). 교회 안으로는 배신 사태가 발생할 것입니다. 거짓 교사들과 제자들이 많아지고 악행이 넘쳐나며 착한 일을 하는 사람들은 낙심합니다(11,

12절). 한마디로 사태는 더는 견딜 수 없다고 생각될 최악에 이를 것입니다. 그리고 신앙적 차원에서 그들의 인내가 한계에 이르렀다는 것을 수긍할 수밖에 없을 것입니다. 하지만 그때에도 참된 신앙인은 절망하지 않습니다. 모든 것이 완전히 끝나기 전에 아직도 더 많은 것을 견뎌야만 합니다. 이 사실을 알고 기다리고 또 기다릴 수 있는 자가 행복합니다(13절). 예수님은 열두제자를 부르셨을 때 인내를 강조한 바가 있습니다. "또 너희가 내 이름으로 말미암아 모든 사람에게 미움을 받을 것이나 끝까지 견디는 자는 구원을 얻으리라"(10:22). 13절은 이 말씀을 반복한 것인데, 제자들의 삶 속에서 인내가 얼마나 필요한가를 강조합니다.

그렇다면 종말의 접근을 확증해 주는 증거는 없습니까? 있습니다. 그러나 그것은 믿음에 의하여 전혀 다른 방향에서 모색되어야 합니다. 희망은 성경 말씀의 지속성에서 발견됩니다. 세상에서 아무리 성경을 반대한다고 할지라도, 기관들과 교회들이 아무리 말씀에 불충성 한다고 할지라도 '복음' 선포(14절)는 이 시대에 결코 완전히 멈추지 않을 것입니다. 언제나 복음을 알고 그것을 가르치는 사람이 있을 것입니다. 희망은 말씀의 확장에서 발견됩니다. 마침내 '전 세계'에 복음이 전파됩니다. '모든 나라들'이 '하나님 나라'에 대한 메시지를 듣습니다. 그리고 이 말씀이 전 세계에 전파되었다는 것이 분명해질수록 '종말'이 가까웠다는 것이 확실해질 것입니다. 복음의 세계 전파 목적은 복음이 세계 만민에게 증거되기 위해서입니다(14절). 은혜의 날이 이처럼 모든 나라에 확장될 때 종말은 멀지 않습니다. 구세주께서도 본문에서 친히 이 사실을 엄숙하게 우리에게 말씀하십니다. "그제야 끝이 오리라"(14절).

오늘도 우리는 세상의 상황에 흔들리지 말고 생명과 능력의 복음을 전해야 합니다. 말과 행동으로 그리고 삶으로 복음을 전합시다. 교회에서 가정에서 그리고 직장과 사업 터와 학교에서 복음을 전합시다. 그것이 예수님의 말씀에 순종하는 삶이며, 하나님이 기뻐하는 방향으로 나아가는 길이며, 다시 오실 예수님을 기다리는 삶입니다.

부분적 종말과 최종적 종말

마 24:15-28

　학생 여러분! 중3 생활이 끝나가지요? 고3 생활이 끝나가는 학생도 있고요. 성도 여러분 중에 30대가 끝나가는 분도 계시지요? 그러나 그 모든 것들이 인생의 끝은 아닙니다. 코로나19로 인하여 국가적, 세계적으로 난리입니다. 그러나 아직 세상의 끝은 아닙니다. "아직 끝은 아니니라"(6절). '끝'은 모든 나라들이 천국 복음을 들을 때까지 임하지 않습니다(6, 14절). 이것은 틀림없이 진실입니다. 그러나 그렇다고 해서 이 말씀에 대해 보다 좁은 예비적인 해석이 없다는 말씀은 아닙니다. 오히려 이 구절 첫 부분에 나오는 "읽는 자는 깨달을진저"(15절)라는 말씀은 이 말씀이 좁은 예비적 해석을 허용하는 것처럼 보입니다. 즉 이 말씀들 가운데 어떤 내용들은 부분적인 종말을 가리키는 말씀으로 해석되어야 적합합니다.

　다른 한편 어떤 내용들은 최종적인 종말에 적합합니다. 그래서 예수님은 예루살렘의 멸망과 함께 올 환난에 대하여 좀 더 자세히 말씀하십니다. 예루살렘의 멸망과 함께 올 환난은 장차 올 세상 종말의 환난을 암시해 줍니다. 장시간의 간격을 둔 사건들이 예언 상에서 한 평면으로 압축된 것입니다. 미래의 사건들이 원근의 구별 없이 한 광경으로 묘사되고 있는 것입니다.

부분적 종말은 장소의 문제와 관련시킬 때 두드러집니다. 현재에 전망되고 있는 장소는 '유대'이고 그 주변의 '산'은 아닙니다 (16절). 또한 '집 꼭대기'가 아니라 집이며, 인접한 '들'도 아닙니다. 분명 그 장소는 실제 눈으로 볼 수 있거나 예루살렘에 대한 소식을 쉽게 접할 수 있는 곳에 국한됩니다(15절). 한 마디로 모든 것은 지역적 관점에서 면밀하게 제한된 것으로 나타납니다. 마태복음은 유대인들을 대상으로 썼기 때문에 다니엘을 인용하여 "멸망의 가증한 것이 거룩한 곳에 선 것을 보거든"이라고 했지만, 이방인들을 대상으로 쓴 누가복음 21장 20절에 보면 "너희가 예루살렘이 군대들에게 에워싸이는 것을 보거든"이라고 합니다.

진노가 퍼부어지는 장소를 떠나는 것은 지혜입니다(16절). 이 사실은 시간의 임박성이라는 관점에서도 같은 진리를 적용할 수 있는 것으로 보입니다. 그 제한된 지역에서 장차 일어날 일들은 구세주께서 말씀하시던 당시의 시대를 반영합니다. 즉 유대 사람들의 삶의 중추를 이루는 문제들 곧 가족생활, 계절의 특성, 안식일 준수의 문제들이 이 종말에서도 그들에게 영향을 미칠 것입니다. 또한 말씀을 듣고 있는 사람들의 인격과 삶에 영향을 미칠 것입니다. 적어도 본문의 어조는 이를 의미하는 것처럼 보입니다 (19, 20절). 14세기 유럽 전역을 단숨에 점령하여 인구의 4분의 1이 사망한 흑사병은 '번영의 전염병'이라고 평가됩니다. 그것은 당시 중세 유럽이 지중해 중심의 활발한 상업으로 상당히 부유해졌을 때 발생했기 때문입니다. 원인도, 적절한 치료 방법도 몰랐습니다. 환자를 격리하고 모임을 중지하고 발병 장소를 벗어나는 길 외에 다른 방법이 없었습니다.

심판이 너무 갑자기 임하여 도망갈 시간이나 수단이 없을 때 우리는 세상의 재산들에 대한 생각을 포기하고 가장 중요한 것에 마음과 시간을 집중해야 합니다. 다시 말해서 죽음을 준비해야 합니다(17절). 만일 우리가 소유한 모든 것을 포기하므로 생명을 보전할 수 있다면 우리는 모든 소유를 포기해야 합니다(18절). 이 원리는 재난의 기간 문제에서도 적용될 수 있을 것입니다. 우선 전망되고 있는 '환난'은 영원히 지속하지는 않습니다. 또한 세상이 존속하는 동안 내내 지속하지 않습니다. 적어도 본문은 그러한 의미를 나타냅니다. 그와 반대로 그 두려운 시련은 그 두려운 성격으로 인하여 '감해진다'(22절)입니다. 왜냐하면 그 시련이 계속된다면 바로 그 시련으로 인하여 필연적으로 '완전한 종말'이 올 것이기 때문입니다. 현재로서는 이것이 결코 계획되지 않았습니다. 즉 '시대'의 '완전 종말'은 계획되지 않았습니다. 또한 특별히 이 환난을 겪고 있는 '선택된' 민족의 '완전 종말'도 계획되지 않았습니다(22절). 이 민족은 결코 완전히 파멸되지 않을 '선택된 남은 자'에 의하여 유지됩니다(롬 9:27). 환난은 하나님께 자신들의 죄를 회개함으로 경감될 수 있습니다(20절). 가장 혼란스러운 재난의 때에도 주님은 자신이 택한 자들을 보살피시고 진노 가운데서도 그들을 향한 자비를 기억하십니다(22절). 실제로 로마 군인들은 주후 70년 5월에 예루살렘을 포위하고 9월 말에 초토화함으로 전쟁을 끝냈습니다.

이 말씀 가운데는 최종적 종말에 해당하는 말씀들도 있습니다. 비록 보다 작은 규모의 종국임이 분명하기는 하지만 이 예비적 '종국'은 그 가운데 최종적 종말과 같은 특징들을 많이 공유함으로 마지막 종말을 보여줄 것입니다. 그 가운데 하나가 수반되는 현상에 대한 말씀입니다. 특정 위도, 대기권의 상태에서 태양의 모습은 대체로 환일(구름이 태양 비슷하게 햇무리의 둘레에 나타나는 흰 빛 또는 연한 빛) 현상을 나타냅니다. 세상의 참 빛이신 예수님의 모습에 대해서도 같은 진리가 적용됩니다. 사람들은 주님의 실체를 보지 않고 영상만을 보고 자신들이 주님을 보았다고 착각합니다(23, 24절).

인자의 출현 방식에 대한 말씀들이 있습니다. 우리는 영광의 측면에서 이를 바라봅니다. 주님의 출현은 다른 점들에서는 여러 제약들이 있을 것이기는 하나 '모퉁이에서' 이루어질 일은 아닙니다. 그 출현은 사람들이 드문 먼 곳에서만 볼 수 있는 것이 아닙니다. 많은 과학적 발견처럼 집 안에 있는 사람들만 볼 수 있는 것도 아닙니다. 그것은 번갯불의 번쩍임 같습니다. 그리하여 누구든지 자기가 있는 곳에서 볼 수 있을 것입니다(25, 27절). 예수님의 재림은 모든 사람이 볼 수 있는 공적이고 가시적인 사건임을 분명히 하십니다. 재림의 때에 대해서 역시 마찬가지 진리가 적용됩니다. 우리는 심판의 측면에서 이를 바라봅니다. 주님의 재림은 '불법자들의 수가 찼을 때'입니다. 즉 죄악의 관영이 대심판과 인자의 재림을 재촉할 것이라는 뜻입니다. '사람들의 불의'가 관영하고, 노아가 방주로 들어가고, 롯이 소돔을 뒤로하여 떠날 때 하나님은 심판을 내리셨습니다. 본문의 최종적인 종말에도 정확히 동일한 법칙이 있을 것으로 말씀하십니다. 이미 주검이 있어서 주검을 먹을 독수리들이 몰려오는 것과 마찬가지입니다(28절).

하나님의 심판은 돌발적이고, 적절하며, 필연적입니다. 이스라엘은 주후 70년 로마 군인들의 공격으로 나라를 잃고 1948년 나라를 다시 세울 때까지 거의 2천 년 동안을 나라 없는 민족으로 살아야 했습니다. 하나님의 경고의 말씀에 회개하지 않은 자들의 실상입니다. 임박한 종말 앞에 말씀을 듣고, 회개하며, 늘 깨어 기도하는 성도들이 됩시다. 조용히, 비밀스럽게 특정한 장소와 집단에서 메시아가 온다는 이단들의 사탕발림에 미혹 받지 말고 진리로 대처합시다. 개인의 죽음과 최종적 종말을 묵상하며 준비하는 우리가 됩시다.

최종적 종말

마 24:29-31

코로나19 사태가 금방 끝날 것처럼 보였지만 아직도 진행 중입니다. 2월 23일 주일에는 3월 1일 주일까지만 예배를 축소하면 될 줄 알았습니다만 길어지고 있습니다. 그러나 하나님의 인자와 긍휼이 무궁하시기에 결국은 끝날 것입니다. "그 날 환난 후에"(29절)는 또다시 일어날 환난이 부분적 종말과는 다른 종류의 것이 되리라는 것을 의미합니다. 그러니까 본문의 종말은 최종적 종말을 의미하는 것입니다. 28절과 29절 사이에는 큰 시간적 간격이 있습니다. 즉 28절까지는 주후 70년 예루살렘 멸망에 대한 언급이지만, 29절부터는 시간을 많이 뛰어넘어 세상의 종말에 대한 언급입니다. 내용을 보면 이런 생각을 뒷받침합니다. 본문에서 말씀하는 재난의 '나타남' 또는 '도래'는 앞에서 말씀한 것과 상치됩니다.

선행될 징조들에 있어서 그러합니다.

앞의 경우에 언급된 징조는 지상의 징조로, 지상 성전에 있어서는 안 되는 것이 그곳에 서 있는 어떤 것의 모습입니다(15절). 그러나 본문에서 말씀하는 모든 징조들은 '하늘'과 결부됩니다. 물론 '하늘'의 헬라어 원문은 '하늘들'($o\dot{v}\rho\alpha\nu\tilde{\omega}\nu$, 우라논) 입니다. 그것은 유대인들의 세계관 때문입니다. 그들은 하늘을 3층천으로 보았습니다. 그러므로 전자는 '하나님의 발등상'과 관련되고(사 60:13), 후자는 하나님께서 그의 '보좌'라고 말씀하신 것에 관련됩니다(행 7:49). 또한 이들 후자의 징조들은 하늘의 위대한 모든 것들, 즉 우리에게 빛을 주는 태양, 우리가 그것에 의하여 우리의 절기를 측정하는 달, 밤에 우리를 인도하는 별들과 결부됩니다.

더욱이 이러한 징조들은 그것들의 모든 영광이 사라졌음을 우리에게 보여줍니다. 태양은 그 빛을 잃고 달은 그 아름다움을 상실합니다. 별들도 그 위치를 상실합니다. 전에는 사람들에게 안정된 것, 규칙적인 것으로 얘기되던 하늘의 모든 것들이(시 119:89-91) 무질서와 파멸로 귀결될 것입니다.

이러한 징조들의 중요성에서도 차이가 있습니다. "멸망의 가증한 것이 거룩한 곳에 선 것"(15절)은 용납될 수 있는 것이 아닌 혐오스러운 것의 출현, 보호해주고 축복해주는 대신에 파괴하는 어떤 것의 출현을 의미합니다. 그러나 '하늘에 나타날 인자의 징조'는 그 이상을 의미합니다(30절). 그 징조는 인류의 심판자가 되실 위대한 분을 나타냅니다(요 5:22 "아버지께서 아무도 심판하지 아니하시고 심판을 다 아들에게 맡기셨으니"). 그 징조는 '보이겠고'라고 번역되어 있지만, 헬라어 원문에서는 '빛나게 보이겠고'($\varphi\alpha\nu\acute{\eta}\sigma\varepsilon\tau\alpha\iota$, 파네세타이)라는 뜻입니다. 주님의 재림은 너무나 선명해서 모든 사람들이 볼 수 있다는 뜻입니다.

종말에 수반될 결과들도 징조들의 위대함과 모든 점에서 상응합니다.

'범위'에 있어서 그러합니다. 성전에서의 징조는 한 민족, 한 신앙에 결부되는 징조였으므로 세상 사람 모두와 관계되는 것이 아니고 유대인들에게만 관계됩니다. 하지만 후자의 징조들은 하늘의 징조들이므로 인류를 향한 징조입니다. 그러므로 인류는 누구나 그 징조에 영향을 받습니다. 한 족속만이 아니라 "땅의 모든 족속들"이 이제 그 징조들에 대하여 압니다(30절).

'슬픔'에 있어서 그러합니다. 모든 사람들이 "통곡하며"(30절, κόψονται, 콥손타이)의 통곡은 공공연한 것입니다. 그 말뜻은 그들이 슬픔으로 숨이 '끊어질 듯' 통곡한다는 의미를 지닙니다. 정말 두려운 일입니다. 누가 이런 슬픔의 자리를 원하겠습니까.

'출현'에 있어서 그러합니다. 주님께서 친히 인류 대표자의 위엄과 형상을 갖추시고 '그의 발의 티끌'인 구름을 타고 위대함과 위엄의 모든 모습을 갖추고 나타나심으로 모든 사람들이 주님을 대할 것입니다(30절).

'구분'에 있어서도 그러합니다. 지금까지는 유익한 물고기와 해로운 물고기, 알곡과 가라지, 신자와 위선자들이 하나님 보시기에는 달라도 적어도 인간이 보기에는 다소 섞여 있었습니다. 그러나 이 모든 것들에 대한 심판이 행해지고 나면 이런 상태는 더 지속되지 않습니다. 이제 '천사들'이 복음의 나팔이 아닌 다른 나팔을 들고 나아갑니다. 전에 복음의 사역자들이 증거를 위하여 갔던 곳들에(14절) 이제 천사들은 구분하기 위하여 옵니다. 그리고 복음의 사역자들이 세계 각처로 갔듯이 그들도 세계 각처로 갑니다 (31절). 그리고 천사들이 부는 나팔 소리를 성도들이 듣고 주님께 나아오게 됩니다. 예수님이 천사들을 보내어 나팔을 불며 선택한 자들을 모으시는 것은 그들이 아버지의 왕국에 들어가 그 영광을 상속받도록 하기 위해서입니다. 왜냐하면 그들이 예수께서 그리스도라는 복음의 메시지를 믿고 충성한 자들이기 때문입니다. 얼마나 감사한 일인지 모르겠습니다. 이 나팔 소리는 평소에 자기의 자리에서 복음의 나팔을 열심히 불었던 주의 성도들은 다 듣게 될 것입니다. 전도의 나팔을 열심히 붑시다. 삶의 현장에서 성실하게 사는 것도 나팔을 부는 것일 것입니다. 한마디로 이들 징조들에 따르는 마지막 결과는 세계적 구별, 총체적 구별, 최종적 구별입니다. 그러므로 이 마지막 사항은 이 '종말'이 모든 것의 종말임을 입증합니다.

본문에서 우리는 위로와 희망의 근거를 발견합니다. 종말이 오면 믿음을 준비한 우리는 그 종말이 어떠할 것인가를 분명하게 확인할 것입니다. 그 징조들은 얼마나 분명할 것인가! 그 영향은 얼마나 폭넓을 것인가! 그 힘은 얼마나 획기적일 것인가! 그 변화는 얼마나 총체적일 것인가! 그 결과는 얼마나 항구적일 것인가! "보라 내가 만물을 새롭게 하노라"(계 21:5). 본 장에 기술된 것들이 '낡은' 것이라면 이보다 더 위로와 희망의 말씀이 어디에 있겠습니까? 그래서 '깨어 있는 삶'과 '시대를 분별하는 삶'을 살아야 합니다. 그리하여 '진정 준비된 삶'을 살아가야 할 것입니다.

또한 우리는 인내와 겸손의 근거를 발견합니다. 왜 인내해야 하는가? 이러한 미래를 앞에 둔 준비된 사람들은 여유를 가지고 기다려야 합니다. 이런 의미에서 '믿는 자는 서두르지 말아야 할 것입니다.' 무엇에 대해 겸손해야 하는가? 우리는 이 말씀을 보고 종말에 따를 결과를 예언하려고 시도하지 말아야 할 것입니다. 우리 앞에 있는 그 영광은 미리 그것을 분명히 알아보지 못하도록 우리를 방해합니다. 만물이 새롭게 되었을 때의 상황을 누가 감히 상상할 수 있겠습니까? 그것은 전에 우리가 꿈꾸던 어떤 것과도 전혀 다르지 않겠습니까? 바로 이러한 이유로 더욱 겸손하게 그리고 간절함으로 사모하게 되는 것이 아닐까요?

우리는 이러한 말씀들을 항상 마음에 두고 장차 반드시 오실 주님 앞에 설 날을 준비하는 삶을 살아야 합니다. 전염병 대 유행 같은 부분적 종말의 징조들을 대하면서 최종적 종말을 생각하는 지혜가 필요합니다. 그리할 때 우리는 진정 성도다운 삶, 이 땅에 발을 붙이고 살지만 하늘을 향해 나아가는 복된 삶을 살 것입니다.

내 말은 없어지지 아니하리라

마 24:32-35

성도 여러분 제가 십만 원을 가지고 있다면 믿으시겠죠? 그런데 제가 백억 원을 가지고 있다고 말하면 믿으시겠습니까? 어떤 선언의 성격이 놀라운 것일수록 그것은 우리에게 더 큰 믿음을 요구합니다. 그리고 그것에 대한 우리의 믿음은 더 큰 뒷받침을 필요로 합니다. 우리 예수님은 본문에서 이것을 인식하고 있는 것처럼 보입니다. 그분이 앞서 말한 변화의 큰 완성은 놀라운 것입니다. 모든 것들은 현재와 상상을 초월할 정도로 달라질 것입니다 (30, 31절). 그러나 실상 이것은 믿기가 어렵습니다. 이런 생각을 깨우치기 위하여 예수님은 본문의 비유를 제시합니다.

예수님이 주목하기를 요구하는 무화과나무의 비유를 보십시오 (32절).

무화과나무가 계절이 순환할 때에 모양과 조건이 어떻게 변화하며, 어떻게 그 잎과 싹을 내는가, 그리고 그 아름다운 열매들을 어떻게 맺는가 하는 것입니다. 무화과나무는 계절의 변화에 따라 잎이 나고 열매가 자라는 현상이 분명한 나무 중의 하나입니다. 무화과나무는 이러한 현상을 관찰하는 자에게 여름의 호흡이 이미 그 나무를 뒤흔들고 있다는 사실이 보이게 됩니다. 그래서 그 나무는 여름이 우리에게 오고 있다는 것, 그리고 머지않아 우리에게 완전히 찾아오리라는 것을 증명해 줍니다. 그래서 우리는 우리가 이미 한 해와 그 절기들에 대해서 알고 있는 것 때문에, 하나님께서는 오래전에 정해 놓으신 확고한 질서와 규칙 때문에 이것을 더 관찰하지 않고도 체감할 수 있는 것입니다. 낮과 밤의 교차, 여름과 겨울의 순환, 파종과 수확의 절차 등이 그러합니다.

실제로 우리는 이러한 순환과 질서에 의지하여 그것이 의미하는 모든 것을 확실하게 체감할 수 있습니다. 여름이 빨리 오는 것, 나무들에 미치는 그 계절의 효과, 이 효과들의 결과, 먼저 오는 결과와 나중에 오는 결과, 그리고 사건들의 전체 과정을 예상할 수 있습니다. 그렇기 때문에 우리가 그러한 현상들 가운데 처음 것을 보게 되면 그 나머지 현상들을 마치 실제로 본 것처럼 확실히 느낄 수 있습니다. "여름이 가까운 줄을 아나니"(32절).

이 익숙한 사실들이 적용되는 영적인 사실들을 생각해 봅시다.

먼저 영역의 차원에서 자연의 하나님은 또한 역사의 하나님이 되십니다. 하나님께서는 하나의 경우에서 행하시듯이 다른 경우에서도 동일하게 행하십니다. 그는 들과 정원을 명하시듯이 민족들과 교회들을 치리하십니다. 그는 무화과나무들을 대하시듯이 보다 고상한 성장들도 대하십니다.

실제로 작용하는 원인의 차원에서 이 원인들은 우리에게 한 경우에 비결이 되듯이 다른 경우들에서도 비결이 됩니다. 요즘 목련꽃이 활짝 피고 있고, 개나리가 꽃을 피우기 위해 약간 노란 빛을 띠고 있습니다. 그런데 우리는 봄에 나무의 조건이나 모습을 변화시키는 영향력들을 볼 수 없습니다. 또한 우리는 인류의 공동체들의 특정한 역사 단계에서 그들의 상황이나 모습을 변화시키는 작용하는 힘들을 볼 수 없습니다. 우리는 결과들을 볼 수 있을 뿐이며 그 진행 과정의 내밀한 모습은 볼 수 없습니다. 우리는 외적인 것만 볼 수 있고 그 안에서 작용하는 것은 볼 수 없습니다. 예를 들어서, 무화과나무에 싹이 나는 것과 같은 변화는 머지않아서 보다 큰 변화를 일으키게 될 힘들이 작용하고 있다는 신호입니다. 바꾸어 말하면 그러한 것들은 태양이 점점 더 가까이 접근할 때에 일어나는 자연현상의 결과입니다.

또한 주님께서 위에서 말씀하신 일들을 경험하는 가운데 특정한 위기의 시기에 인간 사회의 현상 안에서 일어나는 변화들도 마찬가지입니다(29, 30절). 그가 거기서 말씀하시는 것처럼 밝은 것들이 어두워지고, 높은 것이 낮아지며, 오랫동안 안정되어 있던 것들이 흔들리는 일은 실제로 그러한 일이 닥칠 때 그 자체들보다 훨씬 더 큰 일들이 될 것입니다. 그것들은 다시 보다 큰 결과들을 만들어 낼 작용하는 힘이 있음을 증명하는 것입니다. 간단히 말하면, 그러한 것들은 심판 주가 가까이 올 때 일어나는 사회적 격변들입니다.

'싹'이 보이는 절기는 또한 '열매'를 보여줍니다. 시작을 보는 세대는 끝을 보게 됩니다(33, 34절). 따라서 인자가 문 앞에 계실 때 주님은 곧 들어오실 것입니다. 일단 문 안에 들어오시면 주님은 곧 그의 일을 마무리하실 것입니다. 33절의 "이 모든 일"은 4-28절에 언급된 성전의 파괴를 의미하고, "인자가 가까이 문 앞에 이른 줄 알라"는 29절부터 시작된 세상의 종말을 가리킵니다. 즉 성전이 파괴되는 것을 통하여 세상의 종말에 대한 교훈을 받으라는 것입니다. 성전이 종말을 맞이하듯이 언젠가 세상도 종말을 맞이할 것입니다. 34절의 "이 세대"는 당시 예수님의 말씀을 듣고 있는 사람들과 신약시대 기간에 살고 있는 광범위한 사람들을 가리킵니다. 제자들의 상당수가 주후 70년에 성전이 파괴될 때 살아있을 것입니다. 제자들은 예수님이 40년 전에 미리 예언하신 것을 알고 예수님의 예언의 신빙성을 다시금 믿게 되었을 것입니다. 그리하여 그들이 성전의 파괴를 목격한다면 또한 언젠가 세상의 종말이 이를 것임을 깨달아야 할 것입니다.

이 세상을 어떻게 볼 것입니까? 우리 주변의 현재 상황은 공백기, 즉 과도기입니다. 세상은 그 자체 안에 우리들과 마찬가지로 '죽을 수밖에 없는' 파멸의 씨앗을 가지고 있습니다. 현재의 만물은 과거에 있었던 그대로 지속합니다(벧후 3:4). 만물들이 격변할 시기가 아직 오지 않았기 때문입니다. 그들에게는 아직 영적 겨울입니다. '의의 태양'이 떠나갔기 때문입니다. 그 태양이 가까이 다가올 때 그들은 변화될 것이며, 실제로 빠르게 변화될 것이고, 최종적으로 변화될 것임을 이보다 더 잘 증명해 주는 것은 없을 것입니다.

예수님의 말씀을 어떻게 보아야 하겠습니까? 성경 말씀은 우리가 유일하게 알고 있는 확고한 것, 실제로 확고한 것, 영원히 확고 불변하며 그 자체가 요동할 수 없고 따라서 다른 모든 것을 움직이게 하는 것입니다. 또한 그 말씀에 순종하는 자들에게 주시는 영생의 확고함이 있습니다(요일 2:17). "천지는 없어져도 내 말은 없어지지 아니한다."라는 예수님의 말씀 앞에 믿음으로 굳게 서야 하겠습니다. 예수님은 말씀의 영원성을 강조하기 위하여 '천지는 없어질지언정'과 '내 말은 없어지지'의 없어진다는 헬라어 동사 ($\pi\alpha\rho\acute{\varepsilon}\rho\chi o\mu\alpha\iota$, 파렐코마이)를 같은 단어를 사용하셨습니다. 사람들이 영원할 것이라고 믿는 천지가 사라진다는 것은 상상할 수도 없는 일일 것입니다. 그러한 천지도 사라질 것이지만 예수님의 말씀은 결코 사라지지 않습니다(시 102:26). 이 세상을 성경 말씀의 렌즈로 보면서 그 속에 작용하는 힘을 믿음으로 보고 미래를 준비하는 우리가 됩시다.

그 날과 그 때는 아무도 모릅니다

마 24:36-51

우리나라 서해에 북한 함정이 나타나기도 하고, 공중에 북한 비행기가 뜨기도 합니다. 코로나19 사태가 진행되는 요즘 주한 미군 사령관의 말에 의하면 북한군의 비행기가 뜨지 않은 날이 많았답니다. 그렇지만 그것들이 언제 다시 나타날지는 모릅니다. 예수님께서 세상의 최종적 종말의 때에 하늘에서 구름 타시고 오시는 날을 우리는 알 수 없습니다(36절). "아들도 모른다."라고 하십니다. 예수님이 다시 오시는 날이 어느 날이라고 콕 찍어서 얘기하는 이단도 있고, 대충 언제쯤일 것이라며 불안감을 높이는 종교 사이비들도 있습니다만 다 믿을 것이 못됩니다.

예수님의 재림은 대부분의 사람들이 딴생각하고 있을 동안 오실 것입니다. '노아의 홍수' 이야기가 예증입니다. 노아의 경고를 완전히 불신했던 사람들에게 홍수가 임했을 때 사람들은 딴 생각을 하고 있었습니다. 그의 가족 외에는 단 한 사람도 경고를 믿지 않았습니다. 그들은 지금까지 쭉 해온 일상생활에 빠져 있었습니다. 오랜 세월 이어온 일상생활을 당장 방해할 것은 아무것도 없다고 생각하였습니다(38절). 그리고 그들은 심판이 집행되기까지 이러한 행동을 지속하였습니다. 우리에게 필수적인 일들이 많지만 주일을 지키며 하나님께 예배하며 말씀을 듣는 것이 최우선입니다. 우리의 일들에는 우선순위가 있어야 합니다. 시간 계획이 바르게 세워져야 합니다. 주님이 언제 다시 오셔도 문제가 없도록 말입니다.

과거에 여러 번 말씀하셨지만 예수님께서는 여기서 그의 재림에 대해 한 번 더 선언하십니다(37절). 그 모형에 해당하였던 것은 그 반대 모형에도 해당할 것입니다. 노아의 시대에 일어났던 일이 종말의 시대에도 일어날 것입니다. 사람들은 방주의 문이 닫히기까지 그것이 활짝 열려 있었다는 것을 잊어버리고 있었을 것입니다(창 7:16). 예수 재림의 때가 올 때 사람들은 현재의 모습 그대로 남아있을 것입니다. 사람들은 현재 그 나라의 일들에 관하여 견해를 달리하듯이 그때도 견해를 달리할 것입니다. 대체로 많은 사람들은 그때 그리스도의 등장이 임박했다는 것을 생각하지 않을 것이지만, 그들 가운데에는 주님의 재림을 사모하는 자들도 있을 것입니다(손양원 목사의 '주님 고대가'). 그들이 현재는 서로 많이 섞여 있지만, 그때에는 이렇게 믿음이 다른 두 부류의 사람들이 구별될 것입니다. 지금 한 들에 두 사람이 있고, 한 맷돌에 두 여인이 있으며, 그들은 가까이 있으면서도 그리스도가 오시는 문제에 대하여 견해를 달리하고 있듯이 말입니다(40, 41절).

그러나 한편으로 그날은 그렇게 두 부류가 섞인 채로 삶이 지속하지 않을 것입니다. 오히려 그날은 이렇게 다른 구원관을 가진 자들을 영원히 갈라놓을 것입니다. 그렇게 구별되어 영원히 별개의 운명을 맞이하게 될 것입니다. 버려진 자들은 구원을 받지 못하고 영원한 형벌을 받을 것입니다. 선택된 자들은 영생을 선물로 받을 것입니다.

참 성도는 그리스도께서 다시 오시는 마지막 때를 대비하기 위해서 우리에게 주어진 정보를 이용해야 합니다. 강도가 언제 집에 침입할지 알고 있는 집주인은 반드시 그것에 대비할 것입니다(43절). 문에 자물쇠를 설치하고, 창에 방범창을 튼튼하게 달고, 주기적으로 그것들을 점검할 것입니다. 그들은 도둑처럼 임할 예수 재림의 날에 대비해야 합니다. 이 이야기를 분명하게 들은 성도들은 그날을 대비하기 위하여 이 지식을 이용해야 합니다. 그리고 재림의 날을 모르기 때문에 매일 대비해야 하며, 그것이 확실하게 대비하는 유일한 방법입니다(44절). 42절의 "깨어있으라"($\gamma\rho\eta\gamma o\rho\epsilon\tilde{\iota}\tau\epsilon$, 그레고레이테)라는 말과 44절의 "준비하고 있으라"라는 말은 동의어입니다. "깨어 있으라"는 현재 명령형으로서 단순히 기다리고 있는 것이 아니라 현재 상황을 유지하며 준비하고 있는 것입니다. 잠을 자지 않고 기다리는 것은 아닙니다. 영적으로 깨어 있으라는 뜻입니다. 예배 생활을 통하여 말씀과 기도, 그리고 찬송으로 무장하고, 하나님의 말씀에 순종하는 삶을 살고, 기회 있을 때마다 하나님의 사랑을 전해야 하겠습니다. 그리고 나에게 주어진 가정과 직장의 삶을 성실하고 부지런하고 정직하게 영위해야 합니다.

예수님은 종말을 준비하는 자세를 비유로 말씀하십니다. 우리에게 그렇게 전수된 성경 지식과 베푸신 성령님의 능력은 자신의 구원만을 위해 주신 것이 아닙니다. 종말 지식은 하나의 특권을 넘어 특별임무입니다. 따라서 우리는 이것을 다른 사람들의 구원을 위해서도 사용해야 합니다(45절).

예수님은 이 세상을 떠나시면서 제자들에게 특별한 사명을 주셨습니다. 집에 돌아온 주인이 신실하고 슬기로운 종이 맡은 일에 충성을 다하는 것을 볼 때 주인은 자기 모든 재산을 그에게 맡길 것입니다(46, 47절). 이 사명은 종이 어떤 상황 가운데도 절대 소홀히 할 수 없는 의무입니다. 다른 사람들에게 복음을 전파하지 않는 것은 사실상 그들에게서 복음을 빼앗는 것입니다. 그리스도의 재림 일이 불확실하다 하여 책임을 망각하고 방탕한 삶을 사는 것은 하나님께 반역자가 되는 것입니다(48절).

악한 종의 착각들(48, 49절)은 무가치하기보다는 악한 것입니다. 실제로 홍수 이전의 세상의 풍조는 노아의 선포에 반대되는 것이었습니다. 앞으로 세상 풍조도 그리스도의 복음 전파와 관련하여 마찬가지입니다. 예수 재림에 대한 진리의 계시는 거의 인류 역사만큼 오래되었습니다. 세상의 달콤한 유혹의 음성에 귀 기울이지 마십시오. 주님의 진리의 음성에 귀 기울이십시오. 그리고 주님의 재림을 깨어 준비하는 삶을 삽시다.

깨어 있으라

마 25:1-13

    본문의 첫 단어 "그때에"($T\acute{o}\tau\varepsilon$, 토테, 마태복음에 91회)는 바로 앞서 말한 때, 구주가 가까이 있다고 믿을 만한 이유가 있는 때, 그러나 그의 재림의 날과 때를 확정하여 이야기할 수 없는 때를 말합니다. 본문의 마지막 말은 그 큰 교훈이 마지막 때와 연관되어 있다는 것을 보여줍니다(13절). "그때에~ 깨어 있으라." 그렇게 여기서 두 번이나 강조하여 이야기된 '깨어 있음'($\gamma\rho\eta\gamma o\rho\varepsilon\tilde{\iota}\tau\varepsilon$, 그레고레이테)은 정확하게 무엇을 의미합니까(24:42; 25:13)? 본문의 비유에서 깨어 있어야 할 자들은 '열 처녀'의 모습으로 표현됩니다.

    천국은 마치 등을 들고 신랑을 맞으러 나간 열 처녀의 상황과 같다는 말입니다. 이 비유에서 예수님은 신랑이고, 신부는 그리스도인들, 즉 주님의 몸인 교회입니다. 그리고 혼인 예식은 예수님과 교회의 혼인예식으로서 천국이 이 땅 위에 완전히 임하는 순간을 상징합니다. 고대 이스라엘의 혼인문화에서 신부의 들러리는 보통 열 명 이상이었습니다. 당시의 등은 오래가지 못해 기름을 자주 보충해 주어야 했습니다. 그들은 신랑이 곧 오리라는 것은 알고 있었으나 정확히 언제 등불을 들고 영접해야 할지는 알지 못했습니다. 신부 들러리 가운데서 다섯은 슬기로웠고, 다섯은 어리석었다고 이야기 됩니다. 그 차이가 어디에 있습니까?

우리는 두 부류의 차이가 아닌 것을 먼저 알 수 있습니다. 그것은 예를 들어서 '잠의 문제'가 아니었습니다(5절). 따라서 '깨어 있음'을 인간의 능력을 넘어서 성취해야 할 어떤 것으로 이해해서는 안 됩니다. 그것은 항상 긴장해 있는 것, 그리고 기다려야 할 것에 항상 의식적으로 주의를 집중하는 것을 의미하지 않습니다. 제가 처음으로 다니던 교회의 목사님은 항상 넥타이를 매고 계셨습니다.

이 비유는 예수님이 재림하실 때 즉각 영접해야 한다는 것이 핵심입니다. 모든 등불은 신랑이 등장할 때 밝혀야 합니다. 그러나 신랑이 오기를 기다리는 내내 불을 켜놓을 필요는 없습니다. 그들은 길에서 신랑이 온다는 소리를 들을 때 등불을 켜면 됩니다. 들러리들에게 요구되는 것은 신랑이 등장할 때를 대비하는 준비성입니다. 이 들러리들 가운데 다섯은 이것을 위해서 사전에 필요한 조처들을 하였습니다. 그들은 그릇에 기름을 준비해서 있었습니다. 그래서 곧 등에 기름을 담고, 시간을 많이 소비하지 않고 곧바로 등불을 밝힐 수 있었습니다. 반면에 그릇에 기름을 준비하지 못한 다섯 들러리가 있습니다. 물론 이들은 어리석은 자들입니다. 그들은 신랑이 온다는 소식을 들었을 때 바로 등불을 밝힐 수 없었기 때문입니다. 그들이 뒤늦게 기름을 준비하느라 신랑을 영접해 혼인 잔치에 참여하지 못하고 자기 자리를 떠나야만 했습니다. 따라서 이것은 본문이 말하는 깨어 있지 못한 것이고, 준비성이 없는 것입니다.

이 비유가 성도들에게 예수 재림의 준비를 의미한다면, 우리가 순종해야 할 이유가 무엇입니까? 준비의 단순함 때문입니다. 사건 발생 전에 미리 준비사항을 공지한 일보다 더 성취하기 쉬운 일은 없습니다. 이 비유에 따르면 필요한 기름을 준비하는 일은 모든 들러리들에게 미리 공지된 사항입니다(9절). 하나님의 명령은 인간적으로 볼 때 사소하고, 어리석게 보일지라도 세밀한 부분까지 절대 순종해야 순종의 열매를 얻을 수 있습니다(참조. 왕하 5:13 엘리사, 요단강, 나아만, 종들). 성경 말씀을 배우고 삶의 현장에서 순종하는 것과 늘 찬송하는 것, 쉬지 않고 기도하는 것은 평생 과업 입니다. 준수의 중요성 때문입니다. 그것이 지극히 단순하다고 해서 그러한 이유로 명령에 복종하는 일을 소홀히 하면 안 됩니다. 반면에, 그것은 숨 쉬고 음식을 먹는 것과 마찬가지로 지극히 간단한 일이면서도 생명 유지에 절대적으로 필요한 일입니다. 이 비유의 깨어 있는 자들에게 요구되었던 것은 신랑이 나타날 때 즉시 등불을 밝히고 그와 함께 혼인 잔치에 갈 준비를 하는 것입니다(10절). 준비를 소홀히 한 결과가 주는 두려움 때문입니다. 그렇게 쉽고 필수적인 준비사항을 고의로 무시한 자를 어떻게 처리해야 할까요? 명령에 불복종한 자들을 혼인 잔치에 참여하도록 허용하는 것이 공정한 일입니까? 신랑은 이 불순종한 사람들이 혼인 잔치에 들어가기를 청할 때 "진실로 너희에게 이르노니 내가 너희를 알지 못하노라"(12절) 라고 단호히 거절합니다. 바꾸어 말하면 '너희는 결코 나의 종이 아니다. 너희는 나와 아무 상관이 없다.'라는 뜻입니다. 예수님이 재림하신 후에는 구원의 기회가 영영 사라져 버립니다.

미련한 자들이 와서 문을 열어달라고 간청합니다. 그들은 "주여, 주여, 우리에게 열어 주소서!"라고 부르짖는데(11절), 이러한 부르짖음은 예수님이 말씀하신 바 "나더러 주여, 주여, 하는 자마다 다 천국에 들어갈 것이 아니요, 다만 하늘에 계신 내 아버지의 뜻대로 행하는 자라야 들어가리라"(7:21)라는 말씀을 생각나게 합니다.

영적으로 '깨어 있음'은 성도의 신앙생활 전 과정에서 일관되게 추구되어야 할 것입니다. 그것은 입술의 일도 아니요, 눈의 일도 아니며, 지체들의 일도 아닙니다. 그것은 마음의 일입니다. 구주 재림의 날을 사모하고 애타게 기다리는 성도들이 있습니다(참조. 딤후 4:8 "이제 후로는 나를 위하여 의의 면류관이 예비되었으므로 주 곧 의로우신 재판장이 그날에 내게 주실 것이며 내게만 아니라 주의 나타나심을 사모하는 모든 자에게 도니라"). 아멘! 그리스도께서 다시 오실 때 주님을 맞이할 만반의 준비를 하고 그날을 사모하고 있는 성도들이 있습니다. 참되게 깨어 있는 자, 즉 그릇에 기름을 가지고 있는 자는 무엇보다도 성령 충만을 구하는 자입니다. 이 어리석은 자들의 가장 어리석은 점은 그들이 이 진리를 무시했다는 사실입니다. 이 지극히 분별없는 자들은 준비한 친구들에게 "너희 기름을 좀 나눠달라"고 말할 수 있을 뿐이었습니다. '거룩하신 자에게서 기름 부음을 받는'일은 다른 사람에게 구해서는 안 됩니다(요일 2:20).

'깨어있음'은 내가 예수님을 구주로 믿어 예수님이 나를 아시도록 하는 것이고, 주님과 하나 되며 주님을 만나기를 사모하는 것입니다. 그것은 이 땅에 사는 동안 하나님의 말씀에 순종하며 아버지의 뜻을 따름으로 영적 능력을 기르는 것입니다. 그것은 하나님께 간구해서 성령 충만함을 유지하는 것입니다.

착하고 충성된 종

마 25:14-30

파키스탄의 가난한 10대 소년들은 탈레반의 세뇌 교육으로 자살폭탄 테러범으로 키워지고 있습니다. 200여 명을 수용할 수 있는 훈련소에서 가장 눈에 띄는 것은 사방 벽에 그려진 원색의 종교화입니다. 주변의 황량한 산악 풍경과는 대조적입니다. 천국을 묘사한 그림에는 모두 우유와 꿀이 흐르는 강이 있고, 강에는 소년들을 맞이할 예쁜 아가씨들이 서 있습니다. 아이들은 이 땅의 삶은 쓸모없고 진정한 삶은 하늘에서 시작되며, 자폭 테러는 천국에 곧바로 갈 수 있는 길이라고 배웁니다.

본문에서 천국은 착하고 충성된 종으로 부지런하게 준비해야 갈 수 있는 곳이라고 말씀합니다. '신랑을 맞으러 나간 열 처녀 비유'는 깨어서 실력을 갖추어 마지막 날을 기다리라는 것인데, 본문의 '달란트 비유'는 그날을 부지런하게 준비하라는 것입니다. "종말이 이러하므로 너희는 그동안에 이러한 문제를 염두에 둔 사람답게 일하라."라는 것입니다.

하나님께서는 예수님을 '만유의 머리'로 임명하셨고, 그것도 특히 '그의 교회의 머리'로 임명하셨습니다(엡 1:22). 그러므로 조만간 '모든 이'가 그분 앞에 경배하게 될 것입니다(빌 2:10). 인류는 그분의 종일 뿐만 아니라 창조에 의하여, 구속에 의하여, 또한 유업에 의해도 그분의 것입니다. 그러므로 인류의 편에서 볼 때 그 관계는 영광을 돌리고 책임을 수행해야 하는 관계입니다. 주권자 예수님은 그분의 종들을 신뢰하십니다. 그분은 그분의 재산을 그들에게 맡기십니다(14절). 이러한 설정은 당시 팔레스타인에서 흔히 볼 수 있는 것입니다. 더욱이 그분은 자신이 집을 비우고 있는 동안에 그렇게 하십니다(14, 15절). 또한 그분은 이것을 신중하게 차별을 두어 하십니다. 어떤 종에게도 감당할 능력 이상으로 맡기지 않으십니다. 그분은 종에게 지나친 부담을 주지 않는 좋은 주인입니다. 그렇게 하기에 그분은 너무나도 현명하십니다. "각각 그 재능대로" 어떤 이에게는 좀 더 많이, 어떤 이에게는 좀 적게, 분수에 넘치지 않게 주십니다(15절, 계 2:24). 한 달란트는 6천 데나리온인데, 한 데나리온은 노동자의 하루 임금이었기 때문에 한 달란트는 약 20년간의 임금이라고 할 수 있습니다. 그러므로 한 달란트도 큰 액수입니다. 오늘날 사람들은 얼마를 받았느냐에 관심이 많지만 주인의 관심사는 어떻게 사용했느냐 입니다.

그들의 주인이 돌아오기까지 '오랜 기간'이 걸릴 수 있습니다. 이것은 그들이 개입할 여지가 별로 없는 사항입니다. 이 문제는 그들의 능력 밖입니다. 그들이 확실히 알 수 있는 것은 주인이 오실 때 결산한다는 점입니다. 맡긴 사람이 맡은 사람을 만날 때 서로 간의 거래관계를 결산하는 것은 너무나 당연한 일입니다. 그리고 "오랜 후에"(19절) 주인이 돌아오는 것 또한 은혜입니다. 우리는 가을이 오기 전에 열매를 내보이라는 요구를 받지 않습니다. 주인은 빨리 돌아오시지 않고 현명한 자가 큰 소득을 올리고 어리석은 자라고 할지라도 지혜를 배울 수 있기까지 시간을 두십니다. 우리는 우리의 나쁜 출발을 돌이켜 생각해보고 잃어버린 시간을 어느 정도 보상할 여유시간을 소유하고 있습니다.

주인은 충성된 종들에게 "네 주인의 즐거움에 참여할지어다"(23절) 라고 합니다. '지금까지는 네가 나를 충성스럽게 섬기는 데서 기쁨을 찾았다. 그러나 이제는 내 곁에 앉아 기쁨을 누리도록 하라.' 충성된 종에게 이보다 더 좋은 상이 어디에 있겠습니까? 주인의 평가를 보면 종들이 얼마나 돈을 많이 남겼느냐에 관심을 두지 않고, 얼마나 성실히 일했느냐에 관심을 둡니다. '착하다'라는 헬라어로 'ἀγαθέ'(아가테)인데 '선한' 같은 좋은 의미가 많이 포함되어 있는 말입니다. '충성스럽다'는 헬라어로 'πιστέ'(피스테)인데 '신실하다', '믿음직스럽다'라는 뜻입니다. 착하고 충성된 자는 첫째, 지극히 적은 일에 신실해야 합니다. 한 달란트도 많은데 다섯 달란트는 얼마나 많습니까? 그래도 적은 일이라고 하십니다. 둘째, 맡은 일에 신실해야 합니다. 맡은 자리를 지키는 것이 중요합니다. 셋째, 영원히 남는 장사를 해야 합니다.

악한 종은 동료 종들이 받은 양에 비하여 적은 부분 -한 사람에 대해서는 2분의 1, 다른 사람에 대하여는 5분의 1 -을 받고 자신이 받은 것까지도 사용하지 않았습니다. 그 대신 그는 그것이 '그의 주인의 돈'이 아니라 마치 전적으로 자신의 소유인 것처럼 취급하였습니다(18절). 이는 물론 증오와 불신을 지닌 일련의 행동입니다. 이 악한 종은 주인을 '완고한 주인', '당연히 요구할 것 이상을 요구하는 불의한 주인'(24절)으로 여겼으며, 그뿐만 아니라 이런 습관이 있는 주인이므로 그의 손에서 더는 바랄 것이 없는 사람인 것처럼 취급하였습니다(25절). 다른 한편 그의 주인과의 관계에 대하여, 또한 자신이 해야 할 일에 대하여는 "보소서, 당신의 것을 가지셨나이다."라는 정도로 생각하였습니다. 바꾸어 말하자면 "당신의 재산증식을 내게 기대한 것 같은데 손해 보지 않은 것을 다행하게 여기십시오." 하는 태도를 지녔습니다.

주인에 대해 잘못 알고 있으며, 주인의 기대에 부응하지 않는 그의 행동이 게으르고 악합니다. 그는 정말로 주인의 소유를 도적질하였습니다. 그의 마음도 악합니다. 그의 내면적인 태만은 주인의 이익, 부, 뜻을 경멸하였고, 그리하여 바로 주인을 지독하게 혐오하였습니다. 그래서 그는 범죄자로 분류되고 그들과 같은 운명을 나누어야 한다는 판결을 받습니다(30절 상).

우리에게 주님을 위하여 무엇인가 할 기회가 주어진 사실은 얼마나 큰 특권입니까? 주님의 가르침을 빛나게 할 기회가 우리에게 부여된 것은 감사한 일입니다. 많든 적든 주님의 일을 이룰 수 있음도 감사한 일입니다. 그리고 이처럼 조금밖에 일하지 못한 우리가 마침내 충분히 인정을 받을 수 있음도 감사한 일입니다. 이것이야말로 충성스러운 종이 바랄 수 있는 최상의 상급이 아니겠습니까!

이 문제에 있어서 예수님의 안내를 구하는 것이 얼마나 현명한 일인지 모릅니다. "주님, 제가 하기를 바라는 것이 어떤 것입니까?" 주님은 우리에게 '부지런할 것'을 요구하십니다. 부지런함은 우리가 남긴 액수보다 더 중요합니다. 이 비유의 가르침은 '기회 있을 때 선을 행하라', '죽도록 충성하라, 그러면 생명의 면류관을 네게 주리라'입니다.

아버지께 복 받을 자

마 25:31-46

　본문은 마태복음에서 예수님이 공식적으로 가르치신 내용 중에 마지막 부분입니다. 본문 전체의 구조는 대단히 종말론적입니다. 인자가 영광 중에 다시 오십니다. 모든 거룩한 천사들이 주님과 더불어 옵니다. 예수님의 초림 때 베들레헴 말구유에 초라하게 오신 것과는 달리 재림 때 예수님은 '전 우주적 심판주의 자격'으로 오십니다(31절).

　모든 민족들이 그 앞에 모입니다(32절). 역사는 끝납니다. 이제 모두에게 심판만 남아 있습니다. 재판장은 세상 가운데 서로 뒤섞여 살던 의인과 악인을 철저하고 확실하게 분리해 낼 것입니다. 팔레스타인에서는 양과 염소가 같은 들판에서 뒤섞여 풀을 뜯습니다. 그러나 밤이 되면 양은 양의 우리에, 염소는 염소의 우리에 각각 들어감으로 두 무리 사이에는 철저한 분리가 이루어집니다. 양은 하나님의 백성을, 염소는 악인을 상징합니다. 팔레스타인에서는 오른쪽을 좋은 편으로 생각했습니다. 그래서 임금이신 예수님께서 오른편에 있는 자들에게 "내 아버지께 복 받을 자들"이라고 하시고, 왼편에 있는 자들에게는 "저주를 받은 자들"이라고 하십니다. 예수님께서 달란트 비유에서는 '착하고 충성된 종'과 '악하고 게으른 종'을 말씀하셨습니다.

우리가 보기에 본문의 양과 염소의 삶 사이에는 많은 상이점이 존재합니다. 우리에게는 시간에 따라 같은 삶도 아주 다르게 나타납니다. '종말'은 각 개인의 삶이 하나로 귀결된다는 사실을 우리에게 보여줍니다. 우리가 종말의 관점에서 바라보면 이 사실이 진실임이 판명될 것입니다. 마찬가지로 군인들은 전투가 끝날 때를 염두에 두고 행동합니다. 적의 고지를 점령하느냐, 아니냐? 만일 우리가 적의 고지를 점령하지 못한다면 어떤 후폭풍이 불어올 것인가를 시뮬레이션 합니다. 이와 마찬가지로 각 개인의 인생 전투도 그 종말의 관점에서 조망됩니다. 잡다한 차이점들과 사라져버릴 구별들은 소용없게 될 것입니다. 사람과 사람 사이의 모든 차이점들은 잊어질 것입니다. 그렇다면 개인의 부귀영화, 명성, 권력도 종말의 관점에서 평가해야 할 것입니다. 인간이 성공했느냐 또는 실패했느냐 하는 것이 종말의 관점에서 볼 때 과연 중요한 것입니까? 우리를 군인이라고 할 때, 그가 하루의 전투에서 이겼느냐, 패했느냐 하는 것이 무슨 중요성이 있겠습니까? 이것은 다만 종말에 어떤 의미를 갖느냐 하는 관점에서 평가되어야 할 것입니다. 본문은 이러한 진리를 독특하고 힘 있게 나타냅니다. 그 최종적인 결과는 "아니하였다"($o\dot{\upsilon}\kappa$, 우크)라는 한 마디에 달려 있습니다. '행한' 사람들이 있고, '행하지 않은' 사람들이 있습니다. 그 외의 다른 모든 사실은 부차적인 의미만을 지닙니다.

앞에 언급한 전쟁에서 왜 어떤 사람은 승리하고 어떤 사람은 승리하지 못합니까? 어째서 누구는 그리스도께서 언급하신 것을 '행하고', 어떤 사람들은 '행하지 못하는가?' 그 답변은 그들의 마음의 상태에서 발견됩니다. 어떤 사람은 모든 것에 우선하여 하나님의 뜻을 선택합니다. 어떤 사람은 대신에 다른 것을 선택합니다. 때문에 후자는 하나님의 뜻을 행하는 데 성공하지 못합니다. 만일 그가 하나님의 뜻을 사모했다고 해도 마음이 다른 데 빼앗긴 상황인데 어떻게 하겠습니까? 마찬가지 이유로, 전자는 하나님의 뜻을 행하는 데 성공합니다. 후자에 비하여 보다 자신의 마음을 바쳐 사명에 몰두하기 때문입니다. 바로 이것이 종말에 상이한 결과를 나타내게 되는 큰 비밀입니다. 이기지 못한 사람은 이기려는 의도가 전혀 없었다는 것을 드러냅니다.

그러나 그때 밝혀질 또 다른 비밀, 더욱 깊은 비밀이 있습니다. 그것은 우리가 종말에 설 위치를 결정하는 대단히 특별한 방법입니다. 그것은 '하나님의 아들에게 온전한 영예를 돌렸느냐' 하는 것입니다. 그렇다면 이것은 또한 인간들의 순종을 판별하는 기준이기도 합니다. 이 판단은 그들이 이 땅에서 그리스도의 대리자들을 어떻게 대우하느냐에 따라 결정됩니다(행 9:5, 40, 45절). 사람의 몸을 입으신 주님을 향해, 그리고 로고스로서 사람의 눈에 보이지 않으셨을 때 주님을 향해 어떤 태도를 보였느냐 하는 것입니다. 주림, 목마름, 나그네 됨, 헐벗음, 병듦, 옥에 갇힘이라는 여섯 가지의 힘들고 고통스러운 상황은 특히 제자들이 복음을 전하다가 당할 고난을 예시합니다. '지극히 작은 자'란 마태복음에서 이 표현이 사용된 용례를 고려할 때 '예수님의 제자들과 신자들'

을 의미합니다. 특히 '박해받는 제자들과 신자들'을 의미합니다. 그러나 그들을 어떻게 대했는지 진상은 현재는 밝혀질 수가 없습니다. 끝 날에야 모든 것이 밝혀집니다. 그 결과는 아마 그들에게 충격적일 것입니다(37-39, 44절).

최후 심판의 날이 오면 우리는 양과 염소로 구별됩니다. 우리는 그때 하나님 편이었는가 아니면 사탄 편이었는가에 따라 구별될 것입니다. 그날에는 모든 것들이 적나라하게 밝혀집니다(32, 33절). "내 아버지께 복 받을 자들이여"(34절)에서 헬라어 $\varepsilon \dot{v} \lambda o \gamma \eta \mu \acute{\varepsilon} \nu o \iota$ (율로게메노이)의 정확한 번역은 "내 아버지께 복 받은 자들이여"입니다. 41절에 보면 "저주를 받은 자들아"라고 하지 않습니까? 두 단어가 모두 완료 수동태 분사입니다. 이들이 복 받은 시점은 그리스도의 대리자들에게 사랑을 베푼 바로 그 시점입니다. 이 땅에 살 동안 하나님 편에 살고 있으면 이미 복 받은 자들입니다. 하나님의 사랑(아가페)은 고린도전서 13장에서 잘 설명하고 있습니다.

하나님 편에 있는 자들에게는 "나아와."라고 말씀합니다. 그러나 하나님을 대적한 자들에게는 "떠나라."라고 말씀합니다(34, 41절). 이 얼마나 적절한 말씀입니까? 그리고 그 결과 그들이 영원히 분리되는 것은 얼마나 당연한 일입니까? 그들은 한편은 하나님 왕국에(34절), 다른 한편은 영원한 지옥에(46절) 떨어질 것입니다. 하나님의 최후심판은 영원불변한 것입니다. 그래서 우리는 이 땅에 사는 동안 우리가 만나는 모든 사람들에게 선을 베풀어야 합니다. 특히 주님의 복음 전도자들을 귀중히 여겨 섬겨야겠습니다.

VII

결론

고난 내러티브(26:1-28:20)

음모와 배반의 밤

마 26:1-13

지금까지 먼 훗날에 있을, 영광 중의 주님 재림을 말씀하신 예수님은 오늘 본문에서는 매우 임박한 일에 대하여 말씀하십니다. "너희가 아는 바와 같이 이틀이 지나면 유월절이라. 인자가 십자가에 못 박히기 위하여 팔리리라"(2절). 유월절이 가까이 왔음을 알리는 것은 단지 예수님 죽임의 시기를 알리는 것뿐 아니라 그 죽음이 유월절과 깊은 의미가 있음을 알리는 것입니다. 〈시애틀의 잠 못 이루는 밤〉(1993년 개봉, 로맨틱 코미디 영화, 톰 행크스·멕라이언 주연)이라는 영화를 본 적이 있습니까? 우리는 오늘 〈음모와 배반의 밤〉이라는 영화를 보게 되었습니다.

우리는 그리스도의 수난 전날 밤의 일들을 생생하게 봅니다. 예수님은 그동안 세 번이나 수난을 예고하셨습니다(16:21; 17:22-23; 20:17-19). 그때 그리스도를 불신한 대표적인 무리들은 어떤 모습을 하고 있습니까? 그들은 '힘을 규합'하였습니다. 유대교의 지도자들이 우두머리 격인 대제사장 가야바의 집에 모였습니다(3절). 모여야 힘이 생기는데 대면 예배를 드리지 못하는 한국교회는 지금 위기를 맞고 있습니다. 코로나19 사태가 끝난 뒤에 어떻게 될 것인가를 연구·대비해야 합니다. 그리고 힘을 규합하여 무엇을 할 것인가가 중요합니다. 그들은 '원한을 규합'하였습니다. 그들은 자신들의 제거 대상인 예수에 대한 논쟁 혹은 논의를 위해 거기 모인 것이 아닙니다. 이 점에 있어서 그들의 마음은 한결같았습니다. 그들은 예수님 죽이는 일을 한 걸음도 늦추려 하지 않았습니다(4절). 우리는 하나님께 복수를 맡겨야 합니다. 그들은 '간교함을 규합'하였습니다. 그들은 자신들 '예수 살해 음모'가 지닌 위험성을 충분히 알고 있었습니다. 구세주께서 백성들에게 대단한 존경을 받고 있다는 점, 그리고 당시 거대한 무리들이 예루살렘에 모여 있다는 사실입니다. 유월절 기간 예루살렘에 모여든 순례객들은 대부분 로마제국의 식민 통치를 싫어하는 민족주의자들이었습니다. 따라서 민족의 구원자로, 대중적 스타로 떠오르는 예수님을 이 시기에 처형하는 것은 자칫 사람들의 저항과 폭동을 초래할 수 있는 위험천만한 일이었습니다(5절).

그러나 이러한 난관에 대한 고려가 그들의 양심이나 의지에 영향을 미치지 못했습니다. 그들은 오직 자신들의 〈예수 제거 작전〉을 어떻게 안전하게 성공하느냐에만 온통 관심이 집중되어 있었습니다. 한마디로 어떻게 하면 자신들이 위험을 겪지 않고도 예수의 생명을 없앨 수 있을까에 몰두하고 있었던 것입니다(4,5절). 우리 교회의 모임은 사람을 죽일 음모를 꾸미는 모임이 아닌 사람을 살리기 위한 모임이어야 합니다.

가룟 유다의 배신 이야기가 뒤이어 나옵니다(14-16절). 종교지도자들은 사람들의 동요가 두려워 유월절이 끝나고 난 후에 예수님을 없애려 했습니다. 하지만 유다가 제사장들에게 가서 예수님을 넘겨주면 얼마를 주겠느냐고 묻습니다. 그들이 유다에게 은 삼십을 달아줍니다. 은 삼십은 노예 한 사람의 몸값입니다. 유다가 예수님을 판 표면적인 이유는 돈에 대한 욕심에서 비롯된 것이지만, 보다 근원적인 이유는 사탄의 유혹에 넘어갔기 때문입니다 (요 13:27). 결국 가룟 유다는 스스로 멸망의 길을 택하고, 예수님은 유월절 명절에 온 인류의 죄를 대속하는 화목제물로 죽임을 당하게 될 것입니다.

우리는 이와 대조되는 한 여인의 헌신을 보게 됩니다. 값비싼 선물(7절)이 이를 보여줍니다. 그녀의 눈에는 예수님보다 더 귀중한 분은 없었습니다. 그녀는 '거룩한 낭비'를 감행해 옥합을 깨뜨려 귀중한 향유를 구세주의 온몸에 쏟아부을 수 있었습니다. 한 옥합의 향유 가격은 약 300데나리온으로 노동자의 한 해 품삯에 해당합니다. 그녀의 행위는 대단히 공공연한 것이었습니다.

예수님은 '특별히 준비된 저녁 식사를 드시며 앉아 계셨고' 제자들은 주님을 중심으로 둘러앉아 있었습니다. 이러한 상황에서 그녀는 확고한 목적의식과 단호함으로 옥합을 '가져다가' 예수님께 부었습니다. 그녀는 참석한 모든 사람들이 자기가 예수님께 대하여 어떻게 생각하고 있는지를 향기를 통해 알리기를 원하였습니다. 그녀는 '모든 집 안의 사람들이' 그녀와 같은 생각에 사로잡히기를 원하였습니다. 우리는 그녀의 헌신을 주의 깊게 살펴보면서 그녀가 주님을 '구세주'로 생각하고 있음을 능히 짐작할 수 있습니다. 이 여인이 구세주의 임박한 운명을 알고 있었으리라는 것을 추측할 수 있습니다. 그녀가 주님의 발아래 계속 앉아 있으면서 거의 미동도 하지 않고 말씀에 귀를 기울인 사실로 보아(눅 10:39, 40) 우리는 그녀가 주님의 다른 제자들보다 말씀의 진정한 의미를 더 많이 깨우쳤을 것이고, 따라서 당시 주님의 임종이 임박했음을 느꼈을 것으로 추정할 수 있습니다. 분명 이러한 지식에서 비롯된 열정만이 그 대담한 용기와 단호한 헌신을 적절히 설명할 수 있습니다. "이제 다시는 이 같은 일이 이루어지지 아니하리라." 그녀는 속으로 이렇게 말하면서 이 일을 하였을 것입니다. 예수님은 그녀의 돌발적인 헌신을 기꺼이 인정하고 변호하였습니다(10, 11절). 주님은 이 사건을 임박한 십자가 고난 및 장례와 연결된 아름다운 헌신으로 인정하셨습니다(12절). 그리고 이 헌신은 후세의 모든 성도들에게 귀감이 되고 칭찬받는 사건으로 선포되리라 말씀하셨습니다(13절). 그리하여 그녀는 이 〈향유 도유 사건〉을 듣는 오고 오는 모든 사람들에게 '신앙'의 모범이 되었습니다.

이제 '고난의 잔'을 마시기 직전의 예수님을 생각해 봅시다. 주님은 모든 사람들을 깊이 배려하셨습니다. 적대적인 종교 지도자들은 이제 주님을 죽이려고 결심하였고, 배신자 유다는 예수님과 가까이 있는 자였지만 주님을 팔려고 하였습니다. 그러나 주님의 제자들 중에 가장 많은 깨달음을 지녔고 또한 가까이 있었던 마리아가 아주 생생한 방식으로 구세주 죽음의 확실성과 임박성을 주님께 상기시켜 드렸습니다. 그리고 어떤 측면에서 십자가 고난이 이미 시작된 것으로 취급하였습니다. 그 순간에도 주님은 그녀가 부당하게 비난을 듣지 않도록 배려하셨습니다. 주님은 자기 사역을 깊이 신뢰하셨습니다. 이 점에서 13절의 예언은 그것 자체로서 주목할 만합니다. 주님은 죽음이 임박했지만 그로 인해 복음이 더 널리 알려지고, 믿게 되고, 영예를 받게 되리라고 확신하셨습니다. 그러므로 주님은 자기의 죽음과 장례에 대한 마리아의 준비에 특별한 영예를 부여하셨습니다. 이 말씀은 선지자의 예언 이상의 것입니다. 이 말씀은 '왕의 칙령'이었습니다. 더욱이 스스로 그 순간에 죽음의 선고 아래 있음을 알고 계신 왕의 칙령이었습니다. 예수님은 음모와 배반의 밤에 세계적인 복음 전파의 큰 꿈을 꾸고 계셨습니다.

열 두 제자와 함께 앉으신 예수님

마 26:17-25

　유월절은 이스라엘이 하나님의 역사로 이집트에서 해방되어 나온 사건을 기념하는 절기입니다. 무교절은 그 유월절에 '누룩 없는 빵을 먹는 절기'입니다. 유대인들은 이 두 절기를 혼용해서 씁니다. 하나님의 절기를 기억하고 준비하는 것은 권장할만한 일입니다(17절). 우리 주님은 스스로 율법에 복종하시고, 도덕법과 제의법을 정확하게 지키셨습니다. 이는 우리를 도덕법의 멍에로부터, 그리고 제의법을 깨뜨리는 데서 파생되는 저주로부터 우리를 구하시기 위해서입니다(18, 19절).

　주님께는 가시는 곳마다 친구들이 있었습니다. 그리고 그들의 선생이 되고자 하셨습니다. 그런데 우리 주님은 가난하셔서 자기 집이 없으셨습니다(18절). 본문에는 "내 제자들과 함께 유월절을 네 집에서 지키겠다."라고 되어 있지만, "네 집에서"가 원문에는 '$\pi\rho\grave{o}\varsigma \ \sigma\grave{\varepsilon}$'(프로스 세, 너와 함께)를 의역을 한 것입니다. 직역하면 예수님은 유월절 만찬을 먹을 집을 구한 것이 아니라, 특정한 사람들과 함께 유월절을 보내려고 하신 것입니다. 유월절 만찬 장소를 제공한 사람은 예수님과 이미 친분이 있던 사람으로 보는 것이 합당합니다. 주님은 마음만 먹으면 사람들의 영혼을 움직여 주님이 원하시는 섬김을 행하게 하실 수 있었습니다. 주님과 그분의 말씀은 우리를 감동하고 우리로 행동하게 합니다. 그러나 마귀가 주는 감동은 우리로 하여금 섬기고 순종하기보다는 비판적 말과 행동을 하게 합니다. 요즈음 우리들의 삶에 주님이 주시는 감동이 있습니까? 아니면 세상이 주는 감동으로 충만합니까?

주님은 "내 때가 가까웠으니~ 유월절을 지키겠다"(18절) 라고 말씀하십니다. 여기에서 '때'는 단순히 계속되는 일반적인 시간을 말하는 것이 아닌 '*καιρός*'(카이로스)로서 하나님이 정하신 경륜 가운데 나타난 특별한 때를 가리킵니다. 우리의 인생이 끝날 시간이 가까워오면 올수록 우리가 해야 할 일들을 완수하고자 더욱 노력해야 합니다. 지금 내가 처한 상황은 어떠한 때이며 내가 해야 할 일은 무엇입니까? 모든 일에 있어서 그리스도의 지시를 따르고, 명령을 분명히 이해하고, 그것에 복종하는 것이 참 제자들의 임무입니다(19절).

주님의 식탁에 자리를 함께 한 제자들 가운데 아직 노출되지 않은 배신자가 자리하고 있음에도 불구하고 식사는 순조롭게 진행되었고, 다른 제자들은 배신에 가담하지 않았습니다(20절). 주님은 배신자들이 모습을 드러내기까지 그들을 들추어내지 않으십니다.

인간은 주님의 식탁에 참여하였다가도 그 직후에 배신하는 일이 가능합니다(21절). 주님께서 하신 배신자에 대한 언급은 모든 사람들로 하여금 자신을 돌아보게 했습니다(22절). 그래서 제자들은 "유다입니까?"라고 묻지 않고 "주여, 나는 아니지요?"(*Μήτι ἐγώ εἰμι, κύριε*, 메티 에고 에이미, 퀴리에)라고 말하였습니다. 그들은 범죄 자체에 대한 혐오감과 그런 중범죄에 대한 형벌을 예상하고, 혹시 자신이 잘못을 범하지 않았나 하는 불안감에 질문하였습니다. 신실한 사람은 자기기만을 인정하고 중심을 살피는 주님께 자신을 가져가 그분의 판단을 의지합니다. 그리하여 본문의 제자들처럼 "주여, 나는 아니지요?"라고 묻습니다. 신실치 못한 사람은 다른 사람을 핑계 대며 자신을 살피지 않습니다.

가룟 유다 또한 신실한 제자들과 더불어 "나는 아니지요?"라고 질문하였는데, 다른 제자들처럼 "주여"라고 하지 않고 "랍비여"라고 합니다. 우리는 그에게서 주님에 대한 다른 생각과 위선을 대하게 됩니다(25절). 그는 같은 식탁에 있었고, 같은 음식을 나누었으며, 주님과 동일한 순간에 그릇에 손을 넣었습니다(23절). 이제 그 음식을 집던 손으로 그는 지금 무엇을 하려 합니까? 그의 음모를 철회하고 싶은 생각이 그의 머리에 떠오르지 않았을까요? 그만찬 석상에 짙게 깔린 슬픔의 분위기 속에 그의 음모를 멈칫하게 하는 무엇인가가 전혀 작용하지 않았을까요? 예수님과 다른 제자들의 대화는 유다에게 자기가 하려는 행위의 막중함을 생각하게 하는 교훈이 되었을 것입니다. 제자들의 강렬한 슬픔 가운데서 유다는 자기가 은밀하게 행하려고 모의하는 일을 다른 제자들이 어떻게 생각하고 있는지를 볼 수 있었습니다. 그럼에도 유다는 배신의 발걸음을 멈추지 않았습니다. 유다의 마음은 사탄에게 장악당해 완악해져 있었습니다. 죄의 기만성으로 충만해 있습니다. 이 불행한 인간이 자신의 죄로 인해 스스로 초래하게 될 결과는 무엇입니까? 그는 무엇을 위해 이토록 위선의 가면을 썼을까요? 이렇게 반문하면서 우리의 마음에 떠오르는 사실은 죄가 얼마나 어리석은가 하는 점입니다.

무엇보다도 주님의 특별한 슬픔이 있었습니다. 깊은 슬픔이었습니다(24절). 사랑의 호소든, 눈물의 호소든 이 이상 더 강렬한 호소를 우리가 어디서 발견할 수 있겠습니까? 죄는 인간으로 하여금 진리와 애정과 영예에 대하여, 죄를 제외한 모든 것에 대하여 눈을 멀게 합니다. 그리하여 주님과 함께하지 못하게 합니다. 우리는 죄와 함께하든, 주님과 함께하든 둘 중의 하나를 선택해야 합니다.

시편 기자의 기도에서 지혜를 배웁시다. 시편 119편 37절, "내 눈을 돌이켜 허탄한 것을 보지 말게 하시고, 주의 길에서 나를 살아나게 하소서", 또, 히브리서 12장 2절, "믿음의 창시자요 완성자인 예수를 바라보자"라는 권고에 순종합시다. 우리를 잘못된 방향으로 호리는 사탄의 유혹에 대한 유일하고 안전한 방어책은 믿음을 선물로 주시고, 참된 믿음의 사람으로 완성해 가시는 주님께 시선을 집중하는 것입니다. 주님과 함께 걷고, 주님과 함께 꿈꾸고, 주님과 함께 일하는 것 외엔 다른 류가 없습니다.

성찬식과 찬미

마 26:26-30

    앞서(21절) 유월절 식사가 배반에 대한 말씀으로 인해 잠시 중단되었습니다. 이제 그것이 또 다른 말씀으로 인해 다시 중단됩니다(26절). 그때 예수님은 식탁 위에 놓여 있던 빵과 포도주를 취해 빵은 쪼개고 포도주는 잔에 부으신 후, 그것들이 각각 자신의 몸과 피와 같다고 선언하셨습니다. 그리고 구주께서는 자기 제자들에게 함께 그것들을 먹고 마시라고 명령하셨습니다.

    이것들은 무엇보다도 먼저 그때 임박해 있었던 '구주의 죽음에 대한 상징적 시연'(대중에게 공개하기 앞서 시범적으로 상영)이었습니다. 이때 빵과 포도주로 한 성찬식이 곧 그의 몸과 피로 드린 '유월절 어린 양'을 상징했습니다. 이 말씀과 행동에는 '구주 죽음의 목적'이 담겨 있습니다. 구주의 죽음은 말하자면 '죄를 없애려는 데' 목적이 있었습니다. 그것은 인류의 죄를 완전히 탕감하기 위한 것이었습니다.

    예수님은 먼저 빵을 취하여 "축복하시고"($\varepsilon\dot{\nu}\lambda o\gamma\acute{\eta}\sigma\alpha\varsigma$, 율로게사스, 과거분사, 축복하신 후에) 떼어 제자들에게 나누어주십니다. 이것은 예수님의 몸이 십자가에서 찢어지는 것을 상징합니다. 게

다가 이것은 성도들이 예수님이라는 몸에 붙어있는 지체임을 상기시킵니다. 과거 이스라엘 사람들이 유월절 빵(무교병)을 먹으며 이집트로부터 구원받은 것을 기억하고 감사했듯이, 이제 제자들은 예수님의 몸을 상징하는 빵을 먹으면서 구원의 의미를 누리고 감사할 것입니다. 예수님은 이어서 포도주를 잔에 부어 "감사 기도하시고"($\varepsilon\dot{v}\chi\alpha\rho\iota\sigma\tau\acute{\eta}\sigma\alpha\varsigma$. 유카리스테사스, 과거분사, 감사기도 하신 후에) 제자들에게 주십니다. 예수님은 포도주를 죄 사함을 얻게 하려고 많은 사람을 위하여 흘리는 자신의 피, 곧 '언약의 피'라고 하십니다(28절). 예수님의 피는 유월절 양의 피를 생각나게 합니다. 이스라엘은 유월절에 양의 피를 문설주에 바름으로 구원을 받았는데, 이제 인류는 예수님의 피를 통하여 영원한 사망으로부터 구원을 받을 것입니다. 이런 소중한 뜻이 담겨 있기에 예수님은 축복하시고 감사기도 하시며 빵과 포도주를 제자들에게 나누셨습니다.

이 상징들(성찬)은 엄청난 영적 유익이 어떤 방법으로, 효과적으로 우리의 것이 될 수 있는지를 잘 나타냅니다. 여기서 언급되는 무한히 귀중한 영적 복의 경우도 꼭 마찬가지입니다. 우리는 '믿음으로 그것을 우리의 소유'로 만들어야만 합니다. 다시 말해서 우리는 하늘의 빵과 고통의 포도주를 먹고 마셔야 합니다(요 6:53 "인자의 살을 먹지 아니하고 인자의 피를 마시지 아니하면 너희 속에 생명이 없느니라"). 하늘의 빵이신 예수님의 말씀을 잘 듣고 늘 마음에 새기고 실천하며 삽시다. 그리고 예수님을 따라 좁은 길을 끝까지 고통이 있다 하더라도 같이 걸어갑시다.

이어지는 말씀에는 보다 가까운 시계와 보다 먼 시계 -많은 슬픔과 보다 많은 기쁨 -가 있습니다. 그것은 제자들에게 -막 제정된 예식과 관련해 -장래에 무엇을 기대해야만 하는가를 가르쳐 줍니다. 구주께서는 그들에게 "너희는 무엇보다도 먼저 이별과 결합을 기대해야만 한다."라고 말씀하십니다. "우리가 헤어져 있는 동안에(예수님의 죽음) 너희에게 나를 생각나게 해줄 것과 동시에 또한 우리가 다시 함께 있을 것에 대한 '보증물'이 필요할 것이다. 이 예식을 행함으로써 그 필요가 충족되게 하라"(고전 11:24, 26). 비록 지금은 예수님의 죽음으로 제자들과 함께 포도주를 마시지 못하겠지만 이별의 때가 끝날 때(예수님의 하나님 나라에서의 새로운 현존), 그때는 가장 좋은 포도주 -진정으로 '새것'이어서 전에는 결코 맛본 적이 없는 포도주 -로 우리가 함께 기뻐할 것입니다(29절). 이것이 바로 '종말론적 메시아 잔치'입니다.

이 최후의 만찬을 되돌아볼 때 '우리가 느끼는 지배적인 감정'은 당연히 찬미여야 합니다. 첫 번째 성찬식 때도 찬미가 뒤따랐습니다(30절). 가장 엄숙한 때의 음울한 분위기 속에서조차 구주와 제자들은 함께 찬미했습니다. 저 배신의 밤의 예식과, 그것이 보이는 사랑과, 그것이 감추고 있는 복들과, 그것이 예언하는 복과, 그것이 보증하는 위로와, 그것이 준 힘을 생각할 때, 우리는 똑같이 찬미하는 것이 당연합니다. 주님의 죽음을 기억하고 성찬식을 행할 때마다 우리는 찬미해야 합니다. 그것이 바른 성찬식이고 바른 감사입니다.

한국전쟁 때 국군 1사단이 서울을 재탈환한 뒤 사흘이 지난

1951년 3월 18일, 만리동 고개의 한 초등학교에 차린 사단사령부로 큰 손님이 찾아왔습니다. 더글라스 맥아더 유엔군 총사령관이었습니다. 1사단장 백선엽 장군에게서 전황 보고를 듣던 맥아더 장군은 별안간 "요즘 급식상태는 어떠냐?"라고 백 장군에게 물었습니다. "쌀 보급은 괜찮은 편인데, 채소와 사탕 등 감미 품이 있으면 좋겠다."라고 백 장군이 대답했습니다. 맥아더가 "내가 보내 주겠다."고 말하고 돌아간 뒤 1주일이 지났을 때 물자가 밀려들기 시작했습니다. 백 장군의 말을 귀담아들었던 맥아더 장군이 도쿄로 돌아가 지시를 내려 도착한 식료품들이었습니다. 산더미처럼 쌓이는 식료품을 받은 국군은 큰 힘을 얻게 되었습니다. 맥아더가 귀담아듣고 보내준 식료품도 산더미처럼 쌓였는데 주님이 약속하신 구원과 은혜와 복은 어떠하겠습니까? 그래서 제자들이 찬미를 했던 것입니다.

너희가 다 나를 버리리라

마 26:31-35

　코미디 프로 가운데 "1등만 기억하는 더러운 세상"이라는 대사를 읊조리는 프로가 있었습니다. 그런데 1등도 수준이 있는 것 같습니다. 2010년 밴쿠버에서 열린 동계올림픽에서 이상화 선수가 여자 500m 스피드스케이팅에서 우승했습니다. 이 선수는 바로 앞서 일본 '오비히로'에서 열린 세계 스프린트선수권대회에서 처음으로 세계 최강 '예니 볼프'를 누르고 우승했습니다. 그런데 김연아 선수가 피겨대회에서 우승하면서 이상화 선수의 이름은 묻혔습니다. 그때 이상화 선수는 마음이 많이 섭섭했다고 합니다. 물론 이상화 선수 외에도 2~3등 한 선수들의 마음은 더욱 서운했을 것입니다. 제자들이 유월절 식사를 한 다락방에서 감람산으로 주님을 따라갈 때(30절) 그들은 주님의 발길은 좇지만 십자가를 지는 주님의 사명은 따르지 못합니다. 오히려 예수님은 그들에게는 가려져 있는 많은 면을 보십니다.

　"오늘 밤에 너희가 다 나를 버리리라"(31절) 말씀 하실 때 이것은 도저히 있을 법한 일로 보이지 않았습니다. 이것은 예수님에 대한 제자들의 충성심이 시험을 받을 것이라는 뜻입니다. "버리리라"($\sigma\kappa\alpha\nu\delta\alpha\lambda\iota\sigma\theta\acute{\eta}\sigma\epsilon\sigma\theta\epsilon$, 스칸달리스테세스테)는 2인칭 복수 꼬리를 갖고 있어서 굳이 2인칭 복수 대명사(주어)를 쓸 필요가 없지만, '$\Pi\acute{\alpha}\nu\tau\epsilon\varsigma\ \acute{\nu}\mu\epsilon\hat{\iota}\varsigma$'(판테스 휘메이스, 너희가 다)라는 주어를 쓴 이유는 예수님의 제자라 할지라도 주님을 저버릴 수 있음을 강조하기 위함입니다. 제자들은 오랫동안 주님을 따랐습니다. 많은 시험 중에도 그를 신뢰했습니다(눅 22:28). 매우 많은 것을 희생하면서 따랐습니다(19:27). 그들은 또한 주님의 예루살렘 승리의 입성식에 참여했습니다(21:6-9). 그 후에 있은 주님의 모든 논쟁과 승리의 현장에도 함께 있었습니다. 그러므로 몇 시간 후 그들이 이전의 모든 태도와 반대로 행동하리라는 주님의 고지는 믿기 힘든 말이었습다. 주님과 함께 있는 것이 부끄럽다니! 주님에게 속해 있다는 죄목(?)에 기겁하다니! 주님은 '침'을 당할 것이었고, 그들은 '흩어지게' 될 것이었습니다(31절, 슥 13:7).

그날 밤 이후 일어날 일도 꼭 마찬가지였습니다. 이 점에 관한 주님의 말씀은 매우 의미심장합니다. 한편으로 주님에 대해서는 '다시 살아난다'라고 말씀하십니다. 주님은 죽으나 살 것입니다. 그리고 그다음에는 제자들의 유익을 위해 갈릴리로 떠날 것입니다(32절). 예루살렘은 예수님을 대적하고 그분께 고난과 십자가 처형을 선사한 곳입니다. 반면 갈릴리는 예수님이 사역을 시작하셨던 곳이고, 첫 제자들을 부르셨던 장소이며, 놀라운 기적과 권위 있는 가르침을 베푸셨던 곳입니다. 따라서 예수님은 갈릴리에서 제자들을 만나길 기대하십니다.

다른 한편으로 제자들은 비록 흩어지게 될 것이었지만 영원히 그렇게 되지는 않을 것입니다. 당장은 주님을 버리겠지만, 나중에는 다시 주님을 향한 신앙을 고백할 것이고, 다시 전처럼 주님을 따를 것이었습니다. 이 모든 것을 비록 주님이 미리 고지하기는 했지만 그들은 결코 믿을 수가 없었습니다. 이것은 그들 가운데 나서기를 좋아하는 자의 말에 의해 매우 분명하게 밝혀집니다(33절). 그는 한마디로 말해서 그리스도가 그의 빛 가운데서 확신하는 것만큼이나 그의 무지 속에서 확신합니다.

우리는 여기서 그리스도의 선견이 얼마나 분명한가를 봅니다. 주님은 확신에 차 있는 베드로가 배반 예고의 주된 예시가 될 것이라고 선언합니다. 베드로는 단순히 예수님을 모른 척하는 것에 그치지 않고 그를 결코 안 적이 없다고 적극적으로 부인할 것입니다. 그는 연속 세 번을 그렇게 할 것입니다. 우리는 이 두 번째 경고가 어떻게 받아들여졌는가를 봅니다. 베드로는 이 말을 어떻게 받아들입니까? 그는 여느 때보다 더 도전적인 태도로 응했습니다. 앞으로 그는 "혼자 남게 된다고 할지라도 나는 결코 주를 부인하지 않을 것입니다"(33절)라고 말했습니다. 비록 예수를 부인하는 것 때문에 주와 함께 죽는다고 할지언정 예수님을 부인하지는 않겠다고 말합니다(35절). 주의 마음을 알지도 못한 채 조금 은혜를 받았다고 무지 가운데 호언장담을 하고 있습니다. 큰 소리 잘하는 한국교회 성도들에게 교훈을 주는 내용입니다.

다른 제자들은 이 두 번째 경고를 어떻게 받아들였습니까? 그들 또한 베드로와 똑같은 태도로 나왔습니다. 그들은 베드로를 편들고 그리스도에게 반박합니다. 그들은 합창하듯이 베드로의 "아닙니다."에 그들의 "아닙니다."를 보탭니다(35절). 그들은 말합니다. "선생님이 틀리고 제자가 옳습니다. 우리 가운데 주님이 그처럼 반복해서 발하는 경고에 해당하는 사람은 아무도 없습니다. 우리 중에 선생님을 팔아먹는 파렴치한 악당은 절대 없습니다." 일찍이 어둠과 빛이 그처럼 가까이 대치된 일이 있었습니까?

이 장면은 얼마나 감동적입니까! 구주는 그에게 닥쳐오고 있는 모든 일을 예지하고 계십니다. 이 일은 너무 확정적이기 때문에 주님은 이미 십자가에 못 박혀 있다고 말할 수 있습니다. 주님은 제자들에게 자신의 체포와 십자가 고난을 준비하도록 배신을 경고했지만 설득시킬 수가 없습니다. 예수님과 함께 찬미하며 가는 제자들이지만 예수님의 고난과 부활을 영적으로 볼 수 없는 제자들을 보면서, 우리는 우리 자신은 어떠한지를 볼 수 있어야 하겠습니다.

이 사건은 얼마나 교훈적입니까! 진정한 용기와 단순한 두려움의 부재 사이의 격차는 얼마나 큽니까! 안다고 생각하는 사람들을 가르치는 것은 얼마나 어렵습니까(잠 26:12 "네가 스스로 지혜롭게 여기는 자를 보느냐? 그보다 미련한 자에게 오히려 희망이 있느니라"). 믿을 수 없는 것들 중의 하나가 우리 자신에 대한 믿음입니다. 탐낼 수 있는 은사들 중의 하나가 가르침을 받을 수 있는 마음이라는 은사입니다.

예수님의 깊은 슬픔

마 26:36-46

여러분은 정의와 공의에 관심이 많습니까? 전두환 대통령 때는 '정의사회구현'을 강조했고, 김영삼 대통령 때는 '공평과 정의가 강물같이 흐르는 사회'를 강조했습니다. 그런데 과연 두 대통령이 내걸었던 정치 슬로건대로 실천을 했습니까? 국민을 실망시키고, 역사에 오명을 남겼습니다.

마귀는 사람들을 의의 길에서 벗어나게 하는 데 두 가지 방법을 사용합니다. 첫째, 마귀는 하나님께서 승인하지 않은 기쁨을 사람들에게 제공합니다. 둘째, 하나님께서 사람들에게 부딪쳐 싸울 것을 요구하는 고난을 피하도록 촉구합니다. 마귀는 바로 이 두 가지 방법으로 예수님까지도 순종의 길로부터, 즉 그의 사명 완수의 길로부터 벗어나게 만들려고 했습니다. 그래서 예수님의 '겟세마네의 투쟁'은 공생애 시작 즈음에 벌인 광야 투쟁의 완결이었고, 골고다 고난을 위한 준비였습니다. '겟세마네'라는 말의 원어적인 뜻은 '기름 짜는 틀'(oilpress)입니다. 예수님이 겟세마네에서 하신 기도에 대한 이야기가 지니는 한 가지 주된 특징은 누구도 접근하기 어려운 깊은 슬픔입니다(37-39절).

깊은 슬픔의 신비는 특별한 원인을 보며 알 수 있습니다. 깊은 슬픔의 원인이 우리가 흔히 '죽음'이라고 일컫는 이 평범한 악 때문은 아니었을 것입니다. 어떤 면에서 보아도 나사렛 예수보다 훨씬 못한 수많은 사람들이 죽음을 태연히 받아들였으며, 어떤 사람들은 심지어 기쁜 마음으로 받아들이기도 했습니다. 또한 그것이 구주께서 이제 곧 그에게 닥치리라고 알고 있는 죽음의 지극히 수치스러운 모양과 형태 때문이었을 리도 없었을 것입니다. 죽음이 공포의 원인이었다면 그것은 후에 그의 곁에서 죽은 두 범죄자들보다 더 못하게 만들었을 것입니다. 그리스도의 마음속에 있었던 것은 보다 더 심오한 어떤 것 -오직 하나님과 그 자신만이 완전히 알고 있었던 것으로 보이는 어떤 것 -이었습니다. "이 잔 -어떤 다른 '잔'도 비교할 수 없는 특별한 잔 -을 내게 주지 마소서." 그 잔이 무엇인지 감히 확신 할 수 있는 사람이 있을까요?

예수님이 베드로와 세베대의 두 아들을 데리고 기도하러 가십니다. 그런데 37절에 "고민하고 슬퍼하사"로 되어 있습니다. 우리 성경에는 원문에 있는 동사를 하나 빠뜨리고 번역을 했습니다. 빠뜨린 'ἤρξατο'(에르크사토, 시작하다)를 넣어 번역하면 '그가 고민하고 슬픔에 잠기기 시작했다' 입니다. 기도하려 할 때 예수님에게 십자가 고통의 두려움이 느닷없이 찾아들기 시작한 것입니다. 그리고 예수님은 지금 죽음을 앞둔 엄청난 심적인 고통을 겪고 계시기에 제자들에게 기도를 부탁하셨습니다(38절). 그리고 예수님이 얼굴을 땅에 대고 엎드려 기도하는 것은 그만큼 간절함을 나타내는 모습입니다(39절). 구약에서 엘리야는 "땅에 꿇어 엎드려 그의 얼굴을 무릎 사이에 넣고" 기도하였습니다(왕상 18:42).

이런 종류의 기도를 드리게 한 원인이 있었다는 것은 놀랍습니다. 하나님의 아들이 그러한 상황에 처한 것도 놀랍습니다. 성자께서 기꺼이 그 상황을 자청한 것 또한 놀랍습니다. 사랑의 아버지께서 독생자를 그런 상황에 갖다 놓았다는 점도 놀랍습니다. 세상의 아버지도 자기 아들의 어려움을 빨리 해결해 주려고 얼마나 애씁니까? 그가 사랑하는 아들의 기도 -세 번이나 되풀이된 애원·절박한 애원·고통에 찬 애원 -에 대한 응답으로 결국 아들을 죽음의 상황에 처하게 하는 것은 한층 더 놀랍습니다. 우리가 보기에는 이보다 더 신비스러운 성격을 지닌 사건은 결코 없습니다. 사실상 이 이야기는 우리의 자연적 사고로는 완전히 이해할 수 없는 어리둥절한 것들로 가득 차 있습니다.

이것 때문에 하나님은 우리에게 이 사건을 특징짓는 '불명료함'을 받아들이도록 가르칩니다. 우리에게는 이런 종류의 사건을 판단할만한 능력도 경험도 없습니다. 최고의 지성을 가진 인간이라 할지라도 이 사건을 결코 완전히 이해할 수 없습니다. 우리는 여기서 또한 있는 그대로의 진리를 받아들이도록 배웁니다. 우리 구주께서 여기 아버지께 하시는 말씀의 불명료함 바로 그것으로부터 우리에게 비치는 빛을 받아들이라는 것입니다. 그의 말씀 속에 있는 불명료한 모든 것에도 불구하고 주님이 어떤 의도로 그런 기도를 하셨는지 분명하지 않습니까? 하나님의 눈으로 볼 때도, 또 그리스도 자신의 눈으로 볼 때도 초월적인 중요성을 지니는 어떤 것, 그가 그 잔을 받아들이지 않으면 도저히 성취될 수 없는 어떤 것, 그렇기 때문에 하나님께서 거두어들이지 않으셨고, 아드님이 거부하지 않았던 어떤 것을 주님은 염두에 두고 있었던 것이 분명합니다(39, 42절). 이 모든 것이 수반된 어두움에도 불구하고 태양 빛처럼 분명합니다. 그러므로 주님의 기도를 보며 우리는 경탄하고 찬미하며 받아들일 수밖에 없습니다. 이를 통해 예수님은 구주임이 밝혀지고 하나님은 아버지임이 밝혀집니다.

우리가 본문에서 마지막으로 읽는 것은 이것을 훌륭하게 확증합니다. 38, 39절과 45, 46절의 말씀은 얼마나 큰 대조를 이룹니까? 45, 46절에서 우리는 얼마나 큰 의연함과 담대한 용기를 봅니까? 이제 예수님은 깊은 인간적 슬픔과 수치스러운 십자가형의 두려움을 떨치고 당당하고 장엄하게 골고다 언덕을 향해 나아갑니다. 하늘 아버지께서 자신만의 방식으로 아들의 기도에 응답한 것이 분명합니다. 그러므로 성부와 성자의 뜻이 완전히 일치한 것이 분명합니다. 또한 그 뜻이 인간의 구원이라는 점도 분명합니다. 그 목적을 염두에 두고 잔이 준비되었고 –주어졌고 –거두어지지 않았고 –받아들여졌고 –마셨습니다. 그 목적을 염두에 두고서 잔을 받은 이는 하늘 아버지로부터 사명 완수를 위한 힘을 얻었습니다. 여기에 이 어두움으로부터 나오는 최종적인 빛이 있습니다. 그것이 바로 '세상의 빛 –참 빛'이 아니고 무엇이겠습니까?

온전한 하나님의 뜻을 구합시다. 주님이 가신 '비아 돌로로사(Via Dolorosa), 슬픔과 고난의 길'을 걸어가기 위해 용기를 가지고 마귀의 유혹을 물리칩시다. 고난의 길이라 할지라도 기도하며 통과합시다. 하나님은 결국 우리를 '세상의 빛'으로 나타내실 것입니다.

성경대로 자제하시는 예수님

마 26:47-56

구주께서 방금 말씀하신 일(46절)이 이제 실제로 일어납니다. "유다가", "큰 무리가" 그리고 "그와 함께"(47절), 이것이 이 이야기의 시작입니다. 그 끝은 이러한 시작에 걸맞게 이루어집니다. 예수님은 적들의 손에 붙잡혀 혼자 남게 됩니다(50, 56절). 이 모든 사건이 어떻게 일어났습니까? 대부분이 주님 자신의 행함 -아니, 행하지 않음이라고 말하는 편이 더 나을 것입니다 -을 통해서 일어났습니다. 주님이 행동을 절제한 것이 이러한 사건이 일어나게 된 주된 원인입니다.

가룟 유다의 배반은 심히 비열하기 짝이 없는 것이었습니다.

이 배반은 배반자 자신의 입장 때문에 비열합니다. 그의 배반은 그가 특별히 따르고 사랑한다고 공언했던 스승을 배반한 것입니다. 자기 친구를 파는 것이었습니다. 그것은 그가 이 목적을 위해 정한 '군호'(σύσσημον, 쉬세몬, agreed sign)의 성격 때문에 한층 더 비열합니다. 충성의 표시(키스)로 배반하는 것 외에는 다른 방법은 없었을까요(48절)? 우정의 표시를 배신의 사인으로 삼았습니다. 거룩한 것이 지극히 비열한 목적을 위해 쓰일 수 있습니다. 그는 이 비열한 목적을 성취할 때 한, 전혀 불필요한 말 때문에 한층 더 비열했습니다(49절, "랍비여, 안녕하시옵니까?"). 그것은 그가 이러한 비열함으로 대하고 있었던 스승의 인격 때문에 더욱더 비열했습니다. 그 스승은 진리 그 자체였고 사랑의 성육신이었습니다.

이러한 비열함에 대한 구주의 반응은 도드라집니다. "친구여 네가 무엇을 하려고 왔는지 행하라"(50절). 예수님은 배반자에게 자신이 그의 의도를 간파했다는 것뿐만 아니라 그 배반에 저항하거나 반대할 의사가 없음을 선언합니다. 그런데 예수님의 이 허락은 중요합니다. 이 허락을 우리 자신에게 던져봅시다. 우리가 이 허락을 진실로 마음속 깊이 생각하고 지낸다면 날마다 우리가 하는 일의 목적과 완전함이 얼마나 크게 달라지겠습니까? 요즘 우리는 무엇을 하려고 하고 있으며, 어디로 가고 있습니까? 주님의 이름을 사람들 앞에서 높이는 우리의 삶이 되어야 합니다. 우리의 삶은 세상의 희망이 되어야 합니다. 그것은 다른 사람의 구원과 유익을 위해 우리의 진실하고 희생적인 삶을 보여줄 때 가능합니다.

예수님께 얼마나 큰 모욕이 가해졌는지 이 배반자와 함께 온 자들의 행동을 성경이 증언하고 있습니다.

예수 체포 부대의 어떤 자들은 '검'을 가지고 있었습니다(47, 55절). 다른 자들은 '몽치'(곤봉)를 가지고 있었습니다. 그들 모두가 인간쓰레기 중의 하나를 체포하려는 것처럼 구주를 잡으러 왔습니다(55절). 불과 얼마 전에 그것도 아주 공공연하게 자신이 사람들의 지도자라고 주장했던 주님에 대한 이중적인 모욕입니다 (21:1-13). 그리고 부분적으로 그것은 또한 베드로의 즉흥적인 반발 행동에 의해서도 밝혀집니다.

스승에게 가해진 모욕은 베드로에게(요 18:10) 도저히 견딜 수 없는 만행입니다. 그는 칼을 빼서(눅 22:38) 체포부대원 중의 하나를 격렬하게 내리쳤습니다. 필시 그들 중 제일 앞에 서 있던 자들 중의 하나, 즉 몽치와 몸짓으로 스승의 신변을 위협하려고 했던 자를 내리쳤을 것입니다. 어쨌든 베드로의 생각에 칼을 써서 피를 흘리는 것조차 스승께 가해진 모욕을 생각하면 정당 방어였습니다. 예수님은 제자가 스승을 위해 도저히 인내할 수 없는 상황을 참을성 있게 감수하십니다. 그 이상으로 예수님은 베드로가 저지른 일을 원래의 상태대로 되돌려 놓습니다. 우리는 의사인 누가에게서 이 사실을 듣습니다(눅 22:51). 주님은 심지어 이런 폭력적인 반응은 결과적으로 더 큰 해를 가져오는 악수라고 선언하면서 제자들이 다시는 어리석은 행동을 못 하도록 엄명을 하십니다(52절, "칼을 가지는 자는 다 칼로 망하느니라").

여기서 주님은 무력에 맞서지 않고 비폭력으로 적들을 대하십니다.

성자의 전능한 능력을 발휘하는 것이 아니라 능력을 억제하는 것, 성부께 지원을 요청하는 것이 아니라 요청을 그만두는 것, 한마디로 말해서 일거에 그의 모든 적들을 무찌를 수 있는 권능을 발하지 않는 것이 지금 주님이 하는 일이었습니다(53절). 그러면 왜 주님은 그런 식으로 자기를 억제하셨습니까? 그리고 또 왜 제자들도 제지했습니까? 주님의 대답은 가장 간단하고 명백합니다. 만약 주님이 인간의 감정대로 행동했다면 성경의 예언이 성취되지 못하여 인류의 구원 사명이 실패하게 된다는 것입니다(54, 56절). 구주는 우리의 모든 주의를 오직 이 한 가지 이유에만 집중시킵니다. 예수님처럼 성경 말씀에 순종하고 하나님 아버지의 뜻을 실현하기 위해 우리는 자신의 감정과 기분을 자제할 수 있습니까?

진리의 성경에는 성경 말씀에 목숨을 거는 경외가 얼마나 가득 차 있습니까? '왕 중 왕'조차도 성경 말씀에 구속을 받습니다. 하나님의 거룩한 자조차 성경을 무시하지 않습니다(시 40:7). 진리의 성경에는 하나님의 놀라운 은혜가 얼마나 가득 차 있습니까? 메시아께서 그렇게 성경에 구속력을 부여하는 이유는 무엇입니까? 옛날에 그에 대해 예언되었던 것을 성취하기 위해서가 아닙니까? 즉 "영원한 의를 드러내고", "죄악을 속죄하며"(단 9:24), 모든 이들을 속량하기 위해서가 아닙니까?

우리의 본성을 하나님의 영광을 위하여 자제할수록 그만큼 더 은혜롭습니다! 아들을 군대에 보내고 '누구 아는 사람 없는가?'라고 찾지 않고 가만있는 것도 우리가 세상의 빛이 되는 일입니다. 주님의 이름을 위하여 또는 다른 사람을 구원하기 위하여 우리는 성경 말씀대로 아무것도 하지 않거나 또는 무엇을 희생하는 일은 정말 멋진 일입니다. 세상 사람들은 그런 우리를 보고 희망을 발견할 것입니다.

부당하게 재판 받는 예수님

마 26:57-68

대제사장 가야바의 집에는 안뜰과 바깥뜰이 있고(58, 69절), 가장 바깥쪽에 현관이 있습니다. 안뜰에서는 서기관과 장로들이 변칙적으로 모여(공회는 해가 지면 열 수 없었다.) 가야바의 주재 아래 예수님을 가운데 세워 두고 회의를 하고 있습니다. 바깥뜰에는 가야바의 하인들과 그 밖의 사람들이 모여 있습니다(58절).

예수님을 재판하는 자들의 행위는 무엇보다도 그 목적이 부당했습니다.

그들은 '예수를 십자가형으로 죽인다.'라는 미리 정한 목적을 위해 증거를 찾았습니다(59절). 사실상 그들은 재판이 열리기도 전에 판결문을 완성해 놓았습니다. 따라서 그들은 재판관들이 아니라 말하자면 심리 전 판결자들 이었습니다. 그들은 자기들이 기꺼이 취하려 한 -기실은 그들이 '찾았던' 것처럼 보이는(59절) - 증거의 종류와 관련해 부당했습니다. 어쨌든 그들은 증거 출처의 정확성에는 관심이 없었던 것이 분명합니다. 그들의 목적에 합치되는 것처럼 보이기만 한다면 좋은 증거든 나쁜 증거든 상관없습니다. 또한 이 파렴치함과 관련해 그들은 모두가 한통속입니다. 온 공회가 거짓 증거를 찾는 이 파렴치한 일에 전력을 기울였습니다(요 19:39, 눅 23:51). 그들의 기준에서 볼 때조차 터무니없고 실망스러운 증거들이 많았습니다(60절). 그러나 그들은 주저하지 않고 한층 더 많은 거짓 증거를 찾으려고 기를 쓸 뿐이었습니다.

그들은 목적 달성을 위해 심히 부적절한 근거를 따라 행동함으로써 그들의 부당함을 보여주었습니다. 그들이 모여 집행하려고 한 율법에 따르면, 한 사건에 대한 최소한 두 명의 일치되는 증인이 없다면 어떠한 고발도 무효입니다. 특히 이 경우처럼 해당 죄목이 사형죄인 경우에는 더더욱 그러했습니다(신 17:6). 그들이 실제로 증인을 채택한 것은 그 규정에 심히 미치지 못하는 엉터리 재판입니다. 가야바는 사실상 이렇게 말했습니다. "이 쌓인 모든 증거에 대해 너는 아무 대답도 없느냐?"(62절) "어째서 너는 이 사람들의 너를 치는 모든 증거를 응답할 가치가 없는 것으로 취급하고 있는 것이냐?" 사실상 구주께서는 전혀 응답하지 않음으로 재판을 무효로 하셨습니다(63절). 그것이 구주가 할 수 있었던 가장 품위 있고 동시에 가장 온순한 응수였습니다.

이제까지는 사실상〈예수 반란죄 사건〉의 '기소'(검사가 특정한 형사사건에 대하여 법원의 심판을 구하는 행위)가 실패했다고 말할 수 있습니다.

그러므로 대적자들은 또 하나의 매우 부당한 소송절차에 돌입합니다. 구주는 진리를 가르치는 자로 알려져 있습니다. 그들은 그의 진리를 이용합니다. 그들은 예수님이 실제로 누구라고 자칭

하는지 말하라고 요구합니다(63절, "네가 하나님의 아들 그리스도인지 우리에게 말하라"). 이렇게 해서 그들은 주님이 어떤 결정적인 진술을 하게 하고, 올가미에 걸려들게 한 후 그의 고백이 그들이 바라는 종류의 증거를 제공하게 하려는 엉큼한 속셈이었습니다. 이런 야비한 계략은 하나님의 백성의 대제사장 같은 재판관에게는 심히 어울리지 않는 것이었습니다.

그러나 영광의 주이신 참된 대제사장께서 어떻게 응답하셨는지 보십시오. 주님은 하나님에 의해 정해진 사역자이며 대리자인 그에게 더할 나위 없이 참된 존경심을 갖고 응답하십니다. 증인들에게는 침묵을 지켰지만 대제사장에게는 침묵하려 하시지 않습니다. 그는 그의 엄숙한 요청에 엄숙한 응답을 합니다. 그는 진리의 요건들에 대해 더할 나위 없이 깊은 존경심으로 응답합니다. 그런 식으로 진리를 요청받자 그는 자신에게 어떠한 희생이 따르든 그것을 주고자 합니다. 그는 지금처럼 거짓과 악을 위해 그것이 요청될 때조차 그것을 주고자 합니다. "네가 말하였느니라"(Σὺ εἶπας, 쉬 에이파스, 64절). 마태는 유대인들의 하나님에 대한 간접적 표현의 관습에 따라 말했지만, 마가복음에서는 "내가 그니라"(Ἐγώ εἰμι, 에고 에이미, 막 14:62)라고 직접적으로 말씀하셨음을 밝혔습니다. 예수님은 거기 있는 모든 사람들에게 가장 진정하고 성실한 태도로 응답합니다. 그들의 악한 목적에도 불구하고, 그들의 불신앙과 경멸에도 불구하고 진심으로 답변하는 예수님이십니다. 예수님은 가까운 장래에 말씀하신 모든 것을 입증하게 될 한 날이 있을 것이라고 말씀합니다. 사실상 그때는 예수님이 그들의 심판석 앞에 서는 것이 아니라 그들이 예수님의 심판석에 서게 될 것입니다.

그러므로 때가 늦지 않게 경고를 받아들여야 합니다. 현재 상황에서 조금 힘이 있다고 설쳐서는 안 될 것입니다. 최고로 힘이 있으신 그분 앞에서 심판받을 준비를 해야 합니다.

예수님은 가야바에게 모욕을 당하십니다.

가야바는 그가 바라던 것, 그리고 '증인'을 더 이상 부를 필요가 없게 만드는 진술을 얻자 슬픔을 가장함으로(자기 옷을 찢으며) 예수님께 모욕을 가했습니다(65절). 그는 또한 이 사건에서 참으로 공정한 재판 진행을 가장함으로써 예수님께 모욕을 가했습니다. 예수님은 또한 옆에서 보고 있는 모든 자들에게 모욕을 당합니다. 그들의 상스러운 본성을 따라 행동으로 실행합니다. 그들은 또 다른 한편으로 주님의 직무에 대한 가장 심한 경멸을 보이며 그렇게 했습니다. "네가 그리스도라면 적어도 너를 친 자가 누구인지 우리에게 말하라." 이런 말은 주님의 명예에 침 뱉는 것이라 할 수 있을 것입니다.

악한 그들은 나름의 목적을 가지고 예수님을 부당하게 재판했습니다. 예수님은 우리를 속량하시고 구원하시기 위한 목적을 가지고 온순하게 그 부당함을 참습니다. 우리에게 가해지는 부당함은 참아야 하며, 남에게 부당하게 행해서는 안 됩니다. 우리의 삶의 목적이 무엇입니까? 공부하는 목적이 무엇이며, 돈 버는 목적이 무엇입니까? 주님과 관계없는 우리의 욕심을 위한 목적은 아닙니까? 주님을 위하고 이웃의 구원을 위한 귀한 목적을 가지고 인내하며 전진합시다.

베드로에게 일어난 일

마 26:69-75

    예수님께서 대제사장 앞에 서 있을 때 제자들은 어디에 있었습니까? 대부분의 제자들은 스승이 불법 체포되어 심문 받는 현장에서 멀리 떨어져 있었습니다. 그들의 눈에 예수님이 자기 자신을 버린 것처럼 보였을 때(51-54절) 그들 또한 예수님을 버렸습니다(56절). 다만 대제사장과 아는 사이인(요 18:15) 요한 덕분에 들어갈 수 있게 된(요 18:16) 베드로만이 사건의 현장을 목격할 만큼 가까이에, 즉 대제사장 집의 바깥뜰에 있었습니다. 베드로가 이러한 상황이 벌어지고 있는 현장에 있었던 결과로 그에게 일어난 일이 본문의 주제입니다.

    만약 베드로가 마음만 먹었다면 예수님을 변호하고 믿음을 고백할 좋은 기회가 여기 있었습니다.

    그가 있었던 장소에는 그에게 이 기회를 줄 모든 것이 있었습니다. 그곳은 심문 현장에서 일어나는 모든 일이 다 보이는 곳이었습니다(눅 22:61). 그곳은 구경하는 사람들로 가득 차 있었습니다. 그들의 대부분은 예수님의 적들이었습니다. 그러므로 여기에서 그의 친구들이 구주를 위해 변호할 기회가 있었던 것입니다.

그는 그곳에서 주목받는 사람이었습니다. 그는 무엇보다도 낯선 사람으로 그곳에 들어왔습니다. 또한 그는 겟세마네 동산에서 예수님이 체포될 때 돋보였던 인물이었는데, 이때 그와 같이 있었던 사람들, 즉 대제사장의 종들 가운데는 예수님의 체포 시에 출동했던 사람들도 끼여 있었습니다. 우리는 그가 사용하는 사투리 또한 사람들의 주의를 끌 만한 것임을 알고 있습니다. 우리는 그가 잡은 자리, 즉 '숯불' 근처의 자리(요 18:18)가 또한 그의 표정에서 볼 수 있는 이상한 것은 무엇이든지 두 배로 잘 보이게 했으리라는 것도 잘 알 수 있습니다. 이 모든 것들은 그에게 그가 누구인가를 말하고 따라서 적어도 그의 주인이며 스승인 분을 시인하라고 요구했을 것입니다. 이 인물의 타고난 성품이 이 임무를 맡기에 적임자로 만들고, 따라서 그를 부추겨 이 임무를 맡게 만들 수 있는 자질이 적지 않습니다.

한 여종이 베드로에게 말합니다. "너도 갈릴리 사람 예수와 함께 있었도다"(69절). "너도"($K\alpha\grave{\imath}\ \sigma\acute{\upsilon}$, 카이 쉬)는 베드로를 강조하는 말입니다. "예수와 함께"($\mu\epsilon\tau\grave{\alpha}\ \text{'}I\eta\sigma o\bar{\upsilon}$, 메타 예수)는 당연한 얘기입니다. 그리고 "있었도다"($\mathring{\eta}\sigma\theta\alpha$, 헤스타)는 미완료 과거 동사로서 예수와 베드로가 한 때만 같이 있었다는 의미가 아닌 줄곧 지속해서 함께 있었다는 의미입니다. 여종의 이 말은 그 자체가 베드로를 예수님의 제자로 확인하는 말입니다. 그 말을 인정하고 예수님에 관해 설명을 하면 되는 상황입니다. 우리의 인생과 영적 삶에도 주를 높일 기회가 있습니다. 그러한 기회를 놓치지 말아야 합니다. 어려운 상황이라도 오히려 주를 높일 기회일 수가 있습니다.

그런데 베드로에게 소극적 의미에서 '기회의 슬픈 오용'이 있었습니다.

기회가 그냥 지나가게 한 것입니다. 그는 부분적으로 말로 그렇게 했습니다. 곁에 있던 여자 하나가 그 하는 말에 의해 그때 그의 앞에 좋은 기회가 놓여 있음을 그에게 철저히 깨닫게 했는데도 그가 한 것은 고작 발뺌하는 것이 전부였습니다(70절). 또한 그는 비슷한 취지를 지닌 행동에 의해, 즉 마치 다른 볼일 때문에 바로 그때 거기에 온 자인 양 "앞문"까지 나아가는 것에 의해 그의 주장이 사실인 것처럼 보이게 하려 합니다(71절). 그는 지금은 그 문제에 대해 단순히 중립을 지키기를 바랍니다. 그는 지금의 상황에서는 감히 "그렇다"라고 말하지도 않고 "아니다"라고 말하려고 하지도 않습니다. 그럼으로써 사실상 그런 상황에서 그는 자기의 주님에 대한 신앙을 고백하지 않음으로 주님을 부인합니다.

베드로에게 적극적 의미에서 '기회의 더욱 슬픈 오용'이 있었습니다.

다시 말해서 그런 식으로 나쁘게 시작한 그는 한층 더 나쁘게 나아갑니다. 거기 있는 또 다른 사람에게 '예수와 함께 있었다.'라는 지적을 받고 이제 그가 바랐던 대로 그 문제를 회피하기는 늦었다는 것을 알자 그는 예수님을 전혀 알지 못한다고 말합니다. 베드로에게 한 번 더 예수를 고백할 수 있는 기회였습니다. "나는 그 사람을 알지 못하노라"(72절)라는 것은 "그에게 속하기는커녕"이라는 의미입니다. 게다가 그는 또한 "맹세하고" 그렇게 말합니다. 마지막으로 "조금 후에", 즉 이 엄숙하게 발해진 분명한 주장의 효과가 말하자면 다소 사라졌을 때 -그리고 그 주장을 들은 사람들 가운데 일부가 그 주장을 한 사람의 독특한 방언에 주목하고서 결과적으로 그 주장이 진실일 가능성에 대해 의심을 품기 시작했을 때 -그에게는 그가 내친걸음을 되돌릴 한 번의 기회가 마지막으로 주어집니다(73절, "너도 진실로 그 도당이라"). '도당'이란 말은 예수와 평소에 무리를 지어 다니던 한패라는 뜻입니다. 맞는 말입니다. 그런데 그런 식으로 궁지에 몰리게 되자 그는 필사적으로 부인합니다. "저주하며"(74절) 누구를 저주하며, "맹세하여" 누구의 이름을 두고 맹세한단 말입니까? 그는 갈수록 커지는 스승을 부인하는 죄에 완전히 빠져들게 되었고, 그래서 결국 이때 그에게 주어진 기회를 더할 나위 없이 악용했습니다.

혼자 있게 내 버려질 때 인간의 연약함은 얼마나 극에 달합니까? 여기 그 당시 그리스도의 제자였던 자들 중에 가장 두드러졌던 이가 -그리스도의 교회의 최초의 반석이었음이 분명한 이가(16:18), 모든 제자들 중 앞에 나서기를 가장 좋아하고 가장 대담했던 이가 -조금 전까지만 해도 그가 전혀 있을 수 없다고 생각했던 행동을 하고 있습니다. "모두 주를 버릴지라도 나는 결코 버리지 않겠나이다"(33절). 그런데 베드로의 연약함을 보고서 누가 자기 자신을 믿을 것입니까? 육체는 연약하고 사탄은 적극적입니다. 자신감으로 되는 것은 아닙니다. "깨어 기도하라!"라는 주님의 말씀을 기억해야 합니다.

그리고 그리스도에 대한 진정한 신앙인이 갖는 힘은 얼마나 엄청납니까? 우리는 즉시 그가 회개하는 것(75절)을 그것도 주님이 주신 한 번의 눈길에 의해 그렇게 하는 것(눅 22:61)을 봅니다. 그후 우리는 그가 이방인들(행 15:7)과 유대인들(행 2:36-41)에게 똑같이 신앙의 문을 여는 것을 봅니다. 그 후 우리는 사도 바울이 그리스도의 암시적 예언(눅 22:32)처럼 그를 "기둥"으로 일컫는 것(갈 2:9)을 보게 됩니다. 그의 신앙은 시간이 흐름에 따라 그를 그토록 낮은 곳으로부터 그토록 높은 곳으로 끌어 올렸습니다. 그러므로 똑같은 "복음의 씨"를 속에 지닌 사람들은 모두 다 그렇게 되기를 희망할 수 있습니다(벧전 1:25, 요일 3:9). 그리스도를 믿는 신앙인보다 더 강한 사람은 없습니다. 베드로가 그리스도만 의지하고 전진할 때, 불가능은 없습니다. 오직 주님만 의지하고 담대하게 전진합시다.

죄인들의 증언

마 27:1-10

전광식 전 고신대 총장은 대학 시절에 도서관에 있는 〈철학대백과사전〉을 노트에 다 옮겨 적는 열심을 가지고 공부한 적이 있다고 합니다. "새벽에" 예수님에게 사형을 선고했던 자들은 그들이 내린 결정을 실행에 옮길 때가 도래했다고 판단합니다. 그들은 예수님의 사형 집행에 가장 좋은 방법을 "함께 의논했다."라고 말합니다. 늦은 밤과 이른 아침에도 그들은 예수님을 죽이려고 열심입니다. 악한 자들은 악한 목적을 성취하는 데 매우 열심입니다. 우리는 선한 일을 하려고 할 때 얼마나 열심입니까?

그들이 채택한 방침을 따름에 있어 두 가지가 그들에게 걸림돌입니다. 하나는 사람을 살리고 죽이는 권한이 그들에게는 없다는 것입니다(요 18:31, 32). 다른 하나는 살리고 사형권을 갖고 있는 로마 총독이 곧 그의 오전 사법 업무를 개시하게 되리라는 것입니다. 그러므로 그들은 즉시 구주를 이미 정죄 된 자로서 "결박하고"(2절), 마치 그 정죄가 그들 모두의 결정인 것처럼 보이려는 양 떼 지어(눅 23:1, "무리가 다 일어나 예수를 빌라도에게 끌고 가서") 로마 총독에게 끌고 갑니다. 그러므로 결박된 예수님을 보는 사람은 누구나 그 결박이 의미하는 것이 무엇인가를 금방 알 수 있었습니다. 그렇게 무리를 이루어 많은 사람이 몰려가도 불의가 진리가 되는 것은 아닙니다. 한국교회가 교인들의 숫자가 많은 것을 앞세워서는 안 됩니다.

  가룟 유다가 예수님의 정죄 됨을 볼 때(3절), 그는 또한 제사장들이 예수님에 대해 말한 것, 즉 그가 신성 모독죄를 지은 중죄인이며 사형을 당해야 마땅하다는 판결을 듣습니다. 그것을 보고 그가 대제사장들과 장로들에게 예수님을 판 돈을 돌려주며 말하는 것은 예수님이 결코 죄인이 아니라는 것입니다. 그는 또한 그 자신이 예수님이 사형 판결을 당하는 일에 일익을 담당했다는 것도 시인합니다(4절). 예수님께 불리한 증거를 댈 수 있는 증인이 있다면 그가 바로 가룟 유다일 것입니다. 그럼에도 불구하고 그는 나서서 예수님을 고소하지 않았습니다. 그의 양심이 허락하지 않았기 때문입니다.

  가룟 유다가 먼저 한 일은 "뉘우치는" 일입니다. 헬라어 분사 '$\mu \varepsilon \tau \alpha \mu \varepsilon \lambda \eta \theta \varepsilon \grave{\iota} \varsigma$'(메타멜레테이스)는 '회개'를 나타내는 것보다는 통상적으로 '후회'를 나타냅니다. 회개는 성령의 사역인데, 유다는 성령을 통한 회개에 이르지 못했다고 봅니다. 한 걸음 더 나아가서 그는 강한 느낌으로 '그를 배반한 대가로 너희가 내게 준 이 돈을 도로 가져가라. 나는 이 돈을 갖고 싶은 마음이 더는 없다.'(3절) 라고 말하고 있습니다. "도둑"으로 일컬어지는 자가(요 12:6) 자신의 깊은 감정 때문에 자신의 본성을 부인하다니 얼마나 놀라운 변화입니까? 같은 변화가 그가 하는 행동에서 더 많이 보입니다. 그의 행동에서 우리는 그가 결코 예수님을 판 몸값으로는 아무엇도 하지 않겠다는 그의 강한 결심을 봅니다. 그러므로 이제 그에게 완전히 혐오스러운 돈을 성소에 던져 놓고 물러가서 자신의 생명도 던져 버립니다(5절). 이것은 신약에 나오는 유일한 자살 사건입니다. 유다가 이렇게 자살한 것은 진정으로 회개하지 않았음을 보여주는 증거입니다. 며칠 전에 박원순 서울시장이 스스로 목숨을 끊었는데 역시 진정으로 회개하지 않은 결과로 보입니다. 이 비극 전체는 어느 모로 보나 예수님의 무죄함에 대한 매우 두드러진 증언입니다. 이 탐욕적인 사람조차 스승의 목숨값을 제 것으로 삼을 수 없었습니다. 이것은 그가 진정한 회개에 이르지는 못했지만, 스승의 영적 영향력이 살아있음의 산 증거입니다.

대제사장들과 장로들은 자기들이 미끼로 건네준 은전들을 조심스럽게 주워 모으면서 잔머리를 굴리는 것은 '피 묻은 돈'을 최대한 양심의 가책이 덜한 용도로 쓰는 방법을 찾기 위함입니다. 피 값이기 때문에 그것을 성전 금고에 넣는 것은 결코 용납될 수 없습니다. 그것을 전혀 사용하지 않는 것도 그들에게는 마찬가지로 용납될 수가 없었습니다. 그러므로 그들은 토기장이의 밭을 사서 나그네의 묘지로 삼았습니다(7절). 그들은 이 땅에 대하여 유다를 통하여 알게 되었을 것입니다. 또한 이 땅값이 유다와 그들 사이의 예수를 넘겨주는 몸값의 합의가 성사되게 만들었을 것입니다. 그 땅을 보았을 때, 그 땅이 나그네의 묘지로 사용하기에 좋다고 생각하고서 그들은 그 목적을 위해 그 땅을 샀습니다. 그러므로 여기서 우리는 유다가 행한 것이 그들에게 끼친 영향 전부를 보게 됩니다. 그다음의 물음, 즉 그들이 유다가 말한 것처럼 정말로 '무죄한 피'를 흘리고 있는 것이냐 하는 것은 그들이 판단할 때 그들이 상관할 일이 아니었습니다.

그들의 이러한 행동은 미래와 관련해 한층 더 의미심장했습니다. 구매된 그 밭은 얼마 후 심히 악명 높은 밭이 되었습니다. 유다를 죽게 한 돈으로 구매되었기 때문에 그 밭은 그 사실과 밀접하게 연관 되었습니다. 그러므로 그 밭은 미래에 내내 (무죄한) 〈피 밭〉(아람어로 '아켈다마')으로 알려지게 되었습니다. 왜냐하면 배반자 자신이 죽어가면서 자신의 입으로 피 값이라고 선언했던 돈으로 샀기 때문입니다. 후에 사람들은 그 밭을 볼 때마다 희생된 두 사람을 생각할 것이며, 그 두 생명 중의 하나가 다른 생명에 대해 말한 것, 즉 그분이 '죄 없는 생명'이었다는 것을 기억할 것입니다. 제사장들의 이러한 행위는 과거와 관련해서도 마찬가지로 의미심장했습니다. 예레미야 선지자를 통하여 그 밭을 사는 것에 대해서 예언하고, 그리고 그 값이 어떤 의미에서 한 생명에 대해 매겨진 값인 것으로 설명하는 말씀이 있었습니다(9, 10절).

죄인들의 증언의 진정한 기원을 보십시오. 가룟 유다는 의식적으로 그리고 제사장들은 무의식적으로 여기서 그리스도가 무죄하다고 선포합니다. 무엇이 이들에게서 이런 일이 생겨나게 했습니까? 유다와 그들의 배후에서 활동하고 있는 것은 누구의 손입니까? 그들의 입술과 행동을 이용해서 훌륭하게 예수님에 대해 증언하고 있는 것은 누구의 음성입니까? 그것은 하나님 아버지의 음성입니다. 이것은 사실상 3장 17절과 17장 5절("이는 내 사랑하는 아들이요 내 기뻐하는 자니")의 반복입니다.

이 증언의 시기 적절성을 보십시오. 구주를 유죄한 자로 판결한 직후에 유다는 불가항력적으로 정반대로 증언하지 않으면 안 되게 됩니다. 구주를 정죄한 직후에 대제사장들은 그렇게 한 것에 대해 자신들을 책망하게 됩니다. 즉 예수님이 중죄인으로 이방인들에게 넘겨졌을 그때 하나님께서는 여전히 예수님이 그의 "거룩한 자"라고 선언하십니다. 아마 이 증언의 시기로서 그때보다 더 적절한 때는 없었을 것입니다.

하나님은 우리를 통하여서도 예수 그리스도를 증언하고 싶으실 것입니다. 우리는 후회하는 죄인이 아닌 성령으로 회개하는 삶을 통하여 예수 그리스도를 증언합시다. 그리고 더 나아가 하나님의 선과 의와 아름다움을 통하여서 예수님을 증언합시다. 진정한 그리스도인의 삶을 살아감으로 예수님을 증언합시다.

권력자의 선포

마 27:11-26

　　예수님 당시에 최고 권력자는 누구입니까? 로마제국의 황제입니다. 예수님은 이제 그 당시 최고 권력자의 대리자인 로마 총독 앞에 서 있습니다. 이 로마 황제의 대리자는 예수님에 관해 어떠한 결론에 도달합니까? 그리고 그가 어떠한 생각을 하고 있는가를 어느 정도까지 보여줍니까? 삼중적인 대답이 본문에서 발견됩니다. 그의 귀에 들려오고 있는 많은 고소(12절)에도 불구하고 우리는 빌라도가 피고의 무죄를 선포하는 것을 봅니다.

　　예수님에 대한 고소 이유들 중의 하나는 '가이사'라는 최고의 권위를 모독한다는 것입니다. 어떤 로마 총독도 그러한 고소 이유를 가볍게 볼 수가 없습니다. 당시에 로마 황제모독죄에 대한 혐의가 있다는 이유로 사형당하는 고위층의 사람들이 해마다 많은 수에 달했습니다. 그러나 빌라도는 예수님의 외양에서 그런 면을 전혀 발견하지 못했습니다. 예수님에게는 자만의 흔적도 야심의 징표도 없었습니다. 사실상 저 슬픔으로 주름진 얼굴의 거룩한 온유함 속에는 땅에서 절대 권력자가 되고 싶은 소망을 나타내는 것이 아무것도 없었습니다. 그러므로 빌라도는 특별히 힘을 주어 묻습니다(11절). "네가 유대인의 왕이냐?" 예수님은 이 물음에는 답을 하십니다. "네 말이 옳도다!" 헬라어 본문은 "*σὺ λέγεις*" (쉬 레게이스)인데 "네가 말하고 있다"(현재형)입니다. 빌라도의 질문을 긍정으로 바꾸어 자신이 '진정한 우주의 왕'이라는 사실을 간접적으로 선언하십니다.

예수님은 그의 귀에 들려오는 다른 고소 사유들에는 아랑곳하지 않고 꼼짝 않고 서 있습니다(13절). 예수님은 왜 그것들에 무관심합니까? 이것은 죄책이나 결과들에 대한 두려움이나 그것들에서 벗어나고 싶은 소망에서 비롯된 것이 아닙니다(14절). "한마디도 대답하지 아니하시니", 헬라어 본문에는 "*πρὸς οὐδὲ ἓν ῥῆμα*"(프로스 우덴 레마)로 되어 있는데, "심지어 단 하나의 비난에 대해서도 아니"라는 뜻입니다. 그들의 고소 내용들 중에 한 마디 정도는 찾아서 역으로 공격할 수도 있었을 것입니다. 고소자들의 고소 이유는 쉽사리 그 부당성이 설명될 수 있는 것들입니다. 그들의 비난에는 그들이 사람들의 칭찬을 얼마나 중히 여기는가를 보여줍니다. 또한 이 온유한 예수가 그들에게 얼마나 크게 걸림돌인지 보여주는 것이 있습니다. 그러므로 빌라도는 그들의 외침과 미움의 진정한 뿌리가 되는 것을 보았습니다(18절). 따라서 빌라도는 고소하는 자들의 논거가 약함에 충격을 받았을 것입니다. 그래서 그는 예수님에게 사형을 집행해야 하는 명백한 증거가 없다고 판단합니다.

빌라도가 예수 무죄의 진실을 확신하는 데에 영향을 끼친 두 가지가 있습니다. 하나는 빌라도에게 전달된 아내의 메시지입니다.

그의 아내는 예수님에 관한 꿈을 꾸었고, 예수님을 재판하는 데에 주의하라고 진지하게 간청합니다(19절). 또 하나는 가득히 모여 있었던 '군중'의 행동이었습니다. 빌라도는 명절에 죄수 한 사람을 놓아주는 관습에 따라, 군중들에게 지지를 받고 있는 것처럼 보이는 예수와 감옥에 갇혀 있는 악명 높은 바라바 중에서 선택할 기회를 주고자 했습니다. 그는 백성들이 당연히 바라바를 죽이라고 말할 것으로 예상합니다. 그러나 결과는 그가 예상하고 소망했던 것과는 정반대로 나타났습니다. 대제사장들과 장로들의 선동에 따라 군중은 예수가 아닌 바라바의 방면을 요구했습니다(20절). 그뿐만 아니라 그가 그들에게 예수 방면을 택하도록 권면할수록 그들은 그만큼 더 강경하게 나왔습니다. 그들은 이제 예수를 석방하지 말도록 요구할 뿐만 아니라 그를 십자가에 못 박아 죽이라고 요구합니다. 그리고 빌라도가 그들에게 그렇게 해야 하는 이유를 제시하도록 요구할수록 그들의 요구는 그만큼 더 강경해집니다. 그는 예수가 "무슨 악한 일을 하였는지" 말하라고 그들에게 요구하나 그들은 대답하지 못합니다(23절). 빌라도는 예수님의 죄가 십자가에 못 박혀서 죽을 만큼의 중죄가 아니며, 오히려 가벼운 벌을 주어도 되지 않을까 하는 마음에서 그렇게 물은 것이었습니다. 빌라도가 보는 것을 백성들은 보지 못하고 있습니다. 많은 무리가 주장한다고 옳은 것은 아닙니다.

예수님을 방면하려고 더 노력하면 그 결과는 오직 로마 황제에게 정치적 책임을 져야 하는 '민란'일 뿐이라고 판단했기 때문에 빌라도는 예수님에 관한 그 자신의 판결을 공개적으로 선포하는 것으로 만족합니다. 그는 신중하게 "물을 가져다가", 공개적으로 "무리 앞에서", 의미심장하게 "손을 씻으며" 선언합니다. "나는 이 사람의 피에 대하여 책임이 없으니, 여러분이 알아서 하시오"(24절, 새 번역). 마지막으로 빌라도의 선언을 무리가 완전히 이해했다는 것이 그들의 대답을(25절) 통해 나타나게 하는 방법으로 판결했습니다. 백성들의 이 무책임하고 오만한 대답으로 그들은 AD 70년에 나라가 초토화되고 1948년에 이스라엘을 건국할 때까지 전 세계를 유리방황하는 불쌍한 민족이 되었습니다.

빌라도의 행동은 비록 무죄한 사람을 사형하는 책임을 면하려는 비열한 노력으로 나온 것이지만, 구주의 무죄함을 공개적으로 분명하게 그리고 오류 없이 선포했습니다.

(1) 그 선포는 빌라도의 성품 때문에 중요했습니다.

로마 총독인 빌라도는 사람 죽이기를 마다하지 않는 자입니다. 그런데 그가 볼 때 예수의 무죄함에는 눈부시게 하는 무엇인가가 있었음이 틀림없었습니다. 그는 예수의 생명을 빼앗는 것만 아니면 무엇이든지 기꺼이 하려고 애썼습니다.

(2) 빌라도의 국적과 계급 때문에 중요했습니다.

그는 대표적인 이방인이었습니다. 그는 로마 황제를 대표했고, 로마 황제는 다시 세상을 대표했습니다. 그러므로 이 사실은 빌라도의 예수 무죄 선포에 '보편성'을 부여합니다. 말하자면 이방인 세계가 예수님에 대한 사실상의 옹호를 통해 유대인 세계와 맞섰습니다.

(3) 그 시기상의 중대한 성격 때문에 중요했습니다.

이 최후의 변호는 예수님을 마침내 십자가로 보내는 바로 그 순간에 선포됩니다. 또한 예수님을 십자가로 보내는 바로 그 입술에 의해 선포됩니다. 예수님에게 십자가 처형을 판결한 바로 그 권력자가 예수를 사형해서는 안 된다고 말합니다. 그를 실제로는 무죄라고 선언하면서, 그와 동시에 그에게 현실적으로는 유죄 선고를 내립니다. 이것이 바로 예수 그리스도의 십자가 사건의 요점입니다.

무죄한 예수님이 우리 때문에 죄를 뒤집어쓰고 십자가에 달려 죽으셨습니다. 우리는 그분을 구주로 믿음으로 구원받았습니다. 우리도 빌라도처럼 우리의 자리에서 예수님이 무죄함을 선포합시다. 더 나아가 그분이 우리의 죄를 지고 죽으셨음을 선포합시다. 그리고 그분이 세상의 빛이며, 우리의 구세주이심을 선포합시다.

고난과 고통의 길

마 27:26-34

여러분은 요즘 어려움을 겪고 계시지는 않습니까? 예수님은 십자가의 길을 가고 있습니다. 그 길은 많은 고난(괴로움과 어려움)의 길로서 고통(몸이나 마음의 아픔)이 따르는 길이었습니다. 예수님이 얼마나 많은 고통을 견뎌야 했는지를 살펴봅시다.

우선 분명하게 '심한 육체적인 고통'을 많이 당한 것을 봅니다. 빌라도의 명에 의해서 가해진 채찍질은(26절) 대단히 끔찍한 것이었음이 틀림없습니다. 그 채찍은 예리한 쇠붙이와 뼈들이 달려 있는 가죽 끈이었습니다. 채찍질은 맞는 자의 손을 기둥에 묶어놓고 벗겨진 몸의 어깨와 등을 내리치는 것이었습니다. 여기서 우리가 기억해야 할 것은 우리가 끔찍해서 생각할 수도 없는 고문을 우리 주님은 견디셨다는 사실이며, 나사렛 예수의 몸이 실제로 서술된 그 고통을 당한 것입니다.

또한 최소한 '많은 정신적인 고난'이 있었을 것이 틀림없습니다. 잔인한 로마 군인들은 예수께서 입던 평상시의 겉옷을 벗겼고, 그분을 조롱하는 가운데 '홍포'를 입혔습니다(27, 28절). 홍포를 입힌 것은 왕복을 빗댄 것입니다. 같은 방식으로 그들은 그에게 '가시 면류관'을 엮어서 씌웠고 그것이 그의 머리를 찌르도록 하였습니다. 이후에 그들은 그분의 손에 '갈대 홀'을 들리고 몸과 입술로 왕에게 경의를 표하는 조롱을 하였습니다(29절). "유대인의 왕이여, 평안할지어다!"($X\alpha\tilde{\iota}\rho\varepsilon$, 카이레) 이것은 로마인들이 로마 황제에게 하던 인사말입니다. 로마 군인들이 그렇게 거룩한 구주를 조롱하는 것은 그들에게는 얼마나 짜릿한 놀이요 쾌락입니까? 이전에 누가 그런 왕을 본 일이 있습니까? 힘이 없는 '가짜 왕'이면 그에게 씌워진 죄를 부인하며 벗어나려고 했을 것이며, 힘이 있는 '진짜 왕'이면 그 힘을 써서 그 상황을 벗어났을 것입니다.

그러나 이러한 '모욕 놀이'도 곧 지루해지기 시작했습니다. 그래서 그들은 그분의 얼굴에 침을 뱉고, 또한 어떤 자들은 방자하게 갈대로 그분의 머리를 때리기까지 하였습니다(30절). 예수님은 갖은 방식으로 무례한 사형 집행인들에게 모욕과 멸시를 당했습니다.

구주께서 이런 치욕을 통해 얼마나 많은 고통을 느끼셨을까요? 주님은 말로 다 할 수 없는 육체의 고통을 당했습니다. 십자가형의 경우에는 일반적으로 십자가에 처형될 사람이 처형장까지 십자가를 운반하는 것이 원칙이었습니다. 그러나 예수님은 그것이 육체적으로 불가능했습니다(32절). 따라서 십자가를 옮기는 일에 도우미가 동원되었습니다. 당시 로마 군인들은 아무나 징발해서 자신들의 짐을 지고 가게 할 권한을 가지고 있었습니다. 이때 징발된 시몬은 구레네 출신인데, 오늘날 북아프리카의 리비아입니다. 마가복음 15장 21절에서는 그를 "알렉산더와 루포의 아버지"라고 설명하는데, 그들은 훗날 로마교회의 지도자들입니다(롬 16:13). 그들은 자신들의 아버지가 십자가 사건에 개입된 것을 계기로 하여 회심한 것으로 추정됩니다. 자원봉사가 아닌 강제 봉사라도 예수님을 섬김에는 복이 있음을 알 수 있습니다. 구레네 시몬이 강제 동원된 일은 주님이 십자가를 운반할 수 없는 몸 상태였음을 증명합니다. 강철 같은 의지도 육체적인 약함에는 어쩔 도리가 없습니다. 우리는 주님이 당한 채찍질을 비롯한 고난들이 그분의 몸에 어떤 영향을 주었는가를 분명하게 알게 됩니다. 그러나 주님은 결코 그들을 원망하지 않았으며, 불평하지 않았고, 한순간도 그들을 비난하지 않았지만, 그들의 고문은 그분의 육체적 생명의 샘까지 뚫고 들어갔습니다. 그때 주님의 몸은 이미 초주검의 상태였다고 말해도 과언은 아닐 것입니다. 그렇지만 그러한 고난이 그분의 영혼에는 전혀 영향을 미치지 못했습니다.

로마의 관습은 십자가형의 고통을 경감시킬 수 있는 방법으로 어떤 마취제를 허용했던 것으로 보입니다. 예수님을 호송했던 사람들이 처형장에 당도했을 때, 로마 군인이 그에게 포도주에 쓸개를 타서 마실 것을 권했습니다(33, 34절). 그러나 예수님은 그것을 맛보시고 거절했습니다. 예수님은 성자로서 사용할 수 있는 능력을 스스로 포기하셨습니다. 우리와 똑같은 연약한 육체로 극한의 고통을 겪으셨습니다. 그분이 마셔야 하는 "쓴 잔"을 마취제의 도움으로 '물타기'하는 것을 단호히 거부합니다. 주님은 철저히 겪어야 할 고통을 경감시키기 위해서는 아무것도 행하려 하지 않으셨습니다. 이러한 점에서 그의 의지는 그가 전혀 고통을 받지 않은 것처럼 강했습니다.

여기에 우리가 찬양해야 할 한 가지 요소가 있습니다. 주님의 '십자가의 길'에 있어서 가장 큰 고통은 아직도 극복되지 않고 남아있으며, 더욱이 그분이 현재 사로잡혀 있는 육체적 극한 상황 가운데서 극복해야 합니다. 그의 육체가 그것을 감당하기 위해서 약해지면 약해질수록 그는 영적으로는 더 단호해집니다. 그때 그분에게 임하고 있던 것과 같은 영적 고통은 인류 역사상 전무후무합니다. 그 어떤 사람도 그러한 영적 고통을 그렇게 기꺼이 당할 수 없을 것입니다.

우리는 십자가 고난의 길에서 육체적·영적 고통을 당하면서도 물러서지 않는 예수님을 바라보면서 찬양할 수밖에 없습니다. 어느 누가 그런 길을 가겠습니까? 우리를 구원하기 위한 목적을 가지신 구주 예수뿐입니다. 그 길을 걷는 것은 강력한 영혼의 힘을 가지신 구세주가 아니면 불가능한 것입니다. 우리도 하나님께서 힘을 주셔서 그러한 목적 있는 길을 갈 수 있다면 예수님 같은 일을 할 수 있을 것입니다. 아니면 시몬 같더라도 괜찮습니다. 억지로라도 주를 위해 고난을 겪는다면 그것 또한 복된 길이기 때문입니다.

십자가

마 27:35-44

우리는 골고다를 향하여 가는 급박한 발걸음 끝에 마침내 치욕의 십자가 밑에 이르게 됩니다. 로마 군인들이 예수님을 십자가에 못 박은 후에 예수님의 옷을 제비 뽑아 나누는데, 예수님은 아무 반응이 없으십니다. 이러한 십자가 고난의 진정한 본질이 무엇이며 의미가 무엇인지 살펴봅시다.

십자가 그 자체는 사실상 수치 이외에 아무것도 이야기하지 않습니다.

그것은 무법자, 행악자, 노예의 죽음이었습니다. 로마의 시민은 어떤 죄를 짓더라도 십자가형을 당하지는 않습니다. 모든 사람이 십자가형을 저주로 인정하였습니다(갈 3:13). 십자가에 처형당한 사람의 의복은 그 사형집행인들의 일반적인 부수입이었습니다. 이러한 수치의 표시가 우리 주님에게도 따랐습니다(35절). 그의 양편에는 강도로 알려진 자들이 매달렸습니다(38절). 그리고 그들의 그러한 죄과는 십자가에 처형 받아 마땅했습니다(눅 23:41). 그래서 주님이 흉악범 취급을 받은 것은 명백한 일입니다.

그분의 머리 위에 써 붙인 눈에 두드러지게 띄는 그 명패의 의미는 죄목을 공표하는 것이었습니다. 그리고 그 명패는 히브리말과 로마말, 그리고 헬라말로 썼습니다. 정치 종교 문화를 대표하는 언어들입니다. 하지만 주님의 경우에는 실제로 전혀 죄과가 발견되지 않았습니다(37절). 유대인의 대제사장들은 '유대인의 왕'이냐 '자칭 유대인의 왕'이냐 이 문제를 가지고 적지 않게 염려했던 것으로 이야기 됩니다(요 19:21). 그래서 그들은 그 죄목을 변경할 것을 빌라도에게 요구하였으나 허사였습니다(요 19:22).

이러한 구체적인 죄목은 대제사장들의 눈에 뿐만 아니라 빌라도가 보기에도 그만큼 중요한 문제였습니다. 그것은 단순히 그가 말했던 모든 것을 따라서 반복하는 것이었습니다(23, 24절). 그것이 바로 빌라도가 그 죄목을 고집하는 이유입니다. 빌라도가 그렇게 강력한 반대를 받았으나 여전히 유지되고 있는 정확한 죄목은 "이 사람은 유대인의 왕이라"는 뜻입니다. 그런데 "유대인의 왕"으로 인정받는 주님이 강도들 사이에 끼여 있습니다. 완전히 무죄한 사람이 범죄자와 함께 처형되고 있습니다. 하나님의 거룩한 자가 흉악범들 가운데 있게 되었습니다. 이것이야말로 수치스러운 십자가가 큰 힘이 있는 이유입니다!

십자가의 본질을 생각해 봅시다.

십자가는 일반 구경꾼들에게는 소문을 듣고 아는 것과 지금 눈으로 보는 것을 대조하면서 즐기는 농담거리였습니다(39, 40절). 그들은 예수님의 위선적인 행적이 비참한 종말을 가져왔다고 생각했을 것입니다. 그들은 지난 일요일 예수님께서 예루살렘으로 입성 하실 때 종려나무 가지를 흔들며 목이 터지도록 환호했었습니다. 성공을 숭배하는 자들은 실패를 비웃게 마련입니다(A. 맥레런). 그들은 시류를 따라서 호산나를 외치기도 하고, 그를 조롱하기도 하였습니다. 성경은 우리에게 이 세대를 본받지 말라고 하십니다(롬 12:2). 우리의 자녀들에게 성공을 숭배하도록 가르쳐서는 안 됩니다.

십자가 사건에 책임이 가장 큰 대제사장들과 율법 학자들과 장로들도 그와 같이 생각했을 것입니다(41절). 그들에게는 그들이 당시 눈으로 보는 십자가형이 그들이 오랫동안 예수 살해 음모를 꾸몄던 것에 대한 확실한 성취일 뿐이었습니다. 주님의 능력으로 행해졌다고 이야기되었던 모든 기적들에 대한 최종적인 결론이었습니다. 비록 예수의 기적들이 사실이었다고 할지라도, 그들은 기적적인 능력이 지극히 요청되는 이때 기적을 전혀 발휘하지 못하는 예수님을 마음껏 비웃고 조롱합니다.

주님이 최근에 주제넘게 자신을 "유대인의 왕"이라고 말한 것에 대해서도 그렇게 생각하였습니다. 그것은 주님이 현재 십자가에서 내려올 수 없는 현실로 '가짜 왕'임이 증명되었다고 환호합니다. 또한 그분의 경건에 대한 말씀도 마찬가지였습니다. 만일 그분이 진실로 경건한 분이라면, 왜 하나님은 그분을 십자가에 달리도록 내버려 두겠습니까(42, 43절)? 간단히 말해서 그들이 보았던 예수의 십자가형은 그분의 범죄에 대한 당연한 형벌입니다. 그러나 예수님의 침묵은 '권능의 침묵'이었습니다. 그것은 위대한 일을 행하고 있는 자의 침묵이었고, 그 일에 관한 사소한 말들에 대답하기 위해서 일을 멈추지 않으려는 자의 침묵이었습니다. 예수님은 자신을 구원할 수 없었습니다. 왜냐하면 그분은 죽어야만 했고, 세상의 구원이 그분의 죽음에 달려있고, 그분의 말을 깨뜨릴 수 없었기 때문이었습니다.

그분과 더불어 십자가형을 받고 있던 강도들도 그 자리에서 그이상의 것을 보지 못했습니다. 그 둘 가운데 한 사람이 조금 뒤에 실제로 더 많은 것을 보기는 했지만 처음에는 그렇지 않았습니다 (눅 23:39-43). 그러나 현재로서는 두 강도가 보기에는 그 광경에 절망밖에 없었습니다. 이러한 극악무도한 자들도 그 광경에서 주님도 자신들처럼 악하다고 오판했습니다. 실제로 그들은 주님에 대한 비난으로 그분이 자신들보다 더 나쁘다고 말하지 않았습니까?

우리가 알아보았듯이 십자가 위에는 두 가지 생생한 진리가 새겨져 있었습니다. 한편으로는 무죄이고, 다른 한편으로는 유죄입니다. 그것을 바라보는 모든 죄인들의 눈은 후자만을 봅니다. 전자의 빛은 그들에게는 어두움일 뿐입니다. 우리에게 빛을 볼 수 있는 밝은 영안이 필요합니다.

그리스도인들 가운데 오늘날까지도 십자가의 완전한 범행을 보지 못하는 자들이 많습니다. 그 범행은 그리스도께서 십자가로 나아가셨다는 사실 안에 함축되어 있습니다. 그리고 주님은 하나님과 자신에 의해서 십자가 위에 달려있도록 허용되었습니다. 왜 주님은 십자가에서 스스로 내려오심으로 그분의 적들에게 응수하지 않으셨습니까? 그분을 십자가에 처형한 죄는 그분의 죄가 아니라 확실히 나와 인류의 죄였습니다. 십자가의 진정한 의미와 힘을 깨달아야 합니다. 십자가를 제대로 보는 영안이 필요합니다. 그리고 오늘 우리 교회에 예수님이 지신 십자가를 지는 성도가 필요합니다.

예수님의 죽음

마 27:45-56

앞에서 우리는 예수님의 십자가 앞에서 있었던 일을 살펴보았습니다. 여기서 우리는 그분의 실제적인 죽음을 보게 됩니다. 예수님은 예루살렘에서 자신이 죽임을 당할 것이라고 이미 세 번이나 예고하셨습니다(16:21-28; 17:22, 23; 20:17-19). 따라서 예수님의 죽음은 우발적이거나 힘이 없어서가 아니라 하나님의 영원한 구원 계획에 따른 것입니다. 이것은 온 우주의 역사 가운데서 가장 중대한 사건입니다.

예수님 죽음 당시 불길한 징조가 일어났던 대기권 안에서 어두움이, 일종의 검은 휘장이 온 땅을 뒤덮었습니다(45절). 마태가 기록한 시간은 제6시로부터 제9시까지입니다. 유대인들은 아침에 해 뜰 때를 0시로 봅니다. 이는 대개 오전 6시입니다. 낮 12시부터 오후 3시까지 어둠이 계속되었습니다. 예수님이 돌아가신 제9시는 오늘날의 오후 3시입니다. 이때 세상이 어두워진 것은 하나님의 슬픔과 분노가 반영된 '신현'입니다. 그 옛날 이집트 땅 위에만 3일간의 흑암이 뒤덮었던 것과 같은 것입니다(출 10:22).

그때 구주의 최초의 부르짖음은 듣는 사람들에게 영원한 감동을 남깁니다. "엘리 엘리 라마 사박다니!"(46절) 왜 그 거룩한 분이 버림을 받았을까요? 왜 지금 우리의 구주께서는 하나님을 아버지라고 부르지 않으십니까? 몇 시간 전 겟세마네 동산에서는 아버지라고 불렀습니다(26:39, 42). 예수님은 인류를 위한 구세주이기에 그렇게 외친 것입니다.

주님의 이 처절한 외침이 옆에 있던 자들에게 여러 오해를 일으킵니다. 어떤 사람들은 그것을 엘리야를 부르는 소리로 잘못 듣기도 했습니다(47절). 가까이 있는 한 사람은 그 외침을 단순히 강한 육체적인 고통에서 나온 것으로 보고 달려가서 임시로 그 고통을 진정시킬 방도를 강구하였습니다(48절). 그러나 나머지 사람들은 그 외침을 듣고 호기심을 자극하는 놀람과 의문을 느낄 뿐이었습니다(49절). 한글 성경에는 번역되어 있지 않지만 원어 성경에는 접속사가 있습니다. '그 남은 사람들이' (οἱ δὲ λοιποί, 오이 델로리포이) 'δὲ'(데)는 십자가 앞에 다른 사람들이 있음을 알려줍니다. 그리고 그들은 예수님께 동정심을 갖지 않고 호기심으로 계속해서 가만두라고 '말하고 있었습니다'(ἔλεγον, 엘레곤, 미완료 과거 능동태). 그때 그들은 그들이 보는 것을 아무것도 더는 이해할 수 없었습니다. 또한 우리는 멀리서 이 이야기에서 더 많은 것을 보지 못합니다.

이 큰 의심과 어두움 가운데 놀라운 빛이 있습니다. 우리는 한편으로 이것을 구주의 두 번째 외침 가운데서 발견합니다(50절). "예수께서 다시 크게 소리 지르시고." 그것은 얼마나 놀라운 권위를 가지신 계시인지 모릅니다. 다른 한편으로는 이 외침에 대한 대답들 안에서 놀라운 빛을 발견합니다. 처형장인 골고다 언덕에서 가까운 하나님의 성전으로부터 한 응답이 있었습니다(51절). 오랜 세월 동안 유지되어오던 비밀 하나가 사라졌습니다. 과거의 오랜 세월 동안 피를 뿌린 대제사장만이 지성소의 휘장 안으로 들어가는 것이 허용되었으나, 이제 그 휘장은 성막 속의 구별 수단이 되지 못합니다. 이제 그것은 누구든지 하나님께 나아갈 수 있는 길이 열렸다는 것입니다. 그것은 예수님의 몸처럼 "위로부터 아래까지 찢어져" 둘이 되었습니다. 그것은 구원의 주체가 사람이 아니라 하나님이라는 사실을 드러냅니다.

또한 땅의 바위들로부터 또 하나의 응답이 있었습니다(51절). 주님의 음성의 능력에 그 바위의 견고함이 산산이 조각났습니다. 세 번째 응답은 죽은 자들이 거처로부터 나온 것입니다(52, 53절). 무덤들이 열리고 그곳에서 자고 있던 많은 성도들의 몸들이 일어나 거룩한 도성 예루살렘으로 와서 많은 사람들에게 나타났습니다.

결정적이고 지극히 분명한 응답은 살아있는 자들의 마음으로부터 나옵니다. 바로 그날 이른 시간에 수많은 구경꾼들은 십자가에 못 박힌 사람이 '하나님의 아들'이라는 진리를 깨닫지 못한 채 코웃음 쳤습니다(43절). 예수님 자신도 그 진리를 의심하는 것처럼 보였습니다(46절). 이제 그분이 누구신지 실제로 그분의 죽음을 명령했던 사람에 의해서 선포됩니다. 빌라도를 대리인으로 하여 그의 죽음을 실제로 명령했던 사람은 가이사였습니다. 가이사는 빌라도의 대리인을 통하여 이 진리를 고백합니다. "이는 진실로 하나님의 아들이었도다!"(54절) 예수님이 하나님의 아들이라는 사실은 마태복음의 중요한 주제입니다. 그렇게 로마 자체가 처형한 '유대인의 왕'에게 경의를 표합니다. 이는 예수님의 죽음이 모든 민족에게 구원의 기회가 된다는 것을 의미합니다.

하지만 어떤 의미에서 이 빛은 그 어두움을 증가시킬 뿐입니다. 만일 그 빛이 놀라워서 무죄한 주님이 사형당했음을 깨닫게 해준다면, 그 빛은 최소한 전능하신 주님이 죽기까지 순복하심을 깨닫게 해줄 만큼 놀라운 것입니다. 얼마나 놀라운 권위, 왕권보다 더 높은 권위, 얼마나 놀라운 초인적인 능력이 그 십자가에 못 박혔습니까! 멀리서 이러한 일들을 지켜보았던 충실한 여 제자들의 마음에는 그러한 생각이 있었을 것입니다(55, 56절). 예수님의 제자들이 예수님을 배신하거나 떠나버린 상황에서, 연약한 여인들이 예수님이 죽으실 때 그 자리를 지켰다는 것은 의미심장합니다.

우리가 여기서 보는 것은 '권능이 있는 연약함'이요, '두려움을 자아내는 온유함'이요, '죽어가는 전능함'입니다. 죽음에 순복하면서 죽음을 이기는 이 사람은 누구입니까? 자신의 생명을 희생함으로써 다른 사람들에게 생명을 회복시키는 이 사람은 누구입니까? 마태는 이러한 물음들에 대한 정답을 직접 가르쳐주지 않습니다. 그는 우리에게 나사렛 예수의 죽음 가운데서 인류의 모든 사건들 중 가장 중요하고 가장 신비한 것을 보라고 초대합니다. 예수님의 죽음은 패배가 아니라 승리라는 사실입니다. 예수님의 죽음은 수난 기사의 절정일 뿐만 아니라 또한 예수님의 이 땅에서의 사역의 절정입니다. 그러므로 우리는 예수님의 십자가의 죽음을 찬양합니다! 할렐루야!

예수님 죽음의 확실성

마 27:57-66

어제는 제75주년 광복절이었습니다. 일제의 식민통치로부터 해방된 광복절은 일제의 우리나라 강제 병합이 있었기에 일어난 일입니다. 일제의 식민통치의 억울함을 역전시키는 해방을 하나님이 주셨습니다. 예수님의 죽음의 신비는 그 죽음의 사실을 배격하지 않습니다. 이것은 매우 설명하기 어려우나 결코 부인할 수 없는 사실입니다. 본문의 몇 가지 사실들을 통해서 그의 죽음의 확실성에 대한 확고한 증거들을 찾아볼 수 있으며, 그것이 예수님의 부활에 있어서 역전의 발판이 되는 것입니다. 그 가운데 예수님의 제자들의 제자다운 모습들을 발견하게 됩니다.

아리마대(예루살렘에서 북서쪽으로 30km 떨어진 곳)의 부자 요셉은 "존경받는 공회원으로 하나님의 나라를 기다리는" 사람이었으며, 종교 지도자들이 예수님을 죽이기로 결의하였을 때 "그들의 결의와 행사에 찬성하지 아니한 자"였습니다(막 15:43). 사도 요한은 요셉이 한때 유대인들을 두려워하여 예수님의 제자인 것을 숨겼다고 합니다(요 19:38). 어쨌든 그는 예수님의 신실한 제자로서 빌라도 앞에 나설 수 있는 높은 지위를 지니고 있었습니다. 따라서 그는 이때 용기를 내어 빌라도에게 가서 예수님의 시체를 달라고 요청하였습니다. "달라"는 헬라어 단어 'ἠτήσατο' (에테사토, 부정 과거 중간태 동사)는 과거의 일회적 사실을 가리키는 동사로 요셉이 다시 요구할 필요 없이 단번에 그 요구가 관철된 것임을 나타내는 말입니다. 그가 당당한 자세로 빌라도에게 나아갔음을 암시하는 말입니다.

그리고 빌라도는 백부장에게 예수께서 이미 돌아가셨다는 보고를 받고(막 15:44, 45) 예수의 시신을 요셉에게 내어줄 것을 명령하였습니다. 이것은 예수님께서 확실히 돌아가셨음을 잘 나타내고 있습니다. 당시 로마법은 십자가에서 죽은 자의 명예로운 장례를 허용하지 않았는데, 빌라도가 예수님의 시체를 내어준 것은 예수님에 대한 호의적 생각 때문이며, 요셉의 용기 때문으로 보입니다. 예수님의 제자는 결정적 순간에 용기 있는 행동을 보여 주어야 합니다.

요셉을 도와주었던 다른 사람들은 요셉의 지시와 감독 아래 기꺼운 마음으로 예수님의 시신을 깨끗한 세마포로 쌌으며, 요셉이 자신의 무덤으로 준비해 놓았던 새로 판 무덤에 그분의 시신을 안치해 놓았습니다. 그리고 그들은 그 무덤의 입구를 돌로 막았는데, 크고 무거운 돌로 늦은 시각에도 불구하고 무덤의 입구에 굴려 놓아야만 했습니다(60절).

그 옆에 앉아 있던 막달라 마리아와 다른 마리아는 예수님께서 돌아가신 사실을 인정하였으며, 따라서 그의 장례가 진행되는 것을 묵묵히 지켜보았습니다. 도망간 제자들과는 비교되는 용기 있는 제자의 모습입니다. 이러한 행동은 나중에 예수님의 부활의 첫 증인이 되는 영광을 누리게 됩니다.

　예수님께서 돌아가신 그 이튿날에 대제사장들과 바리새인들이 빌라도에게 예수님에 관하여 말하기 위하여 함께 모였습니다(62절). 그러나 그들의 이러한 태도는 얼마 전에 그들이 취하였던 태도와 매우 다른 것이었습니다. 이때 그들이 관심을 기울이고 염려하였던 것은 예수님께서 생전에 말씀하셨던 것이었습니다(63절). 예수님의 말씀을 들으면 이렇게 생각이 나게 됩니다. 제자들이 잊었던 말씀을 그들이 기억하는 것은 놀라운 일입니다. 그래서 그들은 예수님의 제자들이 예수님의 시신을 도둑질한 후에 백성들에게 '그가 죽은 자 가운데서 살아났다.'고 말하지 않을까 하고 염려하였습니다. 이러할 경우 그들이 말하였던 바와 같이 '죽음 이후의 유혹'은 전보다 더 커질 것이었습니다. 그래서 빌라도에게 무덤을 지켜줄 것을 요청했습니다. 이러한 대화를 통하여 볼 때 그들도 예수님의 죽음의 확실성을 입증해주고 있습니다. 그들이 안식일의 규례를 어기면서까지 함께 모이며, 또한 예수님의 무덤을 지키며 인봉하려는 행위는 놀라운 일입니다.

　빌라도는 그들의 요청에 대하여 경멸조로 "경비병을 내줄 터이니, 물러가서 재주껏 지키시오."라고 합니다(새번역). 그래서 그들은 경비병과 함께 가서 돌을 인봉하고 무덤을 굳게 지켰습니다. 그들의 이러한 행위도 예수님의 죽음의 실제성을 확증해 주는 것입니다.

　우리가 이 대목에서 인식할 수 있는 것들이 있습니다. 우선 사건 전체에 깃들어 있는 '하나님의 섭리와 손길'을 느낄 수 있습니다. 우리는 예수님의 부활이 교회에 어떠한 의미를 지니고 있는가를 잘 알고 있습니다. 만약 예수님의 부활이 없으면 기독교도 없습니다. 그런데 예수님의 확실한 죽음이 예수님의 부활을 만들었습니다. 우리가 슬퍼하거나 두려워하고 있는 모든 일들은 바로 이 '위대한 역전'에 달려 있습니다. 우리는 이에 대한 확신 없이는 그 어떠한 믿음이나 소망도 지닐 수 없습니다. 그러나 대제사장들이 예수 십자가 처형을 모의하고 실행한 악 자체에 대한 확실성 없이 어찌 악의 역전에 대한 확실성이 있을 수 있겠습니까? 상실함이 없이 어찌 회복이 있을 수 있겠습니까? 파괴가 없이 어찌 복구가 있을 수 있겠습니까? 죽음이 없이 어찌 부활이 있을 수 있겠습니까? 여러분에게 어떤 일이 닥쳤습니까? 그 상황의 역전을 생각할 수 있습니까? 빌라도와 백부장과 요셉과 그의 동료들이 모두 다 참된 것으로 알고 있던 예수님의 죽음 사실을 누가 부인할 수 있었겠습니까? 이러한 사실들을 고려해 볼 때, 이 모든 일에 하나님의 섭리의 손길이 있었다고 생각하는 것은 지극히 합리적인 일이 아니겠습니까? 우리는 예수 그리스도의 부활 사건의 모든 과정이 하나님의 섭리에 의한 것이었음을 확실히 믿고 있습니다. 그렇다면 그 사건의 기초를 이루고 있는 이 사실을 믿지 못할 이유가 무엇이겠습니까?

또한 성경 안에 깃들어 있는 하나님의 섭리와 손길을 느낄 수 있습니다. 이러한 증거들은 그 당시에 예수님의 죽음에 대한 모든 부인을 방지해 주었는데, 이에 대한 기록은 바로 미래에 이에 대한 모든 부인을 방지하기 위한 것이었습니다. 오늘날 우리는 이에 대한 성경의 기록에서 예수님의 죽음의 절대적인 확실성과 우리의 모든 소망의 기초의 확고함을 인식할 수 있습니다. 그러나 이 기록을 믿을 수 있는 보다 큰 근거는 바로 이것이 복음서 기자 자신의 인간적인 생각에 따라 기록된 것이 아니라 하나님의 섭리에 따라 그분의 영감에 의하여 기록된 것이라는 점입니다.

예수님의 확실한 죽음은 부활 역전의 발판입니다. 믿음으로 살아가는 우리에게 닥치는 어려움과 힘듦은 오히려 믿음의 역전 승리를 위한 발판입니다. 그러한 상황을 만났을 때 예수님의 죽음을 생각하며 용기를 내어 믿음 소망으로 담대히 나아갑시다.

영적인 새벽

마 28:1-10

자연적인 새벽은 연속적이고도 명확한 세 가지 단계로 이루어져 있는데, 그 첫째 단계는 밤의 마지막인 가장 큰 어두움이며, 둘째 단계는 우리가 여명으로 칭하고 있는바 어두움의 사라짐이며, 셋째 단계는 일출 자체입니다. 우리는 본문에 제시된 비유적인 새벽에서도 이러한 세 가지 단계들을 인식할 수 있습니다.

전적인 어두움의 상태를 살펴봅시다.

1절에 언급된 "여인들"은 분명히 얼마 동안 기다림의 상태에 있었습니다. 그들은 안식일이 시작되기 직전의 해 질 녘에 그리스도의 시신이 무덤에 안치되는 것을 보았으나, 그다음 날인 안식일에는 그날의 거룩함과 밤의 어두움으로 인하여 무덤을 보러 올 수 없었습니다. 그러나 그들은 안식일이 끝나자마자 아직 어두움이 깔려 있던 이른 아침에 그 무덤을 보기 위하여 달려왔습니다(요 20:1). 그들은 그 무덤을 보기를 얼마나 기대하였습니까! 이와 동시에 그들의 기대는 얼마나 서글픈 것이었습니까! 그들은 단지 죽은 분이 묻혀 있는 곳을 보기를 기대할 수밖에 없었으며(1절, 막 16:3), 예수님의 시체에 향($\dot{\alpha}\rho\omega\mu\alpha$, 아로마)을 바르기 위해서 달려

왔습니다(막 16:1).

그런데 그 여인들 앞에 세 가지의 놀라운 일들이 벌어졌습니다. 첫째는 '지진'이 일어난 것입니다. 그래서 2절의 헬라어 본문에는 '그리고 보라'($\kappa\alpha\grave{\iota}$ $\grave{\iota}\delta o\grave{\upsilon}$, 카이 이두)는 말로 시작합니다. 둘째는 '천사가 돌을 굴려내고 그 위에 앉아있는 것'입니다. 셋째는 '무덤 경비병들이 나타난 천사를 무서워하여 떨며 죽은 사람과 같이' 되었습니다. 지진에 대한 두려움과 초자연적인 존재의 출현에 대한 두려움과, 지키던 자들이 죽은 자 같이 되었던 것을 보았던 것에 대한 두려움(4절)은 실로 그들의 마음을 완전히 사로잡고 있었을 것입니다. 경비병들이 죽은 사람처럼 되었다는 것은 예수님의 시체를 누군가 도둑질해간 것은 아니라는 뜻입니다. 아이러니는 죽은 자는 부활한 반면 죽은 자를 지키던 자들은 죽은 자 같이 되었다는 사실입니다.

사라져가는 어두움의 상태를 살펴봅시다.

우리는 바로 천사가 여인들에게 말하였던 것에서 이를 인식할 수 있습니다(5-7절). 5절, "너희는 무서워하지 말라." "사태는 너희가 생각하는 것처럼 그렇게 나쁜 것이 아니다." " 천사의 말은 그들에 대한 큰 동정심과 연민으로 가득 차 있었습니다. "십자가에 못 박히신 예수를 너희가 찾는 줄을 내가 아노라." '너희의 목적은 나의 목적이기도 하다. 너희는 예수를 흠모하고 있는데, 나 역시 그분을 흠모하고 있다.' 그들이 천사의 말을 들었을 때 두려움에 떨고 있던 그들의 내적인 어두움은 틀림없이 서서히 사라지기 시작하였을 것입니다.

여기서 우리는 천사가 처음에 말한 것이 그다음 말을 위한 준비 단계였음을 분명히 알 수 있습니다. 6절, '예수님은 너희가 안치되었던 것을 보았던 이곳에 계시지 않다. 그동안에 매우 중대한 일이 일어났는데, 그것은 그가 그의 말씀하시던 대로 살아나신 것이다. 그가 얼마나 자주 이에 대하여 말씀하셨는가를 기억해 보라. 그리고 너희는 그 사실을 확인하기 위하여 그의 누우셨던 곳을 보라.' 천사의 말은 이 여인들의 슬픔을 한층 덜어 주었을 것이 틀림없습니다. '살아나셨다'에 해당하는 헬라어의 'ἠγέρθη' (에게르테, He has risen)는 신적수동형으로 하나님에 의해서 살리심을 받았다는 뜻입니다. 이는 예수 부활이 하나님의 행위임을 보여 줍니다.

6절은 그들이 그 사실을 전하는 것을 조금도 지체할 수 없을 정도로 기쁘고 즐거운 희소식이었습니다. 그리스도께서 살아나셨을 뿐만 아니라 여전히 이 땅 위에 계셨습니다. 주님은 예전에 제자들이 그분을 자주 뵈었던 곳으로 가시는 중이었으며, 따라서 조만간 그들은 그곳에서 그분을 다시 뵙게 될 것입니다. 여인들은 예수님의 부활을 제일 먼저 목격한 증인이 되었습니다. 그런데 여인들이 부활의 증인이라는 사실은 대단히 중요합니다. 당시에 여인들의 증언은 효력이 없었습니다. 만일 부활이 거짓이 아니라는 것을 말하려면 일부러 남자 증인들을 세웠을 것입니다. 마태는 부활에 관한 기사를 꾸미지 않고 있는 그대로 진술했을 뿐인데, 그러한 꾸밈없는 진술이 오히려 부활의 역사적 신빙성을 더욱더 강하게 증명하는 것이 되어버렸습니다.

밝은 빛의 상태를 살펴봅시다.

여인들의 마음속에는 여전히 약간의 놀라움과 두려움이 깃들어 있었는데, 이것은 매우 자연스러운 일이었습니다. 그러나 여인들의 마음속에는 그들의 기쁨을 방해하거나 그 사실을 제자들에게 알리는 것을 주저하게 할 만한 의혹이 전혀 깃들어 있지 않았습니다(8절). 여인들은 그 사실을 제자들에게 신속히 알리기를 간절히 염원하였습니다. 그래서 그들은 달음질하였습니다. 여러분은 오늘 교회에 오시기 위하여 달음질했습니까? 주님을 향해 달릴 수 있는 인생이 멋집니다.

그녀들은 제자들에게 달려가는 중에 갑자기 제자리에 서서 꼼짝도 할 수 없었습니다. 그녀들은 바로 부활하신 주님을 만났으며 그분의 음성을 들었던 것입니다(9절 상). 그런데 부활하신 예수님은 예전과 같은 분이 아니셨습니다. 그들은 예수님에 대하여 예전보다 더 큰 두려움을 지니고 있었습니다. 그들은 바로 부활하신 주님을 보았습니다. 그래서 여인들은 주님의 발을 붙잡고 경배드렸던 것입니다(9절 하). 예수님은 예전에 그의 제자들에게 말씀하셨듯이(14:27) "무서워 말라!"고 말씀하셨으며, 또한 "가서 내 형제들에게 갈릴리로 가라 하라!"고 말씀하셨습니다(10절). 그들은 결국 완전한 빛 가운데 있게 되었던 것입니다.

올해 우리는 가장 침울한 부활절을 맞이하고 있습니다. 부활절을 마음껏 축하하면 안 될 것 같습니다. '코로나19 바이러스가 전 세계로 확산되고 있고 수만 명의 사람들이 죽어 나가고 있는데 부활절이 웬 말이냐? 미루어 놓았다가 정말 기쁘게 축하할 수 있을 때 축하하자.'라고 말하는 이들도 있습니다. 부활은 우리가 살아나고 재기할 것 같은 '느낌'이 아니라 '하나님이 우리의 생명'이라는 것을 '노래'하는 것입니다. 고통과 재난이 사라졌기 때문에 부활절을 축하할 수 있는 것이 아닙니다. 우리는 고통과 재난 가운데서 이미 얻은 부활, 장차 누릴 온전한 부활을 사모하며 축하합니다. 부활은 우리가 만들 수 있는 것이 아니고 하나님께서 일으키시는 것입니다. 부활은 우리의 상황을 말하는 것이 아니라 하나님의 주권을 보여주는 것입니다. 할렐루야! 부활하신 예수님을 찾읍시다.

부활의 마지못한 증인들

마 28:11-15

캐나다 토론토 의대 교수이며 토론토 시장 주치의였던 올리버 R. 에비슨(Oliver R. Avison, 1860-1956) 선교사는 1893년 〈제중원〉(조선시대에 세워진 최초의 서양식 국립병원) 제4대 원 장으로 부임했습니다. 그는 조선 왕실과 협상해 제중원 운영권을 확보한 데 이어 1904년 미국 부호 세브란스의 기금을 받아 제중 원의 명칭을 〈세브란스병원〉으로 바꿨습니다. 1908년에는 의술 개업 인허증을 딴 조선의 정식 의사 1호 7명을 배출하기도 했습 니다. 그중에는 인기리에 상영 되었던 드라마 〈제중원〉의 주인공 박서양도 포함되어 있습니다. 선교사로 40여 년을 한국에서 살았 던 에비슨은 단순한 전도를 넘어 연희전문학교, 황성기독교청년 회 등을 통해 한국 젊은이들이 '애국계몽운동'에 나설 수 있도록 도왔습니다. 또 1893년 9월 백정 박성춘을 치료해 준 계기로 '신 분 철폐 운동'도 펼쳤습니다. 선교하기 정말 어려웠던 그 당시, 사 람들은 에비슨의 활동이 조선에 무슨 큰 영향이 있겠냐고 생각했 을 것입니다. 대한민국 초대 대통령이 된 이승만이 신문화를 받아 들이고 기독교 신앙을 갖게 된 것도 에비슨의 적극적인 선교 활동 때문이었습니다.

본문의 말씀은 예수님의 부활로 인한 그분의 대적들의 당혹스러움이 얼마나 컸는가를 보여줍니다. 또한 주님을 십자가에 못 박는 데 주된 역할을 하였던 자들의 최종적인 대책이 얼마나 필사적이었는가 하는 점을 잘 나타내 주고 있습니다. 그들은 그렇게 하면 예수님에 관한 죽음과 부활 소문이 자기들 뜻대로 마무리될 줄 알았습니다. 그래도 그들은 결과적으로 예수님의 부활의 마지못한 증인들이 됩니다.

무덤 경비병들에게서 이러한 큰 당혹스러움을 찾아볼 수 있습니다. 11절을 번역하며 빠뜨린 단어가 'ἰδού'(이두)인데 직역하면 '보라! 경비병 중 몇이'입니다. 이 구절은 예수님의 제자들에게만 아니라 예수님을 반대하는 자들에게도 예수 부활이 알려졌음을 강조하는 것입니다. 천사가 사라지고 마침내 경비병들이 제정신을 차렸을 때 그들은 눈을 들어 주변을 살펴보았을 것입니다. 경비병들이 보았던 것은 봉인이 찢어지고, 커다란 돌이 굴려져 있고, 그 무덤 안이 비어 있었습니다. 그들 중 몇몇은 너무나 놀란 나머지 제자리에 얼어붙은 듯이 서 있었을 것이며, 다른 몇몇 군인들은 용기를 내어 대제사장들에게 달려갔을 것입니다. 그들이 대제사장들에게 달려간 것은 예수님의 시체를 지키는 것이 대제사장들의 요청에 의한 것이었으며, 게다가 당시 로마 군인이 경비하던 시체를 잃어버리면 큰 문책을 당했는데 이를 해결할 방법을 찾기 위해서입니다.

우리는 대제사장들에게서도 극단적인 당혹스러움을 찾아볼 수 있습니다. 그들이 경비병들을 벌할 생각을 하지 않은 것은 매우 주목할 만한 사실입니다. 그리고 그들은 경비병들의 말을 조금도 의심하지 않았던 것으로 보입니다. 우리는 두려움에 가득 찬 경비병들의 모습과 그들의 어조와 태도 안에 그들의 말이 진실임을 나타내는 면이 깃들어 있음을 유추할 수 있습니다. 또한 그들의 말이 '빈 무덤의 진실성'에 대한 의혹을 어떻게 배제했을 것인가를 잘 이해할 수 있습니다.

그렇다면 대제사장들이 이 사태에 대하여 할 수 있는 일은 무엇이었습니까? 그것은 어떻게 하면 빈 무덤의 실상을 밝히지 않은 채 예수 부활 사건을 은폐할 수 있는가 입니다. 이들이 마침내 결정하였던 것은 두 가지입니다. 즉 그들은 경비병들에게 그들에게 보고하였던 진상을 다시는 입 밖에 내지 못하도록 엄하게 '함구령'을 내렸으며, 그 대신 예수의 제자들이 밤에 와서 그들이 잠들어 있는 동안에 스승의 시신을 훔쳐 갔다고 거짓 소문을 퍼뜨리는 것입니다(13절).

명성황후를 시해한 일본제국이 명성황후가 러시아로 도망갔다고 소문을 낸 것과 비슷합니다. 우리는 대제사장들의 대응에서 그들의 이러한 결정이 얼마나 필사적이고도 절망적이었는가를 쉽게 알 수 있습니다. 그 경비병들은 대제사장들이 그들에게 많은 돈을 주지 않는 한 그 대제사장들의 제안을 받아들이고자 하지 않았는데, 대제사장들은 그들의 탐욕스러움에도 불구하고(23:14) 경비병들에게 그들이 요구하였던 돈을 주었을 뿐만 아니라 이 거짓 소문이 빌라도 총독의 귀에 들어가 문책을 당하게 되더라도 뒤탈 없이 무마해 주겠다고 약속합니다(참조 14절). 대제사장들은 돈이 진리보다 더 큰 가치를 지닌 것으로 생각하였습니다.

그들이 결정한 대응책은 예수님의 제자들이 시신의 도난 방지책에도 불구하고(27:63-66) 주님의 시신을 훔쳐낼 생각을 실천할 만한 자들이었음을 가정한 것이었습니다. 또한 경비병들에 대하여는 첫째, 그것은 그 당시 이 세상에서 가장 잘 훈련되고 뛰어난 로마 군병들이 보초를 서는 도중에 잠들었다는 점을 가정한 것이었습니다. 둘째, 그것은 그들이 그들 자신이 잠들었을 때 일어났던 일을 알고 있었다는 점을 가정한 것이었습니다. 이러한 가정은 예수 부활이 제자들의 시신 도둑질이라고 속이려 하였던 것보다 한층 더 많은 문제점을 내포하고 있습니다.

　　우리가 말할 수 있는 것은 이러한 자기 모순적인 설명을 받아들이기보다 차라리 그 사건을 초자연적인 힘에 의하여 이루어진 기적으로 간주하는 편이 한층 더 타당하다는 것입니다. 우리는 예수 그리스도의 부활 진리에 대한 대단히 유력한 증거들을 갖고 있습니다. 이에 대한 첫 번째 증언은 그리스도의 친구들의 입을 통하여 제시된 것으로서 부정적인 요소를 지니고 있는 반면에, 두 번째 증언은 그리스도의 적들의 입을 통하여 제시된 것으로서 긍정적인 요소를 지니고 있습니다. 즉 그 첫 번째 증언은 그 사실을 믿기를 두려워하였던 자들에 의하여 제시되었던 반면에, 두 번째 증언은 그 사실을 논박하고자 하였던 자들에 의하여 제시되었던 것입니다. 따라서 서로 독립적인 이 두 가지 증언들은 그 사실을 한층 더 강하게 증명해주고 있습니다. 당시에는 예수님의 부활의 이러한 증거들이 사람들에게 큰 영향을 끼치지 못했지만 어느새 전 세계에 전파되어 기독교의 가장 중요한 교리가 되었습니다. 우리는 이러한 확실한 증거들을 가지고 적극적인 예수 부활 증인들이 됩시다.

예수 부활의 결과

마 28:16-20

우리가 앞에서 여러 번 들은 약속에 따라서, 부활하신 예수님께서는 갈릴리의 산 위에서 그의 열 한 제자를 만났습니다. 마태는 여기에서 처음으로 '열한 제자'라고 언급합니다. 예수님을 배신하고 스스로 목숨을 끊은 가룟 유다는 제외되고, 주님을 세 번이나 부인한 베드로는 여전히 제자의 무리에 포함되어 있습니다. 예수님은 팔복산에서 설교하셨고, 변화산에서 변형되셨는데, 이제 다시 산에서 제자들을 만나십니다.

예수님의 모습에 변화가 일어났습니다.

분명히 그분은 이제는 이전의 모습이 아닙니다. 어떤 제자들은 주님을 알아보지 못해도 어떤 제자들은 주님을 알아봅니다. 제자들 가운데도 의심하는 자들이 있었다고 기록되어 있습니다(17절). 주님은 더욱 위엄 있는 모습으로 변화되었습니다. 제자들은 모두 주님의 발 앞으로 나아갑니다(17절, 9절). 그리고 주님은 제자들에게 나오십니다(18절). 예수님의 '나아옴' ($\pi\rho o\sigma\epsilon\lambda\theta\grave{\omega}\nu$, 프로셀톤)은 예수님이 제자들과 친밀한 관계를 재확립하시고자 함을 뜻합니다. 예수님은 제자들의 배신과 의심을 책망하지 않으십니다.

예수님의 직분에도 변화가 있습니다(18절). 이전에 주님은 정확하게 인간적 연약함 가운데서는 아니라고 할지라도, 복종과 수치 가운데서 그들과 함께 있었습니다. 주님이 직접 말씀하셨고, 지금까지의 그분의 생애가 분명하게 밝혀준 것처럼 그분은 "섬김을 받기 위해서가 아니라 섬기기 위해서" 오신 것이고, "자기 목숨을 많은 사람의 대속물로 주기"까지 화목제물이 되기 위해서 오셨습니다(20:28). 그러나 주님은 죽음으로부터 부활하셨으므로 종의 모습으로 오신 인간의 한계를 초월하셨습니다. 십자가 죽음의 이러한 기적적인 반전은 주님이 죽으심으로 드리신 죄의 대속제물이 완전하게 열납되었다는 사실을 입증해 줍니다(고전 15:14-20). 그러므로 이제 그는 "종"으로 서 계신 것이 아니라 '면류관을 쓴 통치자요 심판자'로 서 계십니다. 실제로 온 우주를 호령할 성자 하나님으로, 하늘과 땅의 모든 권세를 성부 하나님께 받으셨습니다(18절). 이것은 예수님의 부활의 당연한 결과입니다.

예수님께서 부활하신 결과로 제자들의 지위에 일어난 변화는 매우 컸습니다.

이제 그리스도의 친구라기보다 '사자'가 되어야 합니다. 즉 '사도'가 되어야 합니다. '그러므로'(οὖν, 운)는 예수님의 권세와 제자들의 능력을 연결합니다. 그렇기 때문에 그들은 이제 오라고 초대를 받는 것이 아니라(단지 기다리라고 명령을 받는 것이 아니라) "가라"는 명령을 받습니다(19절). 모든 민족에게로 가라는 것입니다.

제자들의 메시지의 성격에서도 일치되는 변화가 있어야 합니다. 전보다 훨씬 더 많은 것을 전달하는 메시지가 되어야 합니다. 제자들은 이제 주님의 부활을 증언해야 하고, 그 부활이 의미하는 모든 진리에 관해서도 증거가 되어야 합니다. 또한 사람들에게 주님의 제자가 되라고 선포해야 하고, 사람들을 천국의 그물 속으로 끌어들여야 합니다. 그래서 예수님의 마지막 명령은 하나의 주동사에 세 개의 종속 분사가 연결된 형태입니다. 그 주동사가 "제자를 삼아"($\mu\alpha\theta\eta\tau\epsilon\acute{\upsilon}\sigma\alpha\tau\epsilon$, 마테튀사테)입니다. 이것은 예수님 공동체(천국공동체)의 확장을 도모하는 수단입니다. 그리고 이어지는 세 개의 종속분사는 "가서"($\pi\sigma\rho\epsilon\upsilon\theta\acute{\epsilon}\nu\tau\epsilon\varsigma$, 포뤼센테스), "세례를 베풀고"($\beta\alpha\pi\tau\acute{\iota}\zeta\sigma\nu\tau\epsilon\varsigma$, 밥티존테스), "가르쳐 지키게"($\delta\iota\delta\acute{\alpha}\sigma\kappa\sigma\nu\tau\epsilon\varsigma$, 디다콘테스)인데, 이것들은 제자를 삼는 세 단계의 과정입니다.

이러한 상황 가운데서 사도들은 사람들로 무엇을 믿게 하려고 파견됩니까? 그들은 "아버지와 아들과 성령의 이름으로" 사람들에게 세례를 주어야 합니다. 바꾸어 말하면, 이 말씀 속에 담겨 있는 사람들만이 "제자"로 등록되어야 합니다. 이것은 예수님이 창설하신 새 언약의 공동체에 가입하는 의식입니다. 이것은 그들의 신앙개요입니다.

이 사도들은 사람들로 무엇을 지키라고 가르치기 위해서 파견되어야 합니까? "내가 너희에게 분부한 모든 것을 가르쳐 지키게 하라." 바꾸어 말하면, 그리스도의 제자들은 그리스도의 가르침으로 자신을 훈련해야 합니다. 이것은 그들 의무의 개요입니다.

이 사도들은 많은 사람들을 제자로 만드는 일에 종사하면서 많은 사람들을 위해서, 그리고 자신들을 위해서 무엇을 기대해야 합니까? 그들 앞에 놓여 있는 지극히 힘든, 그리고 불가능하지는 않으나 지극히 오래 걸리는 복음 사역에서 그들이 그리스도의 보이는 임재를 기대할 수 없다는 것은 분명합니다. "가라!"는 이 명령은, 그 말에 유의하기 전에, 저절로 이 점을 암시하고 있습니다. 그럼에도 불구하고 이러한 모든 일을 위해서 그들은 그들과 항상 함께 계실 그리스도의 영원한 임재를 기대할 수 있습니다. 실제로 가시적인 그의 영광스러운 임재가 다시 그들과 함께 있을 때까지 주님은 언제나 그들과 함께 계실 것입니다. 그러므로 예수님은 다음과 같이 선언하십니다. "볼지어다. 내가 세상 끝날까지 너희와 항상 함께 있으리라!" 이것이 제자들의 소망 핵심입니다. 마태복음 1장에 임마누엘의 약속이 나옵니다. 따라서 마태복음은 임마누엘에서 시작하여 임마누엘로 마칩니다.

　마태복음서는 예수 그리스도의 이 세상에서의 생애를 끝맺는 것으로 마무리하는 것이 너무나 적절합니다. 우리는 앞에서 예수님의 출생의 환경, 비밀과 의미에 관해서 읽었습니다. 그리고 그의 사역에 대한 그의 엄숙한 소명에 관해서 읽었습니다. 그리고 그의 선생으로서 그의 생애를 특징지어준 권위와 권세, 지혜와 자비, 인내와 성실함에 관해서 읽었습니다. 그리고 그의 무시무시한 수난과 죽음의 최종적인 비밀에 관해서 읽었습니다. 이제 우리는 예수님의 부활의 모습에서 그 모든 것들이 무엇을 의미하였는가를 봅니다. 이제 그 결과 우리는 마침내 본문에서 그가 우리에게 보이신 완전하신 주님, 풍성한 삶의 제공자(요 10:10), 만물의 최고 통치자를 봅니다.

이 마지막 기사는 주님의 교회의 지상에서의 역사에 대한 서곡으로 너무나 적합한 것입니다.

열 한 제자들은 무엇을 행하라는 소임을 받았습니까? 그들은 얼마 후에 직접 무엇을 행하기 시작하였습니까? 제자들의 선교를 통해서 탄생한 초대교회를 통해 어떠한 사도행전이 펼쳐졌습니까? 사도들이 예수님의 말씀에 순종하여 행한 일들을 기록한 것이 '사도행전'입니다. 오늘 우리도 역시 주님의 말씀에 순종하여 '신 사도행전'을 이어갑시다. 이것은 교회의 머리 되신 주님이 우리에게 주신 위대한 특권입니다.